以色列教育專家全新未來人才培育提案

AI世代的創意教養

REINVENTING PARENTING

Can We Raise Our Kids to be Creative?

DR. EYAL DORON

埃亞爾·多倫 博士——著

駱香潔——譯

繁體中文版作者序

為孩子勇敢擁抱不斷改變的世界

我們都知道重大的改變正在發生。科技正在改變我們熟知的世界。從古至今，人類經歷過無數次變革，例如蒸汽機與印刷術的發明。今日我們有幸見證另一場即將改變人類的變革：人工智慧（ＡＩ），更具體地說，是ChatGPT。ChatGPT引發諸多恐懼，很多人都對懂得寫故事、生成圖像、最終淘汰所有專業的ＡＩ感到害怕。在習慣的驅使之下，我們喜歡有把握的事，恐懼變化。我們懷念過去沒有手機和３Ｃ的日子。往日總是看起來特別美好、讓人安心，未來似乎充滿威脅與未知。

這樣的設想大錯特錯。科技進步延長了壽命，提高生活品質，使我們有能力與世界各地的人建立聯繫。我們害怕孩子沉迷的３Ｃ螢幕，其實也是學習語言、文化與知識的絕佳工具。牛津大學和哈佛大學的研究人員已經證明，電玩可以培養兒童的決策能力、心智靈活與自我效能（self-efficacy）。這些還只是打電玩帶來的部分好處而已，但肯定會令許多人大喊：「怎麼可能？我們完全不知道！」

在每一個世代眼中，下一個世代總是膚淺、不愛溝通又懶惰，這一點著實有趣。這個常見的模式不斷重複，代代相承。事實上，現在的年輕人確實在許多方面都超越了以前的年輕人，例如參與志工活動的比例、氣候意識與環保意識、不願意為高汙染或是不道德的組織工作等等。

這些都是身為父母的我們必須面對的情況，我們有責任關心孩子正在經歷的事，同時維持開放的心胸。改變不一定都是邪惡的化身，當然也不一定全部都是好事。生活在ChatGPT四秒鐘就能提供答案的世界裡，我們的孩子需要開發創意思考、原創能力，還要有能力提出不曾有人想過的問題。機器再怎麼聰明，也只知道如何對已知的事實做出回應，處理不了尚未被發明出來的東西。

那麼，如何培養出創意思考、解決問題、具備創業者特質、好奇、頭腦靈活、道德上知所進退、擁有社交能力、善用新技術的孩子？想實現這個目標，我們必須先成為有創意的父母，喜歡陪孩子在這個新世界一起探索的父母。

我為這本書翻譯成繁體中文版感到無比興奮。希望這本書分享的見解與想法能讓讀者有所啟發、找到方向，也能為孩子的生活帶來喜悅。

動筆寫這本書之前，我考察了九個國家的教育制度，與數十位頂尖研究者交流想法，還曾用SEISEI學習法（這是我博士後研究的一部分，並獲芬蘭非營利組織HundrED世界教育創新獎肯定）在以色列輔導過數萬名兒童和青少年。

我寫這本書的另一個靈感來源，是需要不斷創新改造的以色列生活型態。這種精神鼓勵我們的孩子發揮創意和獨立思考。以色列的父母並非不擔心3C，他們也像其他父母一樣為3C的影響感到煩惱。他們同樣害怕改變與未知。但他們也有一種無畏，這種勇氣鼓勵他們打破常見的假設，如同一種生存本能，他們為了孩子勇敢擁抱這個不斷改變的世界。

我們當然應該保有自己的評斷，但我們也必須了解這些創新做法對孩子可能帶來哪些好處，以及我們可以如何與（嘗試創新改造，但不一定成功的）學校一起教育孩子。更重要的是，對需要持續學習與自我成長的父母（和人類）來說，這亦是一場令人期待的旅程。

透過這本書，我們將走過為人父母的重要路口，打造屬於自己的創意方法來歡慶我們正在經歷的變革。我們將提出與好奇心、動機、創意、社交技巧和科技有關的問題。我們必須了解身邊正在發生什麼，應該注意什麼，以及在哪些地方必須換個角度思考。台灣的父母，請接受我誠摯的邀請，發揮創意、建立自己專屬的教養觀念。

推薦序

如何養出有創意且能面對未來的孩子？

蔡依橙（素養教育工作坊核心講師、新思惟國際創辦人）

教養世界的矛盾論述

常聽到的教養主流言論，如果去深思的話，會發現許多矛盾之處。例如：專家分享如何限制孩子3C產品與網路使用的實用技巧；老師感嘆現在的孩子都在滑手機跟看影片，專注力下降趨勢很嚴重，呼籲要多讀書。

但另一方面，我們也知道這個時代絕大多數的產業，都跟3C有關係，民用的像是Apple、Google、Microsoft、線上購物或點餐系統，軍用的像是無人機、匿蹤戰機、精準火炮、加密通訊。半導體、手持裝置、網路服務合力改變世界，學者們大聲疾呼人工智慧的重要性，孩子都該認識。

但是，不准孩子用３Ｃ，跟希望他們精通數位科技才好找工作才能面對未來，是矛盾的。

又例如，我們作為家長，出社會幾年後，在工作上的專精技能，都不是學校教的。像是問題判斷、故障排除、公關直覺、創業經營，都是因為我們自己有興趣，沒日沒夜研究出來的，接著就靠這些技能維生，獲得收入。實際經驗讓我們知道，內在動機很重要，「這是我想學的、這是我想做的、這是我想努力去超越既有限制的」，這樣的想法很重要。

但相對的，我們卻沒給孩子這樣的時間跟空間，從內在動機開始探索、努力、體會、決定、負責，甚至適應失敗、調整後再出發。他們的生活，就是學校規定的時間表，下課或放假時有大量的作業填滿，部分同學繼續在補習班度過平日晚上和假日。如果孩子偶爾有些自己的興趣，師長大人們會告訴他，「那個又不會考！那個有意義嗎？那些事情上大學以後再說。」

我們自己對社會的體會，跟我們為孩子安排的生活，是矛盾的。

教養：戰略應優先於戰術

如果我們在教養的閱讀上，只專注在「如何減少孩子使用網路？」、「如何讓孩子專注在課業上？」這類問題，一開始一定有些效果，畢竟都是戰術層面的好技巧。但如果價值觀的問題沒有解決，也就是戰略層面沒有先制定好方向的話，越是成功的戰術，會更加深戰略的錯誤。像是很成功的禁止了孩子用3C，但卻也同時斷了孩子精通數位科技並整合發揮創意的可能。很成功的讓孩子照表操課，但卻澆熄了他的內在動機，一切都被父母安排好的他，開始不知道自己喜歡什麼、是個怎樣的人。

如果你和我一樣，想要重新思考教育的根本意義，這是一本很好的書，協助各位起步。

我在教養初期遇到一樣的困境，決定從教育的本質開始思考起，建立出自己對小孩教養的價值觀，再根據這個價值觀去分配資源，並做出教養路途上各種大大小小的決策，以應對每一次的機會、危機和衝擊。這個過程我在臉書專頁「蔡依橙的小孩教養筆記」以及我的部落格，都有長年的分享，如果您看過我的文字，也看一下這本書的目錄的話，會發現作者很多概念是跟我一樣的，像是對網路的看法、對YouTube的看法、對3C產品、電動遊戲的看法、對教育系統的看法，幾乎都一樣。

創新與信任之路，是可行的

這位以色列作者跟我有一樣的思考，也有類似的價值，並在生活中實踐。太太和我當年有了共識後，一起帶著孩子實踐了幾年，我可以很確定，書中這種對未來持開放與探索態度的路，是可行的。

我的孩子擁有自己的手機、平板、筆電，想看YouTube、Netflix，也都有完全的自由。但這麼多年過去，他們並沒有沉迷在遊戲或者是網路影片之中，反而學會了英文、日文、呈現手法、各種只能用影片傳遞的觀念和技巧。對於新科技與新的網路服務，也都能去嘗試熟悉，甚至用於創作。

在個人發展上，機器人競賽都會自己安排時間做研發跟練習，做好硬體寫好程式，把握住世界賽的機會，拿下兩次世界第一。ChatGPT開始流行時，他們主動去接觸並在AI協助下開發幾個實用的小程式。對於考試，他們很清楚知道這些是為了自己的未來在打拚，也會自己找資源來補強。我們先給予了信任、自由跟支持，他們意識到人生在自己的手上，該為自己的人生奮鬥。

孩子變好，家長也要變好

整本書我最喜歡的部分是，作者提到「家長」的部分。大部分的家長會認為，作為親職工作就該持續的付出，甚至經常瀕臨耗竭，才是好爸媽。關於這點，書裡提到的「受害者心態」很精確，觀念有點複雜，但非常精彩。其意思就是說，我們每次拖著疲倦的身體回到家的時候，總覺得自己是一個對不起小孩的爸爸或媽媽，於是他們想要玩什麼或做什麼，我們都會盡量去支持、去陪他們。這是因為，我們認定自己是這個社會工作系統的受害者之一，也因此對孩子感到抱歉，永遠都是在罪惡感裡去實踐親子關係。

但這個罪惡感是有害的，也是不必要的。我們並不需要去扮演一個「跟別人一樣」的爸媽角色，我們可以成為一個「只有我們自己能夠做到」的爸爸角色、「只有自己能夠做到」的媽媽角色，根據我們自己的特色、自己的資源，好好地去提供各種對孩子的輔導跟支持。

工作真那麼疲倦，就不用太委屈自己，用身教讓孩子了解到，照顧好自己也很重要。

如果我們真的覺得孩子的哪些活動很重要，我們應該把時間好好排開幾個小時甚至保留好體力，全心全意地參加。如果你的專長是跟孩子談心，並給予鼓勵和支持，那你並不需要在自己非常疲倦的時候，花幾個小時，只為了陪他玩其實你不喜歡的遊戲，又因你自覺委屈，過程缺乏有意義的交流，甚至爆發衝突。

作者提出的觀念很好，教養是為了讓孩子成為更好的人，但同時我們做為家長的，也要成為更好的人。

在這些年的教養過程中，我從一個為自己累積能力與成績的工作狂，以遊戲來說，就是ADC或主力輸出，逐漸轉換成一個專業的「輔助」，懂得做好後勤、設定戰場、注意成員狀況，然後看著孩子發揮出自己的全部才能。在這個過程中，我也更為成熟，看事情比以前更全面、更理解我自己，在團隊帶領上，也開始更為賦權的風格。

孩子長大了，我也長大了。做一個只有我們自己能做到的家長，也發展出獨一無二的孩子。

結語

如果你想要開始系統性思考「教育」這回事，並希望確定好自己的價值後，再做資源的分配與取捨的話，這是一本非常好的入門書，對於教育本質的反思，以及如何真正支持孩子面對未來高科技且變化快速的世界，都很有幫助，非常值得一讀。

目錄

第五章 遊戲玩家才是贏家

第六章　怪獸爸爸，老虎媽媽

〈前言〉

學會適應一個需要持續自我創造的世界

我不曾在學校裡遭受重大創傷。沒有人霸凌我，也沒有人欺負我。體育老師曾拿涼鞋扔我，但這是他的慣用招式，他時不時都會扔一下。我念的學校是所謂的「名校」，但其實那間學校平凡無奇到不行。老師不能免俗地分為以下幾類：無聊的、極度無聊的，還有非常厲害的傑出教師。就我記憶所及，沒有老師曾對我造成心理傷害，也沒有任何一個老師曾經深深啟發我或是改變我的人生。我是個很晚才開竅的人，花了很多年的時間才漸漸了解自己，找到自己真正感興趣的事。我最初的十二年學校教育沒有讓我學會英文，也沒有學到任何知識或生活技巧，當然也沒有從中獲得任何自信與自我價值感。我只是一個沒有特色、沒有存在感的孩子，或許你也是這樣，又或者你家的學齡孩子也是這樣。

時光荏苒，換我成為父親帶孩子去上學，他們的學校看起來跟我小時候的學校毫無二致：一樣的水泥牆、一樣的課桌椅面對著黑板、一樣擁擠沉悶的教室、一樣無聊的教科書。時間彷彿靜止不動。許多父母心中都有相同的疑問，只是一直沒有說出口，但此刻這些疑問湧上心頭。我有了孩子之後，那個令多數父母擔憂的問題變得愈來愈清晰：我們為什麼要送孩子去學校？學校制度明顯與時代脫節，無法提供必要的生活工具。有愈來愈多的家長對學校制度充滿疑慮、失去信心，甚至心生罪惡感。反覆煎熬我們的是：我們都想幫孩子做好面對世界的準備，問題是我們對這件事是否不夠用心？請容我強調：問題並非出在老師和教育者的品質不夠好，而是制度本身導致教育停滯不前，這麼多年改變微乎其微。這並非以色列獨有的情況，幾乎舉世皆然。

我的博士後研究做的是培養年輕世代創意思考的實證研究，碰巧我自己也是兩個孩子的父親。現在的孩子生長的世界已和過去大不相同，而且變化快速，我想為他們尋找一個與時俱進的教育模式。

過去六年，我在以色列全國走透透，造訪大小鄉鎮與城市。我和沒有宗教信仰、有宗教信仰、篤信東正教的孩子都聊過，和來自富裕家庭的孩子聊過；和邊緣學生、資優學生、傑出學生、擁有「最後機會」以及連「最後機會」都失去的學生聊過。我背著旅行袋，裡面有適合各種場合的服裝與各式猶太小圓帽。我實際接觸各地的孩子，希望能找到不一樣的教育可能性，了解不一樣的族群、不一樣的思考方式和觀察視角。我幫助過兒童、青少年、老師、父母、中小學校長，起初是獨立作業，後來有許多人加入我的團隊。我失敗過，也成功過。我體驗過沮喪和失去機會的懊悔，但也有欣喜與興奮的時刻。我每跨出一步都能找到新的領悟，有助於了解教導學生如何思考的新方法。若非經歷大量的嘗試與錯誤，我不可能得到這些領悟。

後來我跨出國門，參訪世界各國的學校與教育制度。我與頂尖研究者和厲害的實業家對談，親自了解那些禁得起時代考驗的創新教育方法。我應該說明的是，我在國外認識的老師和校長不一定比以色列的老師和校長優秀，但他們經常帶給我不同的教育觀和育兒觀。每一種模式都有值得學習和注意的地方，但如果我們連這些方法的存在都不知道，未免太過遺憾。

我們必須明白，討論教育制度的狀態不是改變的唯一前提。我們必須調整教養方式，如同我們對教育制度的期待：更新模式，更新版本，回應現實。我們的教養方式有一個既奇怪又令人憂心的地方：父母不再樂在其中。我們大部分的時間都在疲於奔命、壓力破表、安排和執行任務，同時又對自己充滿懷疑跟罪惡感。沒有滿足，只有焦慮。

我們到底怎麼了？

有趣的是，父母明明對學校諸多抱怨，卻以相同的方式教養：一大堆規矩、上對下的權威、指派任務等等。擅長解決問題、活力十足、幽默滿點的以色列父母，下班回到家已是筋疲力盡，只能對時間精打細算，把該做的事情趕緊排一排。踏出家門，他們都是積極主動的人，會想出新的點子，既輕鬆又風趣，能用有創意的方式克服挑戰，讓自己和身邊的人都感到驚喜連連。

踏進家門之後，這些特質跑到哪兒去了？怎麼會這樣？為什麼會這樣？就好像有個人說服我們把真正的自己留在門外，變身成嚴厲、不知變通的父母去面對孩子。我們很容易把錯全都怪在「學校老師」身上。我們把如此可愛又有創意的天才兒童交到他們手上，卻被他們一手毀了。這樣的想法不盡然正確，而且絕對毫無幫助。

你們家有沒有專屬於自己的家庭旅遊？還是只是「複製貼上」別人的行程？你有沒有

設計你們家專屬的家務分派方式？相處方式？減輕考試壓力或社交壓力的方式？每當我們展現創意、用新的方法解決問題，讓孩子和我們自己都嚇一跳的時候，孩子眼中都會再次閃耀光芒。你有沒有持續努力、持續成長？「養兒育女」只是你人生中的一個角色，你也是活生生的、必須成長的人。父母不是已經過了黃金時期的成年人，你的人生巔峰還在前面等著你。現代人都很長壽，成為父母的時候，距離人生的中點還遠得很。儘管如此，父母與孩子之間仍舊壁壘分明，無憂無慮的「孩子」在這一邊，煩躁的「父母」在那一邊。雙方之間有一條明確的界線。

包括以色列在內，我參訪了世界各國的許多學校，包括以色列。每次參訪小學都像一趟奇幻之

孩子	父母
・人生正要開始	・人生已度過大半……
・頑皮吵鬧	・抱怨連連
・時間太多，閒到發慌	・沒空享受生活
・晚上九點上床睡覺	・晚上九點〇五分累趴
・想養狗， 保證自己會好好照顧狗	・不想養狗， 卻得負責照顧狗
・巧克力牛奶＋鮮奶油 ＋彩色糖球	・低咖啡因卡布奇諾 ＋豆奶
・「快吃，不然鬼會來找你」	・「別吃，不然醫生會來找你」

旅，彩繪的牆面、童趣的藝術創作，天花板懸掛著充滿表現力的美勞作品。色彩繽紛，雀躍歡喜。但是一走進初中校園，這些裝飾品突然消失了，只有光禿禿的灰色牆面。撕掉一半的海報在風中顫抖，旁邊是黯淡的褪色窗簾。高中教室則是冷冰冰的，沒有光亮，也沒有色彩。單調乏味，只講求功能，不講究氣氛。這樣的情況全球皆然。

問題來了：為什麼？從初中開始一路到高中，最後延續到職場。我們突然忘記這是個豐富多彩的世界。為什麼進入「大人的世界」，一定要向色彩和無拘無束的創意黯然道別？我們必須改變自己對待自己的態度，才能持續發揮影響力。這是成功教養不可或缺的基本觀念。我們必須學習在一個擁有多種面向的世界裡生存：人際關係、育兒、工作、環境，這些面向已融合成一個「開放空間」。我們必須接受由未知主宰的現實，在一個身兼多職、充滿個人起伏與各種心理作用的世界裡維持正常生活。我們必須發揮創意與獨特思考力才能想出新的人生策略，在一個不斷變化的世界裡和伴侶維持幸福安穩的關係，並攜手指引孩子迎向不確定的未來。全新的世界，全新的教養模式。

我們天天被各種資訊轟炸，嚇得我們不敢相信自己的本能直覺。我們不該讓五歲的孩子跑到馬路上，也不建議讓七歲的孩子看暴力電影，這些是基本原則，無須多言。但是常常有人說：「孩子需要界線。」這種用各種警告、規則與限制淹沒家長的教養模式，真的適用於豐富多變的新世界嗎？曾幾何時，育兒成了又煩又累的「操作」。父母明明為孩子付出了這麼多，仍會因為自己沒有花足夠的時間陪伴家人而感到沮喪，這實在是一件奇怪的事。

幸福研究告訴我們，人際關係與家庭極有可能為我們增加幸福感和人生意義。但現實的情況可不是這樣：育兒經常使我們飽受折磨、身心俱疲；育兒的過程充滿爭吵、小小挫折和強烈的罪惡感。我們確實有必要討論「育兒宗教」如何在我們的時代出現並成為常態，害我們沒機會嘗試能為我們注入活力與靈感的教養方式。我們亟需找到新的教養方法：一種注重個人創意的方法，包括家長與孩子的創意。

不容忽視的關鍵是：在不久的將來，學校將無法滿足孩子的所有需求。這是以色列與多數國家都會面臨的情況。我在前面指出學校的諸多不足（或許正是因為學校有諸多不足），時至今日，家庭教育的重要性更勝以往。學校是接力賽的中繼站，而這場接力賽的起點是家，終點也是家。我們的孩子需要想法多元、隨機應變的父母。更快樂、更有彈性、更相信直覺、更貼近內心的父母。遺憾的是，現在的父母都被強調理性負責的教養框架困住。每天早上，相同的台詞在成千上萬個家庭中覆誦：「快起床，已經七點了！」「你還沒起床？」「你刷牙了沒？」「書包收好了嗎？」而這段劇情的高潮是：「我在門口等你很久了！」我們宛如被輸入了相同的程式，會在同一時間說出同樣的話，連晚餐桌上的對話也別無二致。我們把個人特質放到一旁，對統一的集體教養方式照單全收。等一下，這不就是學校教的那一套嗎！我們自己是這樣被教大的，現在也拿同一套做法教自己的孩子。換我們繼續扮演這種筋疲力竭的「角色」，一板一眼、毫無樂趣，而且我不得不痛苦地說，這種做法對孩子有害。

孩子是最大的輸家：他們得到的教導無法幫他們做好準備去面對二十一世紀的世界，而且爸媽還總是一副殆欲斃然、壓力山大的模樣。過去二十年來，由親子組成的家庭結構似乎建立在「雙輸」的基礎上。我們習以為常的負責任教養教條，實際上非常不負責任。我們的孩子應該學會適應一個需要持續自我創造（self-invention）的世界。說得簡單一點，我們必須把孩子養育成可以「邊做邊學」的人，這跟我們教導他們（和我們自己）的方式正好相反。選擇當個只有你才能勝任的母親，選擇當個只有你才能勝任的父親，建立一個擁有獨特的個性、祕密習慣與常規的家。這才是挑戰所在。一家人像團隊一樣齊心協力，有共同的直覺、內部語言和自己專屬的味道。這樣的家能夠創造幸福，更重要的是，能夠滿足時代的需求。其實這是一種思考和行為模式，而且人生的每一個階段都適用。父母也跟孩子一樣，生活在一個需要重新自我創造的現實世界裡。那麼，如何在日常生活中做到這一點呢？這正是我們要透過這本書去理解和論證的事。

好奇心帶領我造訪了九個國家，除了向幾十位世界頂尖教育學者請益，也採訪了幾位年僅十幾歲就已具有全球影響力的 YouTuber，還有忙著回到曾經開除他們的學校去演講的年輕創業家。身為兩個孩子的父親、創意思考的研究者與二十一世紀的家長，這場研究之旅使我大開眼界。我和你一樣覺得自己非常幸運，生活在人類史上最刺激、最神祕、最令人著迷的時代，但生活在這時代的我們也不得不試著去了解：現在的世界到底發生了什麼事？

計算題

一個九歲小女孩背著四十公斤的書包走出家門，去上一間從一九五三年至今都用相同方式教學的學校。請問她何時才能做好準備去面對一個進步飛快的世界？

第一章　你好，新世界

升級過的新版本父母，也必須發揮個人創業家的精神，獨立思考、顛覆傳統，為孩子示範勇氣與創意。

我們能否真正了解孩子長大以後的世界？關於這一點，我高度存疑。請先想像一下，如果你的孩子以後幸運得到工作的面試機會，面試官可能會問他們：「人類駕駛即將被自動車取代。請說說看，還有哪些職業可能會因為這項發明而消失？」

好一點的答案可能是列舉五十個。很不錯的答案可能是一百二十個。聽起來很多嗎？請想想你會怎麼回答這個問題？機器人不會一邊開車一邊打瞌睡或傳簡訊，而且發生車禍的機率遠低於人類駕駛。讓我們一起來靈活思考（flexible thinking）一下，列出可能會因此消失的職業有哪些。面對快速多變的世界，靈活思考是討論度很高的一項能力。我們還需要駕訓班教練嗎？不需要了。計程車司機、卡車司機、公車司機、私人司機也會漸漸消失。隨著交通事故驟減，汽車技工、鑑定人員、專門處理車禍的律師和法官，幾乎都會失業。下一波失業的人會是駕照考官、汽車保險經紀人、抓違規停車的執法人員、拖吊車業者、停車場管理員、加油站員工、休息站（機器人不需要休息）。照後鏡的進口商呢？人體工學汽車座椅的製造商？道路標誌的製造商？規模龐大的防禦駕駛（defensive driving）補習產業，以及來不及與時俱進的汽車製造商？只要充分利用靈活思考，就能明白所謂的「世界進步快速」是什麼意思。比較難明白的是，究竟有多快速。

順帶一提，剛才這個面試問題的進階版會是：隨著機器人駕駛的問世，將會出現哪些新職業？當你的車子成為行動辦公室或行動客廳後，哪些新職業會應運而生？既然不再需要有人坐在駕駛座了，不如請汽車內裝設計師建議舒適的車內起居家具。接下來請想一想，為了滿足這個新的行動辦公室，會有多少「動態」新服務隨之誕生？

自動車的發明，證明我們生活在一個嶄新、神祕又無法預測的世界。請想想二十世紀初問世的汽車對人類造成多麼深遠的影響，接著想像一輛會自動駕駛與自動停車、能幫忙跑腿、接送孩子參加課外活動、讓我們在車上小憩、選擇最佳路徑、播放音樂、噴灑我們喜歡的香水、心情不好時還會安慰我們的汽車，將會帶來怎樣的改變。就連專門研究智慧汽車的科學家，也無法掌握世界的變化速度。差不多十年前，麻省理工學院（ＭＩＴ）與哈佛大學的經濟學教授還在為了機器能否取代人類駕駛而爭論不休。[1]當時的人很難相信，這件事有一天會變成現實。「在對向有來車的情況下左轉，牽涉到的因素極多，」研究者寫道，「我們難以想像有人能找到複製駕駛行為的完整規則。」但現在我們已經看見自動車上路好幾年了。而且說不定將有幾十種職業會因此消失，或是需求變得極低。聽起來很誇張？不如再思考一下這個問題：如果出現一種神祕病毒蔓延全球，導致人類無法直接接觸彼此會怎麼樣？請列出這種社交距離會造成哪些後果？靈活思考再度登場。

只有鴕鳥才對急速改變的世界視而不見

言歸正傳，回到職業上。牛津大學的知名研究者卡爾．弗雷（Carl Frey）與麥可．奧斯本（Michael Osborne）針對美國就業市場列出七百零二個職業，並且根據這些職業電腦化的機率將它們排序：第一名，也就是最不可能被電腦取代的職業，是職能治療師。最後一名，也就是最容易被電腦取代的職業，是電話推銷員。根據他們的預估，未來二十年約有六〇%的已知職業將受到科技的影響、改變或淘汰。[2]也就是說，不需要高度創意的職業消失風險最高。機器人戰勝不了人類的創意。

既然答案如此顯而易見，我們為什麼不跟隨改變中的世界一起改變？我們是否一如往常只想用鴕鳥心態去面對正在發生的事？學校如常運作，課程也如常進行。我們寧願相信關於世界正在改變的討論都很扯、很誇張，只跟少數人有關。改變很可怕，否認是令人既開心又安心的逃避機制。我們都在井然有序、可預測的線性文化中長大，有明確的規則與習俗：乖乖寫作業、考試、努力工作，未來的人生就會有保障。把這樣的觀念傳給下一代很容易，也很方便。但新的世界正在改變規則。未來學家兼作家馬丁・福特（Martin Ford）描述的未來世界令人惶恐不安，卻正在逐漸實現：排位在中段的職業雖然既「安穩」又「受人尊敬」，但這些職業的收入保障比前端和後端的職業更加岌岌可危。持有熱門學位的人（例如法律、經濟、歷史）失業風險不但高於醫生、心理學家和建築師，也高於理髮師和園丁。人類得花很長一段時間才能習慣機器人在我們脖子旁邊揮舞銳利的剪刀，跟那些不久之前還被視為「安穩、負責的人生選擇」的職業比起來，自動化對理髮師與美甲師的威脅比較小。[3]

有一種職業在不久之前仍是名利雙收的保障，讓我們來檢視一下這個職業：律師。先想想年輕律師執業頭五年的情況。他們大部分的精力都花在搜尋過往的司法判例與裁決上。一個簡單的運算法，能在幾分鐘內搞定這些事。[4] 史丹佛大學的法學院與資訊系就開了一門聯合課程，課程說明是：「這門課要回答的問題是：『五年後，上網就能得到客製化的個人法律顧問服務，就像咖啡機煮一杯卡布奇諾一樣簡單。請問律師將扮演怎樣的角色？』」[5]

孩子夢想中的職業，在未來可能是夕陽職業

此時此刻我們的孩子夢想中的職業，極有可能正要成為「夕陽職業」。想一想運動賽事的評審、裁判和其他體育評判人員（牛津大學的弗雷與奧斯本列出的七百

岌岌可危的中段職業

零二種夕陽職業裡，他們位居第六百八十四）。還記得上一次世界盃，裁判得跑到電視螢幕前借助影片看清楚人類肉眼看不到的細節嗎？還有籃球裁判在比賽最戲劇化的時刻（也應該是他人生發光發熱的時刻），居然得跑去看螢幕。網球比賽也有相同的情況，球員經常對評審的判斷提出挑戰，這時會用一種電腦程式重現網球的路徑，依此做出比評審更準確的決定。網球評審的功能更像是真實評審的資深助手，而這位真實評審正是：智慧機器。當評審或裁判這個職業改變狀態後，還能提供相同的自我價值、滿足感和意義嗎？不太可能。

同樣地，公車司機可能也將成為智慧機器人司機的人類助手，基本上就是發揮車掌的作用。飛機的機長早已在扮演人類助手的角色了，只有在起飛與降落時才需要他們。一種職業在真正成為「夕陽職業」的很久之前，能為從業人員提供的能力感（sense of competence）與意義就已在大幅下滑。

許多人正在經歷這場風暴，其中感受最為強烈的應該是銀行行員。銀行的工作在短短幾年前仍是鐵飯碗，完全不用擔心失業。現在的銀行業充斥著「比特幣」和「區塊鏈」之類的術語。年輕人不願意去銀行上班，大銀行放下身段苦苦徵人，這種情況著實令人瞠目結舌。年輕世代的理由是：銀行的工作不安穩、沒有保障。成千上萬的銀行員工不再被需要之後，他們將何去何從？擅長顛覆既有觀念的以色列劇作家漢諾赫．列文（Hanoch Levin）寫過一齣戲，劇中的導遊帶領一群遊客走到一個火柴盒旁邊，激動地告訴大家：「這是我們的國家圖書館。」[6]現實再次超越想像力，沒有做不到，只有想不到。現在只要拿出智慧手機，就能操作銀行的完整功能。一家分行只有一台行動裝置這麼厚，裝不下行員、出納員與服務人員。

身為父母，這些情況使我們感到憂心——我們也應該感到憂心。我們明白父母必須為孩子提供自我實現的工具，並且鍛鍊他們成為有能力持續自我升級、自我更新的人。學校教育和家庭教育都應該在他們進入不斷改變的世界之前，幫助他們做好準備。而我們都心知肚明，現況並非如此。

與父母的成長經驗背道而馳

有多家頂級研究機構做出了同樣令人震驚的預估：每十個小學生中，有將近七個長大後賴以為生的職業現在尚未出現。[7]如同《紐約時報》（*The New York Times*）專欄作家湯馬斯·佛里曼（Thomas Friedman）所說，我們真正的任務，是教育出能夠自己發明職業的孩子。[8]

這與我們過去所接受的教育和教養在類型與本質上都大相逕庭，不可思議的是，我們還在拿這一套教孩子。學校與學術教育建立在一個基礎假設上：人類的成長是按部就班的，先學閱讀寫字，再學用數字思考，堅持不懈，規劃教材——直到有一天，他們準備好進入「真實」世界。為了確定學習成效，我們用各種方法與測驗來確保孩子達成預期中的進度，從一年級到二年級，從二年級到三年級，每個階段都按照規劃。左頁圖是現有教育制度從小學到高中的學習進度曲線。

這張圖代表的情況是：每個孩子都接受相同的測驗與考試、相同的課程，而且看似得到平等的機會。事實上這樣的教育並不平等，因為每一個孩子適合的學習方式不盡相同。有些孩子有聆聽障礙，沒辦法理解長時間的授課，或是考試的時候無法專心。若我們必須畫一張忠實反映全球教育制度的圖，這張圖會是這個樣子的：從起點出發，依照預先的設定形成一條固定的發展路徑，終點是十二年教育的結束，這時候學生看起來已經「具備生活能力」。在這條路徑上，每一個學生都經歷數百次一模一樣的考試，這些考試都有標準答案，基本上就是把「生活中的困境都有正確答案」的觀念烙印在孩子的意識中。教育制度偶爾會嘗試改變樣貌——教室翻新，使用新科技，換上五顏六色、活潑的課桌椅。但真正的問題是：這張曲線圖還能忠實反映現在的學習過程嗎？是不是有更加基本的事情需要改變？

在大部分的情況下，答案是：不行，它無法反映現實。教育制度的本質，與我們生活的這個不斷改變的世界非常脫節。僵化的課綱或一體適用的固定量化做法，與這種改變的精神相去甚遠。我們有沒有機會過體面的生活，取決於我們有沒有能力用創意和創造的角度去思考。現實不停變化，這突顯出我們為人父母的挑戰，也逼迫我們面對一個問題：身為教養孩子的人，父母該扮演怎樣的角色？

我們小時候，大人經常要我們「謹慎」、「負責」、「成

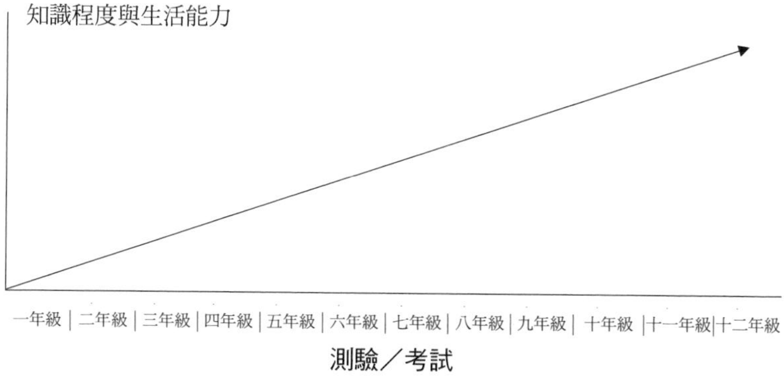

熟」。當我們表現得明智、審慎的時候，會獲得大人讚揚。這些特質對幸福生活來說都很重要，也很必要，但責任與成熟並非最高目標，「負責任的教養方式」有時反而是不負責任的做法：建立在規則之上的嚴格育兒，不一定適合這個不斷改變的動態世界。沒有學會適應變化、隨機應變的孩子，將來很難找到立足之地。

除了培養自我價值、恭謙有禮與良好判斷力的同理心教養方式之外，現代父母也應該啟發孩子，鼓勵他們發展有創意的、機敏的、大膽的思維。我們能不能展現獨立思考，甚至顛覆習慣和眾人早已接受的觀念？

我們從小接受的世界觀是試圖把生活整理成清楚的類別：「工作」與「家庭」、「幼稚」與「成熟」、「認真」與「任性」。但即便是這樣長大的我們，有時候也不得不違背這種世界觀。若想做到這一點，我們必須深入了解從小刻印於意識中的思考模式，我們成長的那個世界存在著幾個基本事實，例如：

- 擁有好的學歷，工作才有保障。
- 學校把生活需要的知識傳授給孩子。

- 自制力應該獲得重視，且應被視為人生成功與否的預測指標。
- 我們應該努力成為「負責任」且行事謹慎的人。
- 我們應該期待自己「經歷一段過程」才能成長。
- 我們應該耐心等待，成為真正「成熟」的人得花好幾年。
- 我們應該相信每件事的發生都有原因，只是原因尚待發現。
- 只有堅實的、「邏輯」分明的論點值得重視。
- 我們應該發展專業能力，愈專精愈好。

我在前面說過，這些基本事實屬於一個過時的、線性的世界。身為父母的我們都知道世界正在改變，當然我們也會擔心自己或許無法完成此生最重要的任務：幫助孩子學會獨立生活。

這個新世界不再堅守一條有保障的、預設的道路，包括「安穩的」學術研究，以及中規中矩、經過時間驗證的人生選擇。科技改革逼我們上了一門速成課，思考那些過去只有少數人思考的問題：我們是誰？我們不該成為什麼？我們可以做些什麼？以及，我們真的想要什麼？

當然也有好處：冰冷的高端科技將鞭策我們找到和定義每一個人的獨特本質。智慧機器人會強迫我們把焦點放在自己身上，既是人類、更是父母的我們，也必須進行版本升級。我們只能用一種方式回應：提供獨一無二的價值。這是個人創業（personal entrepreneurship）的年代，不僅是為了成功，也是為了生存。

二十一世紀的顛覆性超乎想像，連理性的人也不得不開始「非理性」思考。我們正在見證一種新原型的興起：「個人創業家」（individual-entrepreneur）。普通人也必須發揮獨立思考能力，開創屬於自己的道路。若要成為升級過的新版本父母，我們也必須發揮個人創業家的精神，與教育制度進行不一樣的對話，並且把「專家」與「顧問」提供的一般性建議當成開展討論的起點：對我們的孩子來說，什麼是對的？什麼是大錯特錯、極不明智的？父母能不能偶爾違背常理，若有需要，獨立思考、顛覆傳統，為孩子示範勇氣與創意？

YouTuber來了！——給孩子全新的世界觀

細數新世界的各種奇妙現象，YouTuber的崛起肯定榜上有名。這群年輕人的名字我們連聽都沒聽過，但他們卻天天陪伴我們的孩子好幾個小時。

你的孩子也花很多時間在YouTube上看「不知所謂」的影片嗎？你有沒有看過孩子盯著螢幕，看年輕的YouTuber興奮地拆開包裹？你有沒有發現自己喃喃說出小時候父母說過的話（而且當時我們都以白眼回敬）：「這世界到底怎麼了？」

螢幕上的這群年輕人從事的是一種全新職業，就像虛擬商店的經理、遊戲玩家、數位銀行家、比特幣業界人士、無人機操作員以及為自動車制定行為守則的人一樣。他們都有數十萬忠實追蹤者，為他們帶來數千美元的月收入。

觀察YouTuber如何改變遊戲規則，是一件相當有趣的事。就許多方面而言，YouTuber的工作特質對我們來說並不陌生：

- 他們全心投入工作。

- 他們的工作時程極度緊湊。
- 他們面對高度競爭。
- 他們瘋狂研究目標觀眾。
- 他們必須持續產出、不能偷懶。

但另一方面，這是一種全新的事業：

- 他們沒有募資，也沒有明確的商業計畫。
- 他們隨時拋出亦莊亦諧的哏。
- 這份工作沒有入行門檻，也沒有學歷限制。
- 年齡不成問題。
- 他們大多獨立作業，就算生意已經穩定下來也一樣。

影片涵蓋各種類型：惡搞、烘焙、彩妝、科技產品評論……。

沙哈・索伊吉斯（Shachar Soikis）是以色列最成功的YouTuber之一，他充滿熱情地說明年輕觀眾陪他一起拆開包裹時得到怎樣的體驗：「只要影片裡的人開箱時展現發自內心的興奮與驚訝，觀眾也會感同身受，就好像開箱的人是他們自已。」[9] 如果他的說明聽起來有點奇怪，不妨想想愛看烹飪節目的成年人（例如我們自己）。節目裡的食物吃不到也聞不到，我們能做的只是觀看評審品嘗食物後的表情。這兩者之間有何差別呢？無論是開箱的包裹還是美食節目裡的甜點，都能觸動人類的體驗與反應。

這只是一個小小的例子，證明了一個反覆出現的原則：使我們感到有趣的、好玩的、吸引注意力的內容都有基本規則可循，新世界不一定會改變這些基本規則。同樣地，這群看似不務正業的年輕人好像改變了職場的遊戲規則，找到一種既「簡單」又「膚淺」的賺錢之道，但其實他們每天至少工作十六個小時。他們寫腳本、當導演、親自演出、剪接、將影片上線。他們的行事曆琳瑯滿目，用各種顏色分門別類：拍攝、錄製、調查半日、出席活動、粉絲互動。「我們天天待在有空調的空間裡，」一位年輕的 YouTuber 在一場歐洲的研討會上告訴我，「最近有個 YouTuber 跑去驗血，發現他體內的維生素D少得可憐。我們幾乎忙得不見天日，所以不久之前，我們決定打賭看誰身上的維生素D最少。不過，我們玩得很開心。」

我與幾位以色列和國外的當紅YouTuber聊一聊，他們都描述了一件令人羨慕的事：他們很喜歡YouTube給他們空間自由自在表達、創作，然後直接呈現到觀眾面前。[10]

其中有一種類型特別有意思，那就是家族頻道。莫蘭・塔拉索夫（Moran Tarasov）把另一半也拉進這一行。她有三十五萬訂閱，她老公有二十一萬，連他們四歲的女兒也開了自己的頻道，有十三萬訂閱。[11]他們最受歡迎的影片是全家人去度假，那支影片有將近一八〇萬的觀看次數。塔拉索夫談起這份辛苦的工作：「我今年三十八歲，以前做過影視製作與公關，但是都比不上做YouTube辛苦。這絕對是我做過最辛苦的工作。我們自己摸索，自己從頭學習——包括怎麼報價、怎麼簽約。你必須時時掛在線上。連假日和孩子的生日都不能休息。但辛苦付出的前提是能夠為粉絲提供真正的價值，否則成功也只是曇花一現。我經常討論身體形象（body image）與接受真實的自己。我也會聊到自己的弱點。我不怕承認自己身高超矮，而且到現在還有點嬰兒肥，還有一千件我不太擅長的事情。我也呈現一種家庭觀。這是我真實的信念，也是我想傳播的訊息。盡量與身邊的人保持緊密的關係，你會明白生命中最重要的事情是什麼。」

另一個父母經常思考的問題是：網路明星把所謂的時尚與「酷」的定義變得非常寬廣。他們跟穿著短版上衣、露出肚臍環的兒童節目主持人不一樣，彷彿只有這樣的打扮才叫好看。現在各種身高、體型、體重、裝扮都能在網路上找到有名的代表人物。我最近帶我女兒艾隆娜（Alona）去買眼鏡。我還記得在我小時候，戴眼鏡是一個壓力很大、很尷尬的經驗。艾隆娜踏進眼鏡店之前腦袋裡早有各種想法，最後選了一副好看的金色眼鏡，和她最喜歡的YouTuber戴的一模一樣。天空變得無限寬廣，而且色彩繽紛，充滿無限可能。

執念與熱情：「偏執狂」大放異彩的世界

我們的孩子在這些改變中成長，努力適應一個截然不同的新世界。對於什麼事對孩子來說是「正確」、「有益」、「危險」、「無意義」的，身為父母的我們也必須發揮更加靈活的思考才行。和我聊過的那些YouTuber，其實也是創業家。他們開創了屬於自己的路，辛苦付出，大致上只能靠自己，一邊做一邊學習，同時勇敢作夢。他們在學校不一定學業出眾，但是他們充滿熱情與內在動機。除此之外，他們還有創意人才必備的特質：決心與毅力。他們都很清楚缺乏創意或獨特性的代價是痛苦地快速殞落，想避免這件事就必須努力再努力。許多人忽略了創意與努力之間的關係，以我認識的YouTuber來說，創意與努力顯然密不可分。他們日日夜夜都專注於同一件事：他們對自己的職業產生了執念。我一邊觀察他們，一邊思考下一代的教育：功成名就、發揮個人潛力、成為專業領域的佼佼者、影響與啟發他人、創新與開創，以上這些能力來自某種失衡的「執念」，創業家與領導者身上都有這種執念。

我偶爾會與不同領域的傑出人士進行Skype諮商，當他們開口說起最近為自己設定的挑戰時，總是雙眼發亮、眉飛色舞，那種能量與發自內心的喜悅不容忽視。他們耀眼的光采穿透電腦螢幕，散發生命力與力量，而這段刻意安排在諮商最後十五分鐘的對話彷彿永遠不會結束。

遺憾的是，主宰「正確教養方式」話語權的是另一種不同的觀點——這種觀點反覆強調精神平衡的重要性。我們經常被提醒「中庸之道」才是正確的，因為「保持平衡最重要」，這些是陪伴我們長大的老生常談。「生命中的任何事都不該超過限度」，極端的事很危險，也很反常。「有執念的人」都是顛覆分子，與精神平衡代表的一切背道而馳。這帶出一個根本性的問題：維持不同渴望之間的均衡張力，才是正確的價值嗎？學會用「合乎邏輯」與公平的方式，小心翼翼處理生活中的每一個面向，才是最好的做法嗎？從飲食、慾望、生活到死亡，全都秉持中庸之道。當下一代向我們尋求指引時，這就是我們給他們的回答嗎？

在尋找答案的過程中，我偶然看到一份有趣的研究，以表現優異的高中生為研究對象。他們五育均衡，每個科目都名列前茅。凱倫．阿諾（Karen Arnold）與她的研究團隊找到八十一位高中畢業生代表，個個都是模範生。高中畢業之後，研究團隊持續追蹤他們十四年。(12)先說說不那麼令人驚訝的發現：每一位畢業生代表都在大學裡持續品學兼優，出社會後的事業發展大致上也都不錯。他們都成為可靠的、表現穩定的人，表面上看來，他們方方面面都「過得很好」。但是，除了在高中是優等生之外，大部分受試者在各自的領域裡都沒有過人的成就或是開創性的成就，這一點不如預期。阿諾發現，他們在專業上與私人生活上都有不錯的成績，但是他們缺乏那種推動他們跳脫既定道路、創造非凡成就的熱情。他們都是有能力的人，只是少了開闢人生新局的那份執念。她認為這群五育均衡的高中畢業生代表在回憶高中生活的時候，應該會說：「我上家政課努力做出完美的蛋糕，上代數課努力拿了A^+。」(13)

想一想突然愛上音樂、籃球或象棋的青少年。他們會有一段時期全心投入練習至深夜，覺得課業一點也不重要。每天該做的事都被放在一旁，日常生活偏離原本平衡的、有秩序的軌道。這就是吉他手、科技公司創辦人、知名室內設計師或象棋冠軍誕生的過程。漸漸地，他們會屈服於這份執念，廢寢忘食投入其中，即使犧牲許多其他的東西也在所不惜。原本期待孩子能全心投入某樣興趣的父母，通常會在此時開始擔心孩子是不是投入過頭。「他整個晚上都在寫電腦程式」、「他一直在玩樂器」——我們心中的期待突然實現，只不過是扭曲變形的版本。

傳統教養觀念的終極夢想是養出精力充沛的孩子，能兼顧學業與課外活動、跟朋友外出玩樂、當志工，還能幫忙照顧年幼的弟妹。這樣父母才能驕傲地說：「孩子老是忙到不見人影，他們怎麼有空做這麼多事情？！」突然之間，孩子只專注做一件事，彷彿整個人被吸進去一樣。這股魔力——找到人生目標或熱情——會令周遭的人感到害怕，因為我們習慣於「中庸之道」。阿諾強調，這群畢業生代表都是值得欽佩的人。一方面，令他們在高中表現優異的原因正是妨礙他們將來成為創意創業家的阻力；另一方面，有些學生才華洋溢，因為樂於學習而學習，但他們讀高中的時候並不順利，因為他們有自己想要全心投入的熱情，高中帶給他們的只有壓抑和限制。但人生不像學校有清楚明確的規定，也沒有清楚明確的道路，走出學校之後，這群充滿好奇心的學生反而有機會綻放。懷抱著內在熱情追尋夢想的人，無論面對怎樣的組織規範都會勇往直前、闖出一條未知的路，而品學兼優的模範生面對未知通常會不知所措。當然開闢新路的人在這世上仍是少數，可是阿諾的研究突顯出一個重點：我們沒有給學生機會形成個人意見、找到人生裡重要的熱情。

偏執的孩子：他愛上了什麼？

父母應該幫助孩子尋找缺失的拼圖，而不是在家裡「複製貼上」學校的目標。請暫時放下一聽到「執念」就會自動出現的負面聯想。教養的最高目標不是忙著送孩子參加各種課外活動，或是在課業、社交與休閒需求之間尋找平衡。有創意的教養方式能讓孩子接觸到各種可能性，並且在他們對自己選擇的領域產生失衡的熱情時給予支持。知名義大利教育家瑪麗亞．蒙特梭利（Maria Montessori）指出，孩子會在「敏感期」對某件事展現出興趣與好奇，父母的角色就是讓這個小火花有機會熊熊燃燒。一定有很多「敏感期」的孩子在學校裡忙著去上下一堂必修課，或是忙著完成習作簿裡的練習題。放學後，是「課後班與作夢」的時間。以目前的情況來說，只有一小撮孩子有機會培養熱情與執念。

蒙特梭利提出的「敏感期」，是為人父母的我們都應該記住的觀念。孩子在發展的過程中，會遇到一生中比較容易、也比較自然吸收特定觀念的時期。蒙特梭利將這個現象比擬為自然界的「敏感期」：生物會在這些時期裡，被環境中有利於發育的特定因素吸引。她以毛毛蟲在特定階段的趨光性為例，趨光性會帶領牠走向樹枝末梢的嫩葉。毛毛蟲不知道往光亮的地方移動會得到更好的養分，這只是身體內建的生理機制。隨著毛毛蟲慢慢長大，牠不再需要嫩葉，趨光性也隨之消退。[14]同樣地，我們的身心發展也受到短暫的敏感性引導，這些暫時出現的本能與獲得某些特質有關。蒙特梭利認為，正是這種敏感性賦予孩子與外在世界密切接觸的能力，他們付出的每一分努力都會強化這種能力。若是錯過敏感期，能發揮相同效果的機會不會再次出現。[15]

知名美國教育學者艾塔・克拉洛維克（Etta Kralovec）主張，父母真正的功課是幫助孩子發現他們真心喜愛的事情。[16]身為父母，我們必須持續把世界呈現在孩子面前，讓他們接觸各種可能性與刺激，使他們在邁向敏感期的時候抓住內心深處的本能「出現那道光」的時刻。

「你的意思是，我可以不用再看諮商師了嗎？」一位女性觀眾在我稱讚完執念之後，笑著向我提出這個問題。「我是偏執狂，你剛剛解決了我的問題。大家都說我應該長大、應該找到平衡，原來根本沒這個必要。」理解的笑聲和低語在演講廳裡迴蕩。不過實際的情況更加複雜一些。我們必須接受這種矛盾的情況：一方面毫無保留（「幼稚」或「不負責任」）獻身於某個領域，另一方面在生活的其他方面發揮自我限制與心理平衡。一方面失衡，一方面平衡，兩者相輔相成。「我該怎麼做？」這位女性觀眾抗議道，「這實在太矛盾了呀！」這就是人生。要討論人類的存在，就不可能不提到深刻的、戲劇化的矛盾，而且這樣的矛盾不只一種。真正的挑戰在於找到正確組合：對某個領域偏執投入，但是在其他方面維持著平衡。「讓平衡與失衡自然發生，感受那種張力。」我如此建議。這需要複雜的自我調整，幼稚與成熟、限制與寬鬆、平衡與偏執。既要保留執念又要維持其他方面的平衡，還要能夠在需要平衡與專注時顧及他人、「放下自己」，這並不是一件容易的事。

許多「偏執」的孩子之所以會在堅持不放棄、自我限制、成熟與平衡裡得到最重要的領悟，正是因為他們全心投入自己熱愛的領域，這份熱愛無關乎他們長大後會不會從事相關工作。學齡兒童的深度學習經常發生在他們自己創造的世界裡，而不是學校裡。

我將在這本書裡反覆強調，與孩子相關的討論和家長本身的感受密切相關。我們能否為孩子的發展提供助力，也取決於身為成年人的我們能否剖析自己。我的管理學工作坊經常請學員準備兩分鐘的激勵演講，題目是「我的執念，以及為什麼每個人都應該窮畢生之力做這件事」。對許多人來說，這個練習相當困難。有些人甚至因此感到沮喪——他們想不到自己對任何事情抱有「執念」。他們沒有特別感興趣的領域，這使他們感到惶恐。那麼，你的執念是什麼呢？你能否用兩分鐘的時間演講，說服聽眾如果他們不參與你發掘的那個世界，他們會有怎樣的損失？如果答案是可以，你應該很容易察覺你的孩子是否已經「愛上」某個興趣。我們，或是我們的孩子，愛上了什麼呢？你的新執念曾經帶領你在生命中找到哪些既獨特又迷人的觀點？過去被定義為「專業」或「事業」的東西，現在應該重新定義為「生命裡的其中一項熱愛」。前面提到年輕的YouTuber完美示範了一條不同的謀生之道與職業。他們模糊了「嚴肅」與「風趣」、「成熟」與「幼稚」、「專業」與「嗜好」之間的界線。

玩下去就知道了：讓孩子邊做邊學

這是一個要求父母重新思考的新世界。我兒子伊塔瑪（Itamar）很愛看YouTube，簡直到了上癮的程度，父母的天性使我很想限制他，但這幾年我刻意壓抑自己。我讓他想看就看。沒想到結果還不錯，比如說：伊塔瑪的英文進步了；他對蒐集網路資訊的好奇心變得更加旺盛；他製作短片、發揮想像力設計惡作劇的能力變好了。我決定傾聽他的想法、了解他的世界。關於育兒和教育，有個問題我百思不得其解，已經困擾我好幾個月。而這個放手的決定幫助我找到答案。我們常說孩子之所以創意滿滿，是因為「他們還沒被汙染」，但與此同時我們卻用各種指示與規則轟炸他們，把他們逼得毫無喘息空間。有時候，傾聽孩子的想法非常有用。

其中一個戲劇化的時刻發生在某天早上，當時我們一起坐在咖啡館裡——我手裡拿著一本書與一枝螢光筆，伊塔瑪手裡拿著iPad。我發現伊塔瑪正在專心玩一個非常複雜的新遊戲。「你以前玩過這個遊戲嗎？」我問。「沒玩過。」他眼睛死盯著螢幕。「這樣要怎麼玩？」我語帶驚訝。他平常很容易不耐煩，遇到困難很快就會主動放棄。這次他的回答至今仍深印在我心中。「沒關係，爸爸。玩下去就知道了。」我靜靜凝視著他。「怎麼了嗎？」他問。當科學家終於解開心中多年來的困惑時，應該就是這樣的感覺。叮咚！這就是答案！玩下去就知道了。這正是所謂的二十一世紀教育改革：在不知道規則的情況下直接進入遊戲，相信自己能夠摸索出遊戲的玩法。今日的教養應該參考我從大兒子身上得到的領悟：「邊做邊學。」如果我們想跟孩子一起成長，就必須甩開身為父母的自動反應，開始跟著他們一起思考，一起邊做邊學。

第二章　我是糟糕的父母嗎？——如影隨形的罪惡感

「好媽媽天黑前就會回家」，「好爸爸在孩子上床睡覺前回家」——我們必須挑戰這些基本假設，才能在育兒階段依照適合自己的正確方式過日子。

二〇〇八年二月的某一天，紐約記者蘭諾．史坎納茲（Lenore Skenazy）決定讓九歲的兒子艾薩克（Isaac）自己搭地鐵回家。

在那之前，艾薩克已經哀求爸媽好幾個星期，希望他們能在某個地方讓他下車，給他機會自己想辦法回家。終於在那一天，蘭諾給他一張二十美元紙鈔，外加幾枚二十五美分硬幣方便他打電話求助。她沒有偷偷跟著他。她相信兒子可以想出辦法，或是在有需要時向路人問路。這場實驗非常成功，艾薩克平安回到家。幾週後，蘭諾為《紐約太陽報》（*New York Sun*）寫了一篇專欄文章，題目是「我為什麼讓九歲的兒子自己搭地鐵」。文章掀起軒然大波。才短短幾天她就被冠上一個具有爭議性的封號：「美國最爛媽媽」，而且走到哪裡都會被人指指點點。

蘭諾突然發現自己陷入我們最恐懼的情境——被人認為是糟糕的父母。她對電視節目的邀約來者不拒，盡量在每一種媒體上接受訪問，試著解釋自己的決定。「這裡是紐約，」她說，「不是巴格達市中心。」然而風暴並未因此止歇。

「我飽受抨擊，但支持的聲音也不少。這些批判並非不傷人，我有時候確實很難過。有時候我氣到快爆炸，」她在一場對談中說道，「但我知道我是對的。」(1)

蘭諾開了一個部落格寫文章回擊，並且展開一場社會運動，叫「放牧式育兒」（Free-Range Parenting）。過去十年來，他們每年都會舉辦「把孩子留在公園玩一天」活動，這一天孩子學習在沒有大人隨侍在側的情況下自己玩耍。這場運動的願景聽起來很有意思：「拒絕相信孩子時時面臨變態、綁架、細菌、成績、暴露狂、挫折感、失敗、搶寶寶的匪徒、蚊蟲、惡霸、男人、在朋友家過夜與／或非有機葡萄的威脅。」二〇一二年，蘭諾踏入電視圈，主持一檔實境節目叫「世界最爛媽媽」（World's Worst Mom）。她在節目中拜訪極度焦慮的父母（例如堅持用湯匙餵十歲兒子吃飯的母親），試著說服他們放手讓孩子去做我們小時候會做的事，例如自己搭公車。十幾年過去了，現在「地鐵男孩」艾薩克是個正常平凡的大學生。蘭諾這幾年在美國各地募資，目的是「把我們兒時擁有的自由還給孩子，無須擔心到發瘋」，並且推動相關立法。二〇一八年三月，猶他州成為美國第一個實施「放牧式育兒法」的州（Free-Range Parenting Law），根據此法，父母讓孩子在未受照看的情況下在公園遊玩或獨自從學校走路回家，都不算是犯罪行為。

支持這項運動的人經常被主管機關找麻煩，例如有位資深醫師曾遭到警方斥責，原因是有人看見他十歲與六歲的孩子獨自從電影院外面走過。但是蘭諾並未因此退縮。「我相信，」她信誓旦旦，「我們很快就能在美國其他州推動類似的立法。」我很難決定哪一件事比較難以置信：全國上下為了一個九歲男孩自己搭地鐵而發飆，還是蘭諾以非比尋常的方式運用這些事件實現美國夢。無論如何，地鐵事件都反映出伴隨著育兒的極度緊張，平靜的表面底下還有蠢蠢欲動的罪惡感、焦慮、壓力等感受，隨時都將沸騰漫出。每個文化都有自己獨特的痛點，但共同的大原則是：你不會讓孩子單獨搭地鐵，單獨待在家裡，單獨使用電器，在孩子以優異的成績從高中畢業之前，你不會停止對他們施壓。這種罪惡感與內在焦慮都在尋找罪魁禍首。沒有好好監督孩子的父母會被責怪，不擔心的父母會被責怪，不夠關注孩子、沒有設定界線、給孩子太多壓力、給孩子太少壓力的父母，都會成為眾矢之的。老師當然也會挨罵，還有學校、科技與這個新世界。從你帶著剛出生的寶寶離開醫院的那一刻起，罪惡感就進入了你的生命，像背景音樂一樣不離不棄。這是一種混雜著擔憂、壓力、焦慮和（尤其是）極度內疚的自我懷疑。

瘋狂的完美主義

從數據上來說，教養大業對情感造成的影響簡直不可思議：九六％的美國父母對自己的教養方式抱持著罪惡感。[(2)] 有項調查詢問了數千名英國母親，發現許多母親為了維持完美形象，不惜謊稱孩子看電視的頻率，或是謊稱自己平常為家人煮了哪些菜。這項調查發現這種「善意的謊言」極為普遍，媽媽們經常讓彼此覺得自己「不夠好」。將近三分之二的受試者承認，她們沒有向其他母親誠實說出自己處理家庭問題的情況，近半數受試者隱瞞了自己對經濟狀況的擔憂。四分之一的母親承認自己誇大了陪伴孩子的時間，十分之九的母親說自己會跟其他母親比較。[(3)] 這與美國作家茱迪絲・華納（Judith Warner）提出的「媽媽罪惡感」模式（“mommy guilt” model）相互呼應（後面會再回來討論華納）。[(4)]

最近又多了一個新模式，叫做「爸爸做得不夠多」。專注於工作的父親被警告：「失去的歲月一去不返，你會後悔自己錯過孩子成長的過程。」那麼，母親呢？她們錯過了開創與發展事業的歲月，這些時間拿得回來嗎？孩子呢？他們也有錯過的東西。罪惡感緊緊跟隨我們每一個人。事實證明，女性已經打敗了「制度」：現代母親工作的時數是一九六〇年代的兩倍，但陪伴孩子的時間卻多出五〇％。[5]現代父親也一樣，他們陪伴孩子的時間是他們自己的父親的三倍，但罪惡感不曾消退。[6]比起過去的父母，現代父母已有長足進步。儘管如此，罪惡感依然如影隨形。

冒牌者症候群

剛開始育兒的我們，都必須處理一連串的高壓和尷尬情境。寶寶突然在超市尖叫大哭，引來路過的其他父母注目。或是孩子在學校侵擾同學，行為失控。我們一開始會感到畏縮，不知如何反應，但我們必須做出決定。我們沒學過這件事，沒修過這門課或通過這項考試，沒有課本或摘要可供參考。我們陷入驚慌，因為我們的身分隨時會被揭穿，大家都會知道我們有多麼不知所措，他們會知道我們是冒牌貨，是不會照顧孩子的父母。

育兒新手都會經歷類似「冒牌者症候群」（Impostor Syndrome）的階段。有點像我們剛進入新職場或是剛升職的時候，想表現出一副瞭若指掌、胸有成足的樣子，其實大腦閃過的念頭是：「別讓任何人發現其實我不了解這裡的情況。」據估計，大約七〇%的人一生中至少會感受過一次冒牌者症候群。[7]當你認為自己的成功來自偶然、個人魅力和運氣，而不是專業能力與知識，冒牌者症候群就會找上你。年輕的父母面對的正是這樣的情況。我們的育兒能力尚待證明。我們是因為偶然、個人魅力和運氣才找到伴侶、建立穩定的關係，進而成為父母。我們帶著寶寶出門蹓躂，試著表現出對情勢的掌控——完全是裝出來的。年輕的父母是心懷恐懼的冒牌貨，他們努力為寶寶營造一個安全的環境，相信市面上每一種會發出嗶嗶聲、能安撫寶寶、能消毒、能發揮心理支持作用的產品，全都非買不可。別人推薦什麼，我們就買什麼。如此一來，就沒人可以質疑我們沒有盡百分之百的努力。這三個無助的人類最初共處的幾個月是這個樣子的：兩個驚呆的父母，加上一個全方位依賴父母、還沒斷奶的寶寶。

沒有孩子的人生

生孩子（至少在以色列）是最自然的選擇，了解一下選擇不生孩子的人過著怎樣的生活，能幫助我們檢視自己的選擇。作家萊絲莉・拉法葉（Leslie Lafayette）想為那些選擇不生孩子、偏好兩人世界的人發聲。[8]她在挖苦父母的同時不忘發揮幽默感，列出在哪些場合或情境下最不可能遇到無子女的成年人：

- 週六下午的購物中心。
- 家庭露營區。
- 在超市用折價券購物。
- 迷你高爾夫球場。
- 七月的迪士尼樂園。

此外她也列出最有可能遇到無子女成年人的場合或情境：

- 週六早上喝濃縮咖啡或拿鐵。
- 超市裡「結帳物品少於十件」的收銀台。
- 在夏天以外的時間旅遊。
- 搭飛機去其他城市。
- 健身。
- 在附近的泰國餐廳吃飯。
- 當志工和參與其他「改變現況」活動。

這個星期六，你會在哪裡呢？

我在以色列尋找無子女的女性時，認識了歐娜．唐納斯（Orna Donath），她是令人印象深刻的年輕研究者。唐納斯說沒有孩子的人生，體現在有餘裕研究世界和研究自己。「不想成為父母，」她寫道，「意味著不用扮演引導者和榜樣的角色，可以當個學生，為了自我發展盡情發揮潛能。」[9]你不喜歡這樣的論調嗎？希望如此。你有沒有放棄自我發展的潛能呢？或是，也許正好相反——育兒就是一場自我發展的旅程？過去這一年，你是否曾經放棄度假或旅行？你接下來的人生，會不會少了一些樂趣？育兒是不是障礙、負擔、肩頭沉重的壓力？應該不是。我們後不後悔成為父母？我們會不會嫉妒選擇不生孩子的人？應該也不會。

如果會，我們為什麼要花這麼多力氣討論育兒的危機、疲憊、爭吵、擔憂和罪惡感？成為父母＝罪惡感？我們不能心懷喜悅與平靜養育孩子嗎？有項研究問一千多個孩子，如果父母能改變自身工作對孩子造成的影響，他們希望是怎樣的改變。這群孩子的父母被要求猜測孩子的回答時，五六％猜答案是有更多時間陪伴孩子。錯了，大部分的孩子希望爸媽不要那麼累、那麼緊張。(10)

「母親焦慮症」是怎麼發生的？

茱迪絲．華納的著作《瘋狂的完美主義》(*Perfect Madness*)探索母親揮之不去的罪惡感。(11) 我們討論的是育兒的一般情況，但實際上母親面臨的情況要複雜許多。華納提出質疑，為什麼在女權改革之後，當個母親依然伴隨這麼多罪惡感？她描述：「許多母親都有窒息感，她們時時擔心自己是否哪裡做錯、如履薄冰。」

她們為什麼會被壓力與罪惡感壓垮？華納提出一個有趣的答案——阻擋女性前進的障礙，正是女性自己。她們覺得每件事都是自己的責任，每個錯誤都要怪自己。華納說：「數十年來，我們的行為猶如一種傳染病，這種傳染病名叫失控，隱藏在每個角落裡、每個鍋蓋下、每張菜單上、每個玩伴遊戲日……母親焦慮症（maternal anxiety）的特別之處在於，我們相信不管孩子出了什麼問題，都反映出我們是怎樣的母親。因為我們相信自己有能力完美控制生活，防止不好的事情發生……不能看電視。只能看半小時電視。只能看教育類節目。不能吃糖。不能吃反式脂肪。不能看迪士尼。不能吃披薩……我們表現得像是只要憑藉意志力（與妥善規劃），我們就可以影響那些主宰孩子命運的神祇……我們以為自己可以架起一張防護網罩住孩子，為他們抵擋脂肪、注意力缺失、幼稚、肌肉無力……失敗。如果這些做法都沒用，一定是我們的錯。」

華納說，史上最奔放的世代居然把自己困在限制重重的、束縛精神的母親形象裡，也困在「消耗靈魂」的完美主義裡。她也指出導致這種心態的「大魔王」是誰——著名的英國心理學家、精神科醫師兼精神分析師約翰・鮑比（John Bowlby），以及他提出的「母愛剝奪」（maternal deprivation）觀念。鮑比認為孩子最初與母親（或穩定的母親替代者）建立的關係至關重要：嬰兒剛出生的第一年裡，會把影響他們這輩子如何建構人際關係、如何待人接物的情感模式或模型內化。聽起來意義重大，壓力也很大。

因為這件事如此重要，所以母親必須對寶寶發出的信號保持敏銳與專注，回應每一個痛苦的表現，給予溫暖、親密和包容，使寶寶感到有信心、被保護。如果母親表現出憤怒、漠不關心、缺乏內在平靜、行為前後不一或是心不在焉，寶寶內化的將是有問題的行為模式與制約，例如不信任別人、無法維持穩定人際關係、焦慮症、缺乏安全感、憂鬱症、害怕親密關係——這裡僅列舉一小部分。鮑比的依附理論廣受認可且影響深遠，幾乎沒有理論能望其項背。華納認為依附理論的盛行，對努力擺脫罪惡感束縛的女性揮出致命一擊。(12)

寶寶的關鍵「第一年」？

我們不禁要問：孩子出生後一、兩年內得到的照顧，真能發揮如此深遠的影響嗎？

為了用更好、更正確的方式養兒育女，我們狂看數以千計的育兒教學影片、教養建議與方針、教養書籍與研究。父母大部分的影響力，真的發生在那麼久以前嗎？

我和許多治療師談過，他們都說這是「大哉問」。我決定去問問馬利歐．米庫林瑟教授（Mario Mikulincer），他是研究鮑比依附理論的國際專家。

「寶寶出生第一年的照顧情況，」我問他，「怎麼可能造成如此巨大的影響？」

米庫林瑟教授解釋道：「嬰兒出生的第一年，大腦發展的速度極快。人類的初始學習記憶和經驗，例如微笑、存在、氣味、身體舒適與不舒適的感覺，都會在第一年形成。第一年也是非語言的經驗學習期，寶寶藉由口腔、在空間裡移動等身體經驗吸收一切，這些經驗會變成我們的一部分。這是我們生命中第一個有意義的情境，會深深蝕刻在記憶中，大致形塑我們這輩子的行為和人際關係。」

我一邊聽著米庫林瑟教授的說明，一邊想到那些初次相遇就跟我們個性不合的人，只因為我們覺得他們哪裡怪怪的；或是我們因為一個地方的氣味或燈光就愛上那個地方，沒有其他明顯的原因。身體知道哪些地方令它感到舒適自在，哪些地方感覺有危險而且缺乏保護。母親是我們的終極「前女友」，而生命的首段時期會形塑我們對世界的反應模式以及我們對世界的期待。成年後的人生當然也有其他改變生命的邂逅與事件，但如果我們站在不穩固的基礎上去面對它們，就必須付出更多、更多的努力。(13)

米庫林瑟教授強調：「父母不應該為孩子奉獻自己的一生，這種情況太扭曲了；這不是依附理論的意圖，更不是結論，我們要小心避免曲解鮑比的論點。那麼，孩子到底需要什麼？找到值得信任的人、接受他們的人、給他們勇氣和信心去面對世界的人。」

聊到這個主題，不能不提到英國小兒科醫師兼精神分析師唐諾・溫尼考特（Donald Winnicott），他發明了世上最有名也最暖心的一個詞彙：「夠好的母親」(good enough mother)，目的是建立一個可行的、人性化的理想母親形象。不過，溫尼考特也提到寶寶的心理狀態，他們的命運取決於得到怎樣的照顧。他認為沒有充分獲得母親撫觸的寶寶，可能會「支離破碎，永遠墜落，與身體解離，沒有方向感……我們必須……把寶寶想像成一個不成熟的生物，隨時隨地處於極度焦慮的邊緣」。(14)

我採訪了幾位臨床治療師，其中一位是教育和臨床心理學家伊拉・維特海姆（Yeela Wertheim）。她試著詮釋溫尼考特一方面給人壓力、一方面令人安心的論點。「溫尼考特傳達一個不一樣的重要訊息，」伊拉說，「只要你願意努力，你就能成為父母。不同於成為鋼琴家，成為父母不需要天分。情感支持很重要，但你必須在真正重要的事情上付出心力——留意孩子細緻的、微弱的信號，因為如果我們沒有與這些信號同頻（attuned）並且錯過它們，孩子就不得不調整自己的信號來與我們同頻。」[15] 伊拉的話使我想起家庭／工作／雜務／壓力的現實生活，還有父母必須給予的關注，尤其是寶寶傳達出大量的細微信號。伊拉說：「其實這些信號並不弱，只是寶寶說的語言跟我們不一樣，那是寶寶語言，雖然沒有文字，但確實包含許多其他信號。」

寶寶語言的概念，說明一歲之前的主要照顧者必須深度關注寶寶。這使我想到與人對話時，若對方說的是英語而且語速很快，我也必須高度專注才能理解字裡行間的細節。這個問題有解決辦法，而且這個解法相當有趣：「為了理解寶寶，母親會進入溫尼考特所說的『母愛精神病』（maternal psychosis）或『暫時精神失常』（temporary insanity）。她會把自己和自己的需求暫放一旁，全心全意照顧寶寶。幾個月後，她會變得像杜立德醫生聽得懂動物語言一樣，她調整了自己，所以有辦法用寶寶的語言回應。」如同我採訪過的其他治療師，伊拉也認為幫母親找一個照顧替代者、確保嬰兒受到妥善照顧很重要。

溫尼考特說寶寶出生的頭三個月，母親會「暫時精神失常」，這種現象已獲得大腦研究的證實。「給母親看三個月大以內的寶寶照片，同時監測她們的腦部活動。fMRI顯示母親大腦的特定區域受到的刺激，與吸毒成癮的人相同。她對寶寶成癮，」米庫林瑟教授說，「不過幾個月後就會漸漸消失。此外，你也會看到寶寶的臉部變化。他們的臉型會慢慢改變。拍下寶寶一個月、兩個月、三個月和四個月大的照片，差異很明顯。他們的臉愈來愈圓，變成所謂的『娃娃臉』來吸引關注，接著會用社交微笑來達成目的或是抗議，因為現在寶寶必須和稍微拉大距離的父母進行對話。」

先進的社會福利國家，例如瑞典、丹麥、芬蘭，在育嬰方面可說是不遺餘力。他們積極幫助父母用最好的方式照顧寶寶。瑞典父母的育嬰假是四百八十天（其中三百九十天可領八〇%薪資）。父母雙方可均分這四百八十天，但是也規範了每人都至少需育嬰三個月，目的是確保兩人都能參與照顧寶寶。[16]芬蘭育兒津貼增加至每月每人五百歐元，若父母均分育嬰假，還有兩百歐元的性平津貼。二〇一五年，奧蘭群島（Aland Islands）的社會部長卡琳娜・歐特南（Carina Aaltonen）說明為什麼要增加津貼，並強調孩子出生的頭幾年「是親子關係的重要時期，也可以是放慢腳步、暫時放下全職工作的時期，由國家支持你留在家裡照顧自己與孩子」。最後她表示：「有育兒的健康家庭，才有健康的社會。」[17]國家考量的不只是孩子，也要照顧父母的身心健康。[18]

■重點回顧

我們和寶寶單獨相處的第一個夜晚，心中既興奮又焦慮。有趣的是，近年來有一種僵化的育兒方式讓寶寶出生的第一年被賦予愈來愈高的重要性，這一年父母的照顧將決定孩子的一生。閱讀著名心理學家的文章令人倍感壓力，而且理應如此：乍看之下，寶寶出生的頭幾個月裡，父母只要展現出一絲絲的精神壓力、憂鬱或注意力渙散，就會導致孩子長大後付出巨大代價。長大後的何時？沒人能告訴我們。怎樣的代價？不得而知。最初幾天我們小心翼翼。但幾個星期過去後，我們因為這樣那樣的原因不得不跟寶寶分開。我們不可避免地進入基本衝突反覆出現的時期：一端是我們自己與自我成就，另一端是孩子與滿足孩子的每一個需求。專家建議用循序漸進、有邏輯、敏感且同理的方式，讓孩子在溫和的挫折中慢慢學會與父母分開。但是我們離開房間後，寶寶只要發出一聲令人心碎的哭喊，我們就會立刻被警覺心與困惑淹沒，同時生出罪惡感。這是我們的宿命，父母就是這樣的角色。或許我們需要這樣的罪惡感，總好過我們對孩子的影響可能沒有我們以為的那麼重要。會不會這些科學研究都在跟身為父母的我們作對？

讓科學證據說話：陪伴的關鍵是「重質不重量」

關於育兒的「質與量」，相關研究是怎麼說的？

雖然有無數專家針對母愛遺棄（maternal abandonment）造成的傷害提出警告，但也有很多實證研究以科學方法證實，這些假設之中有許多相當可疑，甚至毫無根據。身為父母，我們必須做出許多重要的育兒決定，卻不一定有實證支持的資訊來幫助我們做出正確判斷。這正是美國衛生及公共服務部（HHS）想要改變與改善的情況。國家兒童健康與人類發展研究所（NICHD）是HHS底下的常設機構，他們進行了一項長達十五年的研究，追蹤一千三百六十四名新生兒至十五歲。這項研究的目標是為父母提供堅實的科學證據，幫助他們做出合理的育兒決定。研究者檢視了襁褓期的照顧對青少年的情感與社交發展有何影響。參與研究的父母之中，有些人在家陪伴新生兒的時間相對較長，但大部分都是很早就把孩子送去托兒中心。多數孩子並未體驗過來自父母的親密照顧，此外也必須注意的是，這些托兒中心只是普通的托兒中心。

這項研究的結論令人驚訝：父母陪伴時間較長的孩子與較早就被送去托兒中心的孩

子，在社交、行為與認知方面沒有顯著差異。[19] 那麼，影響孩子的到底是什麼呢？答案是父母在家裡的行為。

這項研究發現，「父母在孩子身邊的行為」與「母親待在家裡的時間長短」比起來，前者對孩子發展造成的影響是後者的兩倍。因此我們應該問自己的是，我們想要把注意力放在對孩子的罪惡感上，還是好好把握與孩子相處的時間。換句話說，「重質不重量」這句老生常談不但很正確，而且還很科學。[20] 莎朗．米爾斯（Sharon Meers）和喬安娜．史卓柏（Joanna Strober）在著作《平均分擔》（*Getting to 50/50: How Working Parents Can Have It All*）中歸納了這項研究的重點，可謂相當驚人：

- 母親時刻陪伴在身邊的孩子接受情感與認知技巧的測驗時，是否表現得比較好？完全沒有。
- 被送去托兒中心的孩子有沒有出現任何長期行為問題？完全沒有。
- 一歲前就被送去托兒中心的孩子，在情感、社交與認知測驗得到的分數有沒有比較低？完全沒有。[21]

心理學家貝蒂・哈特（Betty Hart）與陶德・瑞斯里（Todd Risley）研究了堪薩斯市的四十二個美國家庭，為「重質不重量」提供了有力證據。[22]他們對三種社會階級的家庭進行了詳盡而全面的比較，並且仔細檢視父母對待孩子的方式。這項研究發現，雖然不同社會階級的父母之間存在著相似之處，例如他們都會陪孩子玩，也都很關注孩子的情況，但是第一年結束時，研究者已觀察到顯著的發展差異。

原因可能會令你感到驚訝：父母對孩子說話的頻率與字數的多寡，加上父母是否鼓勵孩子參與對話。三歲之前，多數富裕家庭孩子的詞彙量，已是貧窮家庭的兩倍。到了三歲，上層階級的孩子會聽到的字數超過三千萬，中層階級是兩千萬，下層階級則只有一千萬。下表是每小時父母對孩子說話的字數。

不同社會階級的孩子被提問的次數也有差異，與字數相呼應。

	下層階級	中層階級	上層階級
父母對孩子說話的每小時字數	178	301	487
十四個小時的累積字數	2492	4214	6818

文化研究顯示，習慣被提問的孩子接受測驗或考試的表現會比較好，回答老師的問題時也一樣。這個差異之所以有趣，是因為上層階級的父母非常忙碌，除了工作也會參與社區志願服務或教會活動。他們回到家之後除了持續與孩子對話，也會跟其他人面對面或是在電話上交談。下層階級的父母雖然同樣關心孩子，例如孩子生病時，他們會抱著孩子搭一小時公車去城市的另一頭看醫生，但是他們很少跟孩子交談。交談的「多」與「寡」是父母傳承給孩子的文化包袱（cultural baggage）裡，相當重要的一項元素。以此情況來說，「量」可以反映「質」：「健談」的父母對孩子的感受比較敏銳，他們會講更多故事給孩子聽，也會把故事情節與真實事件串連在一起。

這幾個研究結果顯示，我們無須因為把年幼的孩子「遺棄」在家而感到焦慮。

總被指責的「現在的青少年」與「現在的父母」

轟炸我們的各種「謠言」與「事實」經常加深我們心中的擔憂，進而影響我們的育兒行為。另一個引發關注的例子是，大家都說現在的年輕人沒禮貌、懶惰、自我中心、很無知。如果這是事實，就表示身為家長的我們愧為人父人母，必須為如此遺憾的情況負責。

請看看你是否同意以下這幾句話：

- 現在的青少年喝酒喝得更凶。
- 現在的青少年嗑藥嗑得更凶。
- 現在的青少年更常使用暴力。
- 現在的青少年比較少當志工。

若我告訴你這幾句話不一定正確，甚至與實情正好相反，你會不會很驚訝？

美國青少年的飲酒量明顯低於過去。以一九七〇年代為例，九三%的青少年有飲酒經驗，二〇一四年的數字是六七%！[23]非大麻毒品的使用同樣顯著下滑。二〇一七年，美國青少年使用此類毒品的情況是過去二十年來的新低。[24]自一九九〇年代以來，青少年自殺率也呈現相同趨勢，逐步下滑。[25]暴力也是——青少年凶案犯罪率達到過去幾十年來的最低點。順帶一提，青少年凶案犯罪率的高點出現在一九九〇年代初；也就是說，當時的青少年現在正是為人父母的年紀。[26]過去十多年來，以色列未成年人涉及的刑案數量顯著下降。以色列已退休的前警政署指揮官兼公共安全部顧問蘇西・班・巴魯克博士（Suzy Ben

Baruch）向我證實：「根據以色列警方的統計，二〇〇四年至今，青少年犯罪事件顯著減少，而且下降的趨勢仍在持續。」(27)

至於志工服務，現在的青少年肯定比過去的青少年更常參與志工活動，美國與以色列都是如此。(28)現在有更多青少年當志工，其中一個原因是網路的組織力使參與志工活動變得更容易。沒錯，就是大人說讓年輕人充滿各種缺點、目中無人、冷漠無情的那個網路。不過，一如往常，我們不會被事實迷惑：我們眼中的年輕人粗魯無禮、被寵壞、無助、疏遠、暴力、漠然，容易失控，所以容易傷害別人或傷害自己。但實際情況遠遠複雜得多。我的父親過世後，他的朋友為了紀念他每年聚會一次。這群一起長大的朋友參與了以色列的建國。他們都是很厲害的人，充滿活力，聚在一起時喜歡回憶瘋狂的青春年少與特拉維夫——當年這座城市還是一片沙丘。他們惡搞的名堂很多：順手牽羊、闖空門、喧鬧鬥毆，不管哪個世代的魯莽年輕人都會自嘆弗如。他們都是熱心腸的好人，但年輕時趾高氣昂，衝破道德與法律的界線。他們為以色列獨立而戰的時候都還非常年輕。他們的父母會不會既擔憂又震驚地看著他們？大概會。而現在他們都是「正派誠實的人」。

我們現在走的路，長輩老早就走過了。如同過往的每一個世代，我們也會擔心年輕世代受到負面影響，變得更加放縱、危險、失控。艾菲・柯恩（Alfie Kohn）是知名的美國教育和育兒作家，他在著作《寵兒迷思》（*The Myth of the Spoiled Child*）裡彙整了橫跨幾個世代的資料與書籍作品。他說年輕世代總是背負著輕率、被寵壞、魯莽等罵名，彷彿上一代辛苦建立的國家與模範社會將因為他們毀於一旦。柯恩研究年輕人背負的各項指控，在二○○○年代初期、一九八○年代初期、一九六○年代、一九五○年代、一九二○年代、甚至早在十八世紀，他都看到一個相同的模式。老一輩永遠擔心不負責任的年輕世代會毀掉前人完成的每一件好事。每個世代和他們心中認為「現在的年輕人」很糟糕／膚淺／草率／成癮／容易受影響／暴力（請自己圈選正確答案）的原因，都會伴隨著一聲沉重的嘆息以及對過往的懷念，因為「世風日下，人心不古」。雖然這麼說有點傷感情，但是「青出於藍勝於藍」才是常見的情況，年輕世代通常都比他們的長輩來得成功。[29]我常常用崇拜的目光看著我在全國各地遇到的青少年。他們充滿好奇心與行動力，經常參與青年運動、志工服務，而且對於自己出生長大的地方懷抱深刻的情感。我與他們交談時，會想起以色列傳奇的首任總理大衛・班—古里昂（David Ben-Gurion）說過的話：「年輕一代超越過往的世世代代。」

除了詆毀青少年與年輕世代，把矛頭指向「現在的父母」也很常見——父母被當成一個同質的群體而遭受抨擊。「現在的青少年」如此失控，「現在的父母」是罪魁禍首。（據說現代父母與孩子之間的差異超越以往，我想提醒父母：你們沒有能力或經驗為孩子提供指引。）除此之外，父母也常聽到別人警告他們別跟孩子當朋友，甚至會因為跟孩子太親密、太常陪伴孩子、沒有跟孩子保持距離遭到責備。再舉一個艾菲・柯恩提出的矛盾為例：我們一方面怪父母給孩子太多追求成功的壓力，逼他們去上愈來愈多的補習班、課外活動與家教，要求孩子超越他人；但另一方面，我們也責怪父母為了保護孩子不讓他們面對競爭、降低對孩子的期待，認為孩子的快樂與舒適凌駕一切。類似的論點沒完沒了。問題是，我們到底希望父母怎麼做？為什麼千錯萬錯都是父母的錯？到底是誰老把父母揪出來撻伐？(30)

父母沒有自以為的那麼重要？

其實有許多科學研究站在父母這一邊。已經有好幾個科學證據能使我們放下心中大石，老生常談的「優質陪伴」（quality time）也有豐富的研究做為後盾。至於「一代不如一代」（因此教養品質較差）的論點，反而飽受質疑。以色列的育嬰假通常是三個月，符合前面提過的 fMRI 掃描結果，也就是母親會在三個月後走出育嬰的「暫時精神失常」必要階段，漸漸恢復正常生活。心理學家與研究者呼籲父母不要誤信被曲解的心理學理論，也不要忘了我們為人父母的身分。話雖如此，我們總是想要做得更多，也依然心懷歉疚。我們有沒有可能高估了身為父母的重要性？說不定我們沒有自己以為的那麼重要？

茱蒂・哈里斯（Judith Rich Harris）提供了絕妙的答案。一九九五年哈里斯橫空出世，在《心理學評論》（*Psychological Review*）期刊發表了一篇顛覆傳統的論文，她認為父母不會對孩子的人格發展造成永久的長期影響。

她指出兩個決定孩子命運的因素：基因（來自父母）與社會化（來自童年與青少年時期的同儕團體）。她說人類是演化的產物，智人（Homo sapiens）是群居動物，因此智人的發展取決於他們理解團體規則的能力。孩子可能會在同儕的社會階梯往上爬，也可能落後於人，這取決於他們自身的能力。她強調，孩子不一定會把在家裡學到的東西應用於其他情境。哈里斯將這套新的發展理論稱為「團體社會化」（group socialization），意即影響孩子的人格特質的是團體內部與團體之間的社會化過程，而不是父母的行為。她的意思不是孩子少了父母也無所謂，孩子在許多方面是必須仰賴父母沒錯，但是孩子的人格特質主要來自家庭以外的個人經驗。[31]就算孩子把在家裡學到的東西帶到同儕團體裡，也會為了配合同儕團體的規範而加以捨棄，同儕團體的運作方式跟家庭大不相同。

哈里斯肯定加深了父母心中的恐懼，例如：「他們經常跟哪些朋友在一起？」有些研究甚至證明朋友會影響彼此的智商。研究者蒐集了青少年與摯友的數據，發現十五歲青少年的智商與摯友十一歲（初中時期）的智商之間存在著關聯性。[32]哈里斯用一個出乎意料的角度挑戰父母心中的罪惡感。閱讀她的文章，一開始會感到稍微放心（「或許錯不在我們」），接著會充滿驚慌：拜託，我們寧願選擇罪惡感——都是我們的錯，但至少我們對孩子來說很重要，我們能對孩子發揮影響力。不同於用放大鏡檢視父母犯了哪些錯誤的心理學理論，哈里斯把父母從罪惡感裡解放出來，只是我們未必喜歡她的解決方法：罪惡感消失了，影響力也消失了。這或許能解釋身為父母的我們為什麼緊抓著罪惡感不放，因為它證明了我們對孩子是有影響力的，我們能夠控制孩子與孩子選擇的方向。她揭露了「育兒宗教」是一種深層的人類需求，我們需要覺得自己擁有形塑生命的能力。

為了扮演受害者，所以我們抱怨

有天晚上我七點到家，那天我又忙又累，回到家才終於有機會坐下，這時我的兩個孩子衝過來。他們跳到我身上，一邊要我陪他們玩摔角遊戲，一邊在我耳邊大喊、苦苦哀求我。我實在招架不住，只好同意陪玩。答案似乎很簡單：身為內疚的父親（受過良好教育，工作繁忙，跟前面研究裡提到的受試者一樣），從踏進家門的那一刻開始，我就願意竭盡所能去補償孩子。但我愈是深入思考這件事，就愈覺得這是個既片面又無法令人滿意的答案。我向精神分析師哈妮・曼恩—沙維博士（Hanni Mna-Shalvi）求助。她提供了一個比較複雜有趣的解釋，請容我試著簡短說明。

父母帶著罪惡感踏進家門，這一點我們心知肚明。我們不會花很多時間陪伴孩子度過童年，這是事實。部分原因來自外部，例如賺錢養家；部分原因是個人抱負：進步、發展、自我滿足、成功、獲得認可。哈妮說，實際上這種行為非常激進：我們從孩子的身邊消失，只有在早上和晚上才回到他們身邊。相處的時間少得可憐，而且相處時我們通常如同行屍走肉。罪惡感存在於潛意識，而且很難抑制。我們認為自己遺棄了孩子、對他們造成傷害、沒有陪在他們身邊。要承認是我們自己選擇在孩子的生命中缺席並不容易。面對任何會產生罪惡感的情況，我們都有兩種選擇：覺得自己是加害者，或是覺得自己是受害者。從踏進家門的那一刻開始，我們就緊抓住受害者的角色，對孩子的願望與要求來者不拒。從精神分析的角度來說，我們想確定自己是受害者，他們（孩子）是加害者。他們不會放過我們，他們不知道我們為他們犧牲了多少，他們只會用無止盡的要求轟炸我們，要求我們付出更多關注。

我問哈妮我的理解是否正確：我傳達給孩子的訊息是「我很無助，儘管跳到我身上，接下來要玩什麼我都配合」，目的是拒絕承認我正在攻擊（遺棄）他們，在他們童年的大段時光中缺席。[33]這個解釋沒那麼容易理解，當然也沒那麼容易接受，可是它為育兒提供了新的視角。罪惡感鼓勵我們抱怨不休：我們那麼忙那麼累，跑來跑去，當孩子的司機，擔心受怕，規劃安排一切。每一句抱怨都在確立我們的受害者角色，使我們遠離加害者的角色，這就是抱怨的功能。哈妮說：「我們把自己排在後面，確定受害者是自己，而不是孩子，問題是我們並未真正了解我們所做的選擇——把大部分的時間用來成就自己。我們應該正視自己的選擇。說真的，我們本來就不應該放棄自己的人生。我們不敢跟自己討論這件事，也不敢探究自己真實的想法。如果我在陪伴他們的這一小時裡盡量彌補他們，就不用面對事實：是我選擇了在孩子起床之後有一半的時間不陪在他們身邊。」

我問哈妮她自己怎麼處理這件事。「我寫論文的時候會告訴自己：『這段時間屬於我自己』，儘管當時幾個孩子年紀還小，但我告訴自己：『這是我的決定，我要把自己放在孩子前面。』我告訴孩子這段時間我會非常忙碌，不一定有空理他們，就算他們來敲門也沒用。如果我真的不理他們，他們只能接受。我知道我必須允許自己當個有點壞的媽媽。我不想在決定專注寫論文之後又因此感到內疚，帶孩子去瘋狂購物彌補他們。我想理解自己的罪惡感，也想討論這種感受。」這件事可以用一句話來總結：下次我們互相抱怨育兒負擔時，要知道我們在說的其實是另一件事——我們是社會環境的受害者，孩子攻擊我們，他們滿嘴抱怨、不知感恩、幼稚、不懂得體諒。這種怨恨如同保護罩，是我們唯一的選擇。其實我們是為了滿足自己的目的才做了這樣的安排：扮演受害者。(34)

逆向思考：挑戰基本假設，找到最適合自己的方式

在寫這本書的過程中，我和太太看了各式各樣的研究，我在前面已提過不少，這些研

究直接了當地證明我們可以放下擔憂，而且愈快愈好。可是每到晚上我太太都會開始擔心「家裡沒大人」，我又剛好在外地出差，幫不上忙。這時我會在電話上告訴她我才剛跟「最厲害的研究者」聊過，對方向我保證家長沒有必要花大量時間陪伴孩子。話雖如此，只要跟我女兒講個三十秒電話，她一句「爸爸，你好久沒有陪我」就能讓我取消所有會議，忘掉我經常掛在嘴邊的幾百個研究結果，立刻趕回家。

就算知道再多明確的研究證據，我們似乎就是甩脫不掉某些信念與觀點，它們烙印在父母腦海裡，使育兒變成令人感到疲憊、壓力沉重、神經緊繃的過程。我們想要找到一種更快樂、更有創意的育兒模式，一種充滿喜悅與動力的模式，而不是逼迫我們不斷補償孩子的內疚模式。若想在覺得「卡住」時重新思考（以及稍微改變思考），我們應該先檢視幾個基本假設。如果你想利用創意思考解決問題，這是第一步。

比如說，父母雙方都在晚上七點到家，母親覺得自己太晚回家而心生愧疚，居然都已經天黑了；父親卻洋洋得意。這是因為父母雙方心中的基本假設不同：母親認為好媽媽應該早早回家陪孩子，父親認為在孩子上床睡覺前回家就是好爸爸。兩人都在七點到家，但是一個人很高興，一個人很內疚。「好媽媽天黑前就會回家」，「好爸爸在孩子上床睡覺前回家」，「幸福的家庭每個週末都一起出去玩」，「溫暖的家庭每天一起吃晚餐」——換句話說，「能輕鬆做到的事就沒有價值」。這些基本假設會使我們感到自豪或內疚。我們依照自己的基本假設來詮釋現實，這些基本假設源自多年來深植於腦海中的規範或觀念。我們必須檢視這些基本假設，甚至挑戰它們，才能夠在育兒的這段時期依照（適合自己的）正確方式過日子。

全球知名的創意專家麥可・邁查克（Michael Michalko）舉了一個很棒的例子，他假設的情境是：你想要開一間餐廳，但是想不出新點子。(35)

首先，我們定義出每一家餐廳都會有的三樣東西：

- 餐廳有菜單。
- 餐廳提供食物。
- 餐廳提供的食物要收費。

這三件事代表我們對「餐廳應有的樣子」的基本假設。如果我們提議開一家不一樣的創新餐廳，推翻上述三個假設，會如何呢：

- 沒有固定菜單。
- 沒有廚師。
- 免費供應食物（別忘了，餐廳必須獲利）。

沒有菜單，或許能用今日特餐給客人一個驚喜；或是由廚師說明今天在市場買到什麼食材，顧客挑選食材之後，廚師再用這些食材發揮創意、製作料理。沒有廚師，顧客可親自下廚，廚房裡的員工僅在旁監督。顧客可以自己帶冰箱裡的剩菜過來，也可以到附近的田園摘採食材。如果食物免費，我們可以收取其他費用，例如餐廳裡的音樂與氣氛。事實上，近幾年已出現這樣的餐廳，而且有些經營得非常成功。我們做了什麼？我們檢視每個人心目中典型的餐廳是什麼樣子，然後嘗試逆向思考。

二十世紀的教育先驅也做過類似的逆向思考，他們提議徹底改變學校的樣貌。讓我們也來練習一下逆向思考，先想想傳統的學校會有哪三種要素：

- 作業。

- 考試。
- 老師與學生之間界線分明。

有些偉大的教育觀念改革，都是挑戰這三種要素才得以誕生：

- 沒有作業。
- 沒有考試。
- 老師與學生之間沒有明確界線（例如採取民主制度的學校）。

在逆向思考之前，我們堅信學校必須包含作業、考試與師生界線三要素。學校與餐廳這兩個例子，都有不可撼動的條件：餐廳必須獲利，而且餐廳要處理、供應食物，使餐廳老闆得以維持生計。學校是學生獲得知識、為人生做好準備的地方。目標沒有改變，我們所做的是顛覆建構既定觀念的基石。

回到育兒模式，試著「推翻」幾個基本假設。我們心中對好的、正確的育兒方式已有定見，若我們對這些定見提出質疑，會發生什麼事？好的逆向思考會盡量提出與心中定見完全相反的思維，但前提是我們找到的反面觀點必須具有說服力。若我們無法接受反面觀點，就無法換個方向或角度去檢視現況。其實，逆向思考是自己跟自己「辯論」，目的是感受用截然不同的方式去詮釋現實。讓我們挑幾個常見的、父母固有的基本假設，用完全不一樣的方式檢視它們。

基本假設：育兒會限制（有時甚至會妨礙）父母個人進步與發展的能力。

逆向思考：育兒是藉由對另一個人類的成長負責，獲得個人進步與自我探索的機會。教學相長，教導別人是最好的學習方式。將育兒視為一個機會，可使你以觀察者的角度重新體驗童年與青春期——藉此機會思考生老病死，了結應該了結的事，打開應該打開的結，用不同的、全新的角度理解情況。

基本假設：育兒是耗盡心神的任務，主要伴隨著擔憂與責任。

逆向思考：育兒挑戰確實不輕鬆，但可以防止我們變得過度自我中心。因此，育兒能為我們帶來生存意義與幸福感。照顧他人會激勵我們積極進取，若深入思考，會發現這件事亦能帶來自信與滿足感。

基本假設：育兒在本質上是一種限制，使我們無法從寬廣、多元的視角來觀察自己的人生。至少，在孩子出生的第一年，育兒朝我們「步步緊逼」，限縮我們的視角。

逆向思考：寶寶出生的頭幾個月，我們確實滿腦子都是「寶寶」、「餵奶」、「睡覺」、「輪班換手」。但這是我們為育兒付出的代價，育兒邀請我們為平時的自己添加更多「個性」與「角色」。育兒提供不同的視角。思考一下「改變前」與「改變後」的自己，也思考一下現在的你在處理工作與家庭任務時使用怎樣的視角。

基本假設：好爸爸／媽媽很早回家陪伴孩子。

逆向思考：好爸爸／媽媽能夠判斷對他們和孩子來說，哪些情況必須陪伴彼此。好爸爸／媽媽有能力做出這樣的判斷，並且正確定義哪些時刻才是真正重要的家庭時刻。

為了讓這個主題更加明確客觀，我想繼續追問：花較多時間陪伴孩子的父母，就是比較好的父母嗎？我們已經看到有研究證明未必如此。這個問題也包含父母的行為背後的原因：是不是為了補償？是不是想要掌控孩子？是不是焦慮大到不敢讓孩子獨立？還是說，他們單純想要專心陪伴孩子？事實上，父母經常趕著參加各種活動、聚會或班親會，卻沒有停下來問自己：這件事對孩子來說有多重要？說不定孩子覺得這是一件無關緊要的小事？我記得有次我放下手邊的事情，用最快的速度趕去艾隆娜的學校出席一項活動。她驚訝地抬頭看我一眼，隨即又回去找她朋友。還有一次我沒辦法參加一個我覺得不重要的活動日，結果艾隆娜覺得很受傷。原因很無聊：她最好的朋友的爸爸有去，而他帶領的那支隊伍（是艾隆娜的敵隊）在尋寶遊戲中獲勝。

我們必須明白當爸媽不可能面面俱到。不要以盡善盡美為目標，我們將得到更多收穫——停止無謂的奔波，判斷輕重緩急，找到真正「有意義的時間」，如此一來我們肯定能找到時間靜靜地陪伴孩子，跟孩子一起閒晃、凝視、擁抱、歡笑。孩子會從你身上學到至關重要的一課：你不需要不假思索去追求別人說我們應該／必須追求的東西，只因為這是別人對我們的期待、別人能夠接受的事情、大家都這麼說。如同管理者，父母沒有（也不會有）足夠的時間完成每一項任務。想要藉由管理時間做完每一件事，肯定會在距離目標還很遠的時候就已累垮。

基本假設：無論怎麼努力，育兒就是一種帶有罪惡感的任務。

逆向思考：或許真是如此，但罪惡感也是個好機會，能用來檢視禁錮我們的基本假設。或許也可利用這個機會調整系統，找出可以修正的其他面向。

前面提到幾個為什麼育兒會伴隨罪惡感的有趣原因，例如我們寧願感到歉疚，也不希望自己在孩子的命運中不夠重要、不夠有影響力。另一個原因是我們無法控制的深層罪惡感，以及我們強烈渴望扮演受害者而不是加害者的角色。無論原因是什麼，我們都應該對育兒觀念發展出屬於自己的獨立思維，例如「好爸爸／媽媽」、「平衡的育兒方式」、「快樂童年」、「快樂家庭」等等。我在演講的時候曾遇過一位煩惱的母親問我如何處理罪惡感。她是職業婦女，我問她從事什麼工作，她說她是食品業的行銷人員。我問她：「你曾經花費多少時間幫產品尋找理想的超市貨架位置？」她笑著說：「非常非常多。」「你曾經花費多少時間思考你照顧小孩和處理生活大小事的最佳定位？」她坦言：「沒那麼多。」我告訴她：「只要把你為新零食找貨架的精神、專注力與腦力，分一點點出來思考你的育兒觀就行了。」這是一個很簡單的例子，但每次使用這個例子，我都試著幫助父母反思並提醒他們；其實他們在工作上都能視需要換個角度思考，偏偏碰到育兒與家務事時卻很少這麼做。

讓育兒方式變得更個人化、更有創造力

亞伯拉罕・馬斯洛（Abraham Maslow）在二十世紀中期提出的需求金字塔分為五層，每一層都是人類努力滿足的基本需求，例如生理需求、歸屬感與愛、尊重與自尊等等。需求逐層滿足之後，才能抵達金字塔頂。

金字塔的頂層是「自我實現」，基本人類需求的頂點。

過去十年來，研究者與時俱進提出更新版本的需求金字塔，馬斯洛版的「自我實現」被三種基本需求取代，分別是：找到伴侶、維持伴侶關係和養兒育女。(36) 養兒育女做為一個人生階段，其目的是促使我們充分而深入地發揮潛能，而這與多數父母正在經歷的枯燥育兒過程——筋疲力盡、勞心勞神、快樂的時刻極其難得——截然不同。

大衛・班—古里昂說：「提高猶太人的出生率，對以色列的存亡來說至關重要。」他還說：「猶太女性如果不能至少為世界生下四個孩子……就是辱沒了猶太人的使命。」[37]他的願景已接近實現。愈來愈多以色列夫妻選擇生四胎，以色列的生育率居西方世界之冠。[38]成為父母應當使我們的人生變得更有意義、更有趣、更刺激，豈料我們誤以為這個機會的主要作用是為美好的青春畫下句點。

養兒育女很難，但我們沒有直接迎向挑戰，而是提前投降。我們沒有花時間去思考如何將育兒教養變成一種享樂、冒險、自我探索、驚喜、創意任務，一場與現實、時間限制與（有必要的話）社會規範鬥智的遊戲。我們必須審視自己對「好母親」和「好父親」的基本假設，試著推翻這些假設，看看會怎麼樣。用更有創造力、更加個人化的方式思考育兒方式，此時不做，更待何時？

身為父母，我們擔心自己會因為做了什麼或沒做什麼而永遠自責。請容許我把重點放在建立家庭的人身上——也就是我們（父母）——我要舉出幾件我們永遠無法原諒自己的事情：

- 我們愚蠢地堅持使用對任何人都沒有好處的育兒教養方式。
- 我們的育兒教養方式迫使我們放棄生命的可能性。
- 我們的育兒教養方式充滿僵化思維，沒有為孩子示範充滿創意與創造精神的模式。
- 我們沒有停下來回顧自己為什麼選擇建立家庭。
- 我們是那種「對的」父母，自動遵守被世人接受的、負責任的做法，沒有把孩子與自己納入考量。
- 我們趕場送孩子參加各種課外活動，確定孩子總是有事做。
- 我們優雅從容的時刻很少，暴躁易怒的時刻很多。
- 我們用枯燥的例行公事淹沒自己與孩子。
- 我們手邊的電子產品都更新了，但我們自己卻沒有更新也沒有進步。
- 我們自願讓（象徵自我實現與極度重要目標的）育兒教養變成雙輸的局面。

接下來的幾章，將介紹一種截然不同的育兒教養模式。

第三章　功課寫好了嗎？

我們想要培養出充滿好奇心、擁有豐富內涵的孩子，卻逼迫他們把寶貴的閒暇時間用來寫功課——什麼時候孩子才會發現自己真正的熱情所在？

下午三點鐘。手機螢幕亮起，WhatsApps的群組訊息如常到來：「有人知道今天的功課是什麼嗎？」家長互相詢問「要寫習作簿的哪幾頁？」、「能否拍照傳給我？」我女兒艾隆娜回到家，腦中只有一件事：今天的數學功課要寫第九十二到九十九頁。就像卡通裡雙眼變成金錢符號的角色一樣，現在艾隆娜的眼睛裡只有九十二到九十九。這件事為什麼很重要？無所謂。總之，記住九十二到九十九就對了。「每年戶外教學之前學校會做很多準備，也會向學生詳細說明：要去哪裡、為什麼去。但是功課就不一樣了，沒人解釋寫功課為什麼很重要，或是功課的完整脈絡。」艾里埃澤・亞利夫教授（Eliezer Yariv）說。他是教育心理學家，也是以色列公開討論回家作業的主要人物之一。我問艾隆娜寫這個數學作業有何意義，她一如往常地說：「爸爸，別問。」她正在專心寫功課，九十二到九十九，現在已寫到九十四頁。

讓我們把時間快轉到十五年後。艾隆娜是個表現出色的員工。她知道怎麼把工作做好，擅長完成非常特定的挑戰：別人指派給她的挑戰。九十二到九十九。有一天，她升職了，新的工作屬於管理職。她第一天上工就興奮地問：「手冊在哪裡？」沒有人知道她說的手冊是什麼。「就是手冊啊……」艾隆娜試著解釋，「告訴你該怎麼做的手冊……。」

艾隆娜突然發現在真實的人生裡，沒有人會告訴她要寫哪幾頁，因為現在決定手冊內容的人是她自己。問題是，她沒有為這樣的角色做好準備。這正是我們當前面臨的重大挑戰。在這個新世界裡，大部分的勞動人口必須自己決定手冊內容，至少是部分內容。為了提前部署，我們必須從遵循指示的角色轉換成為自己定義挑戰的角色，或至少參與定義目標的過程。

但艾隆娜的學校教她的是遵循指示——而機器人會做得比她更好、更正確，也更有效率。

功課的迷思

「功課」深深銘印在我們的語言和意識中，早已成為生活裡常見的比喻。我們會在開會時稱讚別人：「看來你做足了功課。」或是「求職面試之前，最好先做功課。」功課是成功關鍵，代表態度認真和成熟。為了確定學習成果與進度，人人都要寫功課（沒有個別差異），還要接受一連串的測驗。功課是一個熱議話題，它突顯出教育體制和父母在新舊轉型過程中面臨的挑戰。對多數父母而言，以下這些等式再合理不過：

- 認真負責的父母＝坐在孩子身旁，陪孩子寫功課。
- 寫功課＝努力。努力是成功的前提，因此寫功課＝為孩子舖設人生的康莊大道。
- 寫功課＝培養孩子的責任感與成熟態度。

這些基本假設造成的結果是爸媽在忙了一天下班回家後，必須立刻投入下一個任務。在職場上完成任務是他們的習慣，而他們也把這個習慣帶回家。「任務導向的人」出門上班，回到家繼續上班。普通的以色列家庭裡最常問的問題是：「今天有功課嗎？」這代表父母對孩子的擔憂與關懷，陪孩子寫功課被視為一種負責任、家教良好的表現，也是監督孩子的課業進展和工作習慣的機會。

有無數研究者正在研究這個問題：如果要讓孩子培養更好、更適當的習慣，應該叫他們寫功課？還是把寫功課的時間拿來做其他活動，例如當志工或是協助他人？[(1)]答案沒有那麼顯而易見。家庭作業是學校的延續，會讓孩子繼續與真實世界脫節，不是嗎？教育制度頑固地要孩子們帶著枯燥的功課回家，家長則是花費大把時間針對功課內容進行爭辯與討論。儘管有愈來愈多研究證明家庭作業的好處微乎其微，甚至可能造成巨大危害，大家卻依然對寫功課這件事堅定不移。

二〇〇五年，賓州大學的傑拉德．勒坦德博士（Gerald K. LeTendre）檢視了作業和國際數學與科學教育成就趨勢調查（TIMSS）結果的關聯性，TIMSS是監測世界各地學生的數理成績表現的調查。[(2)]他檢視了幾十個國家，並未在一般分量的作業與學業表現之間發現關聯性。成績最高的幾個國家（丹麥、日本、捷克），老師幾乎不出作業。相反地，在成績最低的國家（泰國、希臘、伊朗），老師會出很多作業。就算家庭作業與學業表現之間存在著關聯性，也是可忽略不計的關聯性。[(3)]

全球頂尖研究者都同意：以小學生來說，家庭作業對學業表現的貢獻度微乎其微。

哈里斯・庫柏（Harris Cooper）應該是最有名的家庭作業專家之一，他投注三十年的時間研究家庭作業對學習的影響。他針對這個主題發表過兩千多篇論文，最重要的一篇是綜合分析美國自一九八七到二〇〇三年進行過的六十幾項研究。這篇論文同樣證實了家庭作業與小學生的學業表現之間，只有微弱到幾乎不存在的關聯性。庫柏認為，隨著學生的年紀增長，家庭作業與學業表現的正向關聯性會愈來愈顯著。[4]不過，他在這個領域算是比較溫和的學者。

二〇〇六年，艾菲・柯恩出版了知名著作《家庭作業的迷思》（*The Homework Myth: Why Our Kids Get Too Much of a Bad Thing*）*。他在書中寫道：「我們為什麼繼續讓孩子服用這種現代魚肝油——甚至要求更高的劑量？」[5]他指出家庭作業是一連串無意義的任務。更重要的是，孩子並不值得為此付出時間、承受壓力、耗費精神以及和父母產生衝突。「我們讓十二歲或甚至五歲的孩子寫功課，可能是因為我們對相關證據的認識有誤，或是因為不

---

* 譯註：繁體中文版由親子天下出版。

管證據怎麼說，我們就是認為孩子應該寫功課。」柯恩寫道。孩子的閒暇時間變少了，家裡的衝突變多了。

柯恩與我分享身為一個必須送孩子去上學的父親，他是怎麼做的。「沒有簡單的答案……想要應付學校教育中令人難受的做法，我們需要多管齊下，例如悄悄努力為制度帶來改變（或是說服個別的老師重新思考教育方式），還有設法減少孩子們必須忍受的教育方式對他們產生的負面影響。」[6]他駁斥寫功課對高年級學童來說很重要，並強調家庭作業與學業表現之間沒有正向關聯性，作業的分量與數理學科的表現之間只有「非常微弱」的關聯性。「就算兩者之間真有關係好了（而且這關係並不明顯），每天花一、兩個小時寫功課頂多能讓考試多個兩、三分。為了這點成績承受沮喪、疲憊、家庭衝突，犧牲從事其他活動的時間，甚至可能失去對學習的興趣，真的值得嗎？」這一點值得深思。

約翰．哈蒂教授（John Hattie）說：「遺憾的是，許多家長會用有沒有作業或作業的分量來評斷教學效果。」[7]哈蒂教授是全球公認最具影響力的教育研究者之一，他審查過那些發現小學作業與學業表現關聯性近乎於零的研究。除此之外，作業對孩子的學習動機有負面影響，還會使孩子把錯誤的日常行為與無效的學習習慣內化。哈蒂指出，沒有證據顯示寫功課能幫助學生學會時間管理，而且少了老師的積極參與，寫功課對學生的學習毫無幫助。

想一想孩子花費多少時間寫功課與討論功課，他們大可以拿這些時間來當志工、和朋友一起去戶外玩、陪伴祖父祖母、製作影片、烹飪烘焙、游泳、運動、服務社區、學習新語言。想想這件事有多荒謬：我們想要培養出充滿好奇心、擁有豐富內涵的孩子，卻逼迫他們把寶貴的閒暇時間用來寫功課。雖然家長很愛對學校發出質疑的聲音，但他們對於學校出的作業照單全收、多多益善，因為他們憂心孩子的表現不符期待、落後其他人，或是成績單上出現不好的評語。

一模一樣的作業不是最好的練習

千篇一律、枯燥乏味的作業會澆熄孩子的內在熱情，扼殺他們的好奇心。對許多孩子來說，作業把學校變成一種責任和義務。我們在孩子的腦海中烙下的記憶是：學習與探索伴隨著微乎其微的熱情和創意，重點是死記硬背。在作業的影響之下，有太多太多的學生相信他們無法靠自己學習，也沒有能力完成學校指派的任務。(8) 想到有那麼多孩子心中的火花因此熄滅，實在很哀傷。

問題不是出在教材上，而是我們如何呈現教材。你有沒有碰過雖然是枯燥的技術性內容，但老師很會教，讓你聽得津津有味的情況？或是正好相反，內容明明生動有趣，卻被老師教得了無生趣？能否碰到鼓舞人心的老師完全靠運氣，所以我們的孩子只能靠自己——靠自己將是他們的人生主軸。顛覆傳統的教育方法都試著讓孩子成為學習的焦點，使他們有能力根據興趣和內在動機創造屬於自己的學習路徑。家庭作業猶如強逼孩子走一條固定的路，沒有給他們機會自己設計一條有趣的探索與自我發現之路。我們仍在用大家都很熟悉的習作簿（workbooks）。「用習作簿給孩子寫功課有很多好處，」艾里埃澤・亞利夫教授說，「對家長來說，習作簿是色彩繽紛的套裝產品；對老師來說，不用另外費力出作業；對學生來說，裝訂成冊的習作簿很方便，不會散落在書包裡。習作簿唯一的缺點是對學習本身毫無幫助。」

他認為以色列教育制度的家庭作業之中，只有「家譜」計畫算是有意義的教育。這是以色列每個七年級生都要做的作業，調查家族歷史，畫出家族樹。「這項作業同時完成好幾件事：學生從其他人身上取得資訊；接觸與自己高度相關的資訊，而且是他們感興趣、將他們與家人連繫起來的資訊；交出一份多元、豐富、充滿創意的最終報告。」[9]「家譜」計畫完美示範了不一樣的家庭作業，但如同其他作業，如果時間太緊湊、壓力太大，還要用炫目的方式展示作業成果，家長極有可能會出手幫忙／書寫／設計作業裡的大部分內容。

有證據顯示，全球採用傳統考試與作業的許多地方正在發生重大改變。例如佛羅里達州的馬里昂郡（Marion County）最近廢除了家庭作業，該郡三十二所小學實施「零功課」政策。馬里昂郡的教育局長海蒂・邁爾博士（Heidi Maier）參考了大量證實作業對學童無益的研究之後，決定立刻廢止作業、練習題與習作簿的使用。邁爾是閱讀發展（reading acquisition）的專家，也堅信閱讀能提升學業表現。她提出了取代寫功課的做法：學生每天晚上必須和家長一起大聲朗讀二十分鐘。重點在於，學生可以在老師與圖書館的協助下，自己選擇每天的讀物。家裡沒有成年人協助完成閱讀任務的孩子，可以利用志工、有聲書和其他資源。她告訴我：「這些家庭的反應都很正面，他們說孩子每天晚上閱讀的時間遠遠超過二十分鐘，因為沒有其他作業，老師都說學生的詞彙量變多了。朗讀（孩子與大人藉由一起朗讀形成的關係）發揮了重要影響，而且還能提升認知功能。老師被要求鼓勵學生針對前一晚的閱讀內容進行討論，並將這樣的討論納入課程。」減少家庭作業的同時，老師與學生漸漸增加接觸，並與學生建立正面的關係。「學生碰到困難時，丟一堆練習題讓他們回家做對他們一點好處也沒有——只會帶來挫折感。我們必須思考不一樣的課堂互動方式。」順帶一提，邁爾的下一步行動是減少考試，並給予老師更大的自由空間，讓他們根據自己的理解進行教學。(10)

那麼，以色列呢？以色列有幾十所標準小學與初中已主動廢除部分或全部的家庭作業，而且成效斐然。我演講的時候，偶爾會問台下觀眾誰家裡有學齡兒童。舉手的人不少。「今年撐到現在還行嗎？」我問。他們放聲大笑，但笑聲中透露著疲憊。他們在結束一天的工作之後，回到家還要協助孩子寫作業或做報告，能跟他們直接溝通是個好機會。「我們完全同意你的看法，」他們說，「問題是，我們能怎麼辦呢？」因為「體制不允許」，而且「孩子確實需要練習」。

練習當然重要，知識就是（也永遠是）力量，問題是用什麼方式練習。偶爾會有一些學校與我接觸，它們已經廢除枯燥乏味、毫無價值的家庭作業。我對那些拿回主導權、用創意教學取代功課的老師特別感興趣。歐莉特（Orit）是公民老師，她用邏輯思考題取代家庭作業。她解釋道：「我正在教人權，我會時時留意生活中有沒有實際案例。就算是在健身房運動到一半……只要看見電視上有相關主題，我會立刻擷圖傳到學生的WhatsApp群組，問他們這種情況侵犯了何種權利？我用這些觀念挑戰他們，他們連書包都不用打開。除了寫下『平等的權利』之外，學生幾乎不需要寫字，但這能開啟他們腦中的既有資訊，使這個主題變得切身相關，隔天進教室後大家一起討論。我稱之為邏輯思考題（reasoning question），而不是家庭作業。每個人都能看見題目，也都參與其中。」

陳老師在一所世俗綜合中學*擔任七年級到九年級的理化老師，她到校的第一年就知道家庭作業是一場必敗的戰役。「有些人會寫，有些人不會寫。許多學生在家寫功課時沒有人從旁協助，這使他們充滿挫折感，也非常不公平，」她解釋道，「我遵循的原則是學生在教室裡提出的問題，他們對什麼事有興趣，包括很簡單的問題（關燈之後還有電流嗎？）和比較複雜的問題（發電廠如何製造電力？）。課綱規定的內容我們都會上，只是把日常生活加進來，與學生切身相關而且非常有趣。有些學生雖然課業跟不上，但他們說這是他

* 譯註：secular comprehensive school，相對於有教授宗教課程的學校。

們最喜歡的科目。他們上課時樂在其中，我認為這非常重要。」她興奮地說。

老師的改變意願超乎我們想像，對改變感到憂心的其實是父母。許多老師告訴我，家長要求他們不要取消家庭作業，這使他們倍感壓力。

我兒子伊塔瑪上的是體制外的另類學校（alternative school）*，不久前，我看到一件驚人的事。這所學校提倡「沒有功課，沒有考試」原則。雖然這是家長選擇這所學校的原因之一，但很快就有家長在班親會上表達了擔憂，原因是少了功課與考試，他們不知道「孩子對教材學得怎麼樣」。他們要求老師監控學習進度，或是找到考試的替代做法。校長只好再次提醒他們這所學校的精神，無奈家長抵擋不住心中的壓力。一度有傳言說某些家長為孩子請了家教，孩子告訴朋友，於是紙包不住火。家長開始對這所另類學校施壓，要求學校使用正規學校的做法——也就是他們當初逃離的那些做法。

以色列家長對學校教育指手畫腳已成了一種特殊現象，對孩子的學習有百害而無一利。真正令人不安的是這種干預背後的原因：許多家長對教育制度喪失信心，覺得學校無法為孩子提供適當的、合乎時宜的教育來面對新世界。因此家庭作業也是重要的考試：孩子每天晚上在家寫功課，對家長來說是一種寬鬆的監督手段，有時甚至超越老師在課堂上追求的效果。

誰將是誰的老闆：由內在動機決定

這幾年我花費大量時間參訪學校，幾乎在每所學校都會遇到一群在絕境中苦苦掙扎的老師：龐大的學生數量、令人窒息的空間、標準化的習作、統一內容的考試。我們一再強調孩子必須學會自主與控制，但與此同時卻又剝奪了老師的自主與控制。為了控制那麼多學生，老師經常使用賞罰分明的手段：安靜的孩子會得到一顆星星，或是如果大家都有乖乖聽課，全班可以提早下課（下課被當成一件特別的、吸引人的樂事，與沉悶的教室形成對比）。上學的每一天都會被獎勵、警告和各式活動淹沒，幾乎沒有任何一件事是因為單純想做而做，於是乎孕育出外在動機。這是當前教育的基礎原則之一，也是孩子學會建構的動機類型。他們將來的行為會以發自內心的興趣和好奇心（內在動機〔intrinsic

* 編註：alternative school，體制外的另類教育，亦稱另類替代學校。

motivation〕）為基礎，還是出於對懲罰的恐懼或是對獎勵的期待（外在動機〔extrinsic motivation〕）呢？

外在動機通常是傳統教育和僵化心態的結果，應盡量避免。習慣於外在動機的人長大之後，會在無趣的工作裡一待就是許多年，得不到真正的內在滿足。而他們的老闆很可能是由內在動機驅動的人，每天都熱情到令人惱怒的程度。

內在動機是我們樂意投入一項任務的精力。擁有強烈內在動機的孩子會主動挑戰自己，不是為了獎賞，也不是為了任何外在目的。因此擁有內在動機的孩子，長大後會堅持不懈、果敢堅定、心滿意足。他們工作起來經常廢寢忘食，也應當會有較高收入。這正是我們身為父母的希望，但家庭作業與這些特質背道而馳：一連串枯燥的、技術性的學習，疲累的練習，與個人興趣無關，和他們本身也無關。學校是「成績工廠」。只知道隨著生產線往前推進，（坐在第二排最後的孩子）沒有停下來質疑自己為什麼在這裡，以及自己想要往哪個方向前進。外在動機就是這樣形成的：因為害怕被拒絕或是希望得到立即獎勵，所以才付出精力。

我們希望孩子能培養出內在動機，而內在動機主要分為兩種。第一種叫做「純粹內在動機」（pure intrinsic motivation），孩子對眼前的任務或挑戰展現出深刻且自然的興趣，這是最高等級的動機。如果孩子對特定的主題展現出強烈興趣，父母應該盡其所能幫助他們在自己選擇的道路上發光發熱，為孩子創造最好的條件（好老師、精神導師、志同道合的其他孩子等等）。有時候，光是不要阻礙他們就已足夠。第二種叫做「自主動機」（autonomous motivation），孩子沒有對某個科目或挑戰展現出自然的興趣，而是在大人使他們了解並相信這個科目很重要或是與他們有關之後，他們的內在動機才受到激發。孩子必須意識到，學校可以幫助他們盡快達成目標或實現夢想。我在伊塔瑪七歲時鼓勵他學英語，因為YouTube上有很多說英語影片，學會英語，他就能自己欣賞這些影片。兩年後他已能看懂這些影片，他告訴我（也提醒我）這種完全獨立的感覺很棒，他不需要別人幫忙解釋他喜愛的YouTuber在說什麼。這種培養學習動機的方式很常見，因為大部分的作業都很難讓孩子自然產生興趣。

蓋伊・羅斯博士（Guy Roth）是動機研究者，主掌位於內蓋夫（Negev）的班—古里昂大學動機與情感研究實驗室（Motivation and Emotion Research Laboratory），他說：「例如沒有人一生下來就喜歡天天刷牙，但我們陪孩子看繪本《阿卡與阿巴》（*Karius and Bactus*，講口腔健康的童書）來了解刷牙與衛生的重要性。我不知道我女兒刷牙是因為她明白刷牙很重要，還是只是為了取悅爸媽。若是後者，她不會持之以恆。在某些情況下，是否出於純粹的內在動機並非重點，重點的是認同我們該做的事很重要。問題是老師沒有花足夠的力氣說明，學生要學的東西為什麼很重要、為什麼與他們有關——不用等到遙遠的以後，而是很快就用得上。這裡會碰到另一個問題：只有在你對某個主題了解得很深刻、而且對它有切身感受的時候，你才能夠真正啟發他人去認識這個主題（例如數學或歷史）的相關性、重要性與價值。」[11]這顯然需要大量的努力、思考和準備：如何從截然不同、出乎意料的角度去處理教材。

我想起我輔導過被定義為「高風險青少年」或「輟學生」的孩子好幾個月。直覺告訴我，我必須在上課一開始的五分鐘內使他們相信，我要說的話對他們的人生很重要，而且與他們切身相關。這並不容易，尤其是他們早就習慣相反的情況：教室裡學到的東西與真實人生毫無關聯。他們心中充滿懷疑與戒備，而且經常缺乏自信。但其實他們和其他聽我演講的人沒有不同：每個人都希望被說服，都想相信即將聽到的內容非常重要、切身相關。使用長期論點是多數人常犯的錯誤，例如：「好好讀書對你將來的人生有幫助。」這樣的論點雖然理性，卻很難引發共鳴。若想孕育內在動機，最好訴諸與當下相關的情感論點。舉例來說，我與輔導高風險青少年的老師一起想出如何鼓勵孩子學數學。「數學好的人不會變成軟腳蝦，不需要依賴別人，可以變得獨立」，或是「你會有能力幫助正在經歷困難的家人，讓他們以你為榮」，或是「你會有能力了解家裡的財務狀況」，以此類推。一旦學生的興趣被激發，現場會變得很安靜，突然變成一種高度專注的氣氛。當我們的雷達偵測到重要而有價值的東西時，我們會聚焦在這樣東西上。

世界各地的研究者（包括以色列）都認為培養內在動機對人類存在來說，是最重要也最有趣的議題之一。我與美國教育心理學家阿黛爾（Adele）和艾倫・葛特弗里德（Allen Gottfried）夫婦聊過這件事，那是極有意思的一場對話。葛特弗里德夫婦花費大部分的時間潛心研究內在動機，以及內在動機對人生的影響。他們談起自己的研究時神采奕奕，驅動他們的是哪一種動機無庸置疑。他們持續觀察加州福勒頓（Fullerton）某家醫院出生的寶寶，時間長達四十年。這四十年來，他們蒐集的數據涵蓋受試者、家訪，以及與家長和老師的面談，初步結論相當有趣：與智力等特質相比，我們的文化大大低估了動機對於將來獲得成功的必要性。這實在很可惜，尤其是因為動機是可以培養的能力。他們告訴我，他們最重要的發現是內在動機對孩子的未來影響甚鉅。以下是他們深入研究在學業上擁有內在動機的兒童之後，得到的幾個明確結論——也就是說，這些孩子是為了學習而學習，不是為了外在獎勵或其他外在誘因：

- 跟同齡人相比，他們在學校表現得比較好，會選更具挑戰性的課來修，學歷也比較高。
- 他們比較不會因為學業感到焦慮或壓力，無論做什麼都全神貫注，不會被周遭的聲音干擾。
- 他們碰到新的情境都能適應良好，發揮靈活思考。
- 他們在高中與二十幾歲的階段，就已展現出領導能力和社會參與的傾向。

葛特弗里德夫婦創造了一個獨特的詞彙來描述這種努力與決心兼備的孩子：「動機天賦」（motivationally gifted）。具備動機天賦的孩子在數學與閱讀方面的表現超越同齡人，SAT測驗＊或大學入學考試的成績也比較高，他們不但比較努力，也比較用功。幾年下來，他們的領導能力甚至超越天生比他們聰明的孩子。內在動機孕育的能力是即使沒有立即獎勵也願意採取行動，因此孩子有辦法延遲滿足（delay gratification），達成別人做不到的事。

切勿忘記，在新世界裡誰將是誰的老闆：受到誘因、獎勵或是害怕懲罰等外在動機驅動的人將是員工，由內在動機驅動的人將是老闆。

孩子在家裡有多少學習機會？

其實父母為孩子創造的童年環境，會對孩子造成深遠的影響。讓八歲的孩子接觸新的體驗，例如參觀博物館、鼓勵發問、培養好奇心等等，將影響他們上了高中之後對數學與科學的興趣和好奇心。[12][13]閱讀量很大的青少年在幼兒期就已花很多時間閱讀，尤其是跟母親一起閱讀。[14]在孩子年幼時唸書給他們聽，長期而言可提升他們的閱讀能力，並且使他們對閱讀與學業成就產生內在動機。

---

* 為美國各大學申請入學的重要評估條件之一。

有鑑於這些長期影響，葛特弗里德夫婦建議家長使用「家庭動機課程」（motivational curriculum in the home）。家庭環境與孩子長大後的動機強弱直接相關。小學生在家裡培養的習慣，將深深影響長大後驅動他們探究與學習的內在動機。問題是：孩子在家裡有多少學習機會？(15)

他們建議家長為孩子提供「最佳挑戰」（optimal challenges），也就是既符合孩子的能力又有足夠難度的挑戰，讓孩子體驗成功。阿黛兒・葛特弗里德指出，若要激發年幼兒童的好奇心，一定要創造充滿驚喜與創意的環境。我們必須讓孩子覺得自己能夠影響周遭環境（例如移動物品），並且鼓勵他們遇到問題靠自己的力量解決。(16)

孩子對周遭環境的熟練與影響程度，是發展內在動機的重要因素。這令人想起日本知名教育家鈴木鎮一給父母的建議：「為孩子創造最好的環境。」這不僅能養出成功的孩子，因為學習本身與克服挑戰帶來的純粹喜悅和內在動機有關，而且顯然對促進孩子的身心健康也有幫助。(17)研究者一再強調父母是孩子培養求知慾的一大助力，家對這件事能發揮深刻影響。整個家族都可以共襄盛舉。提醒祖父祖母多多向孫子孫女提問，也要鼓勵孩子反過來了解祖父祖母。重點是激發興趣，更準確地說，是啟發孩子找到興趣。祖父祖母的功能不再只是買爸媽不讓我買的東西，而是變成故事、經驗與舊時代記憶的寶庫。

許多人試圖尋找某種「中道」(middle way)，以「適可而止」的方式處理家庭作業的問題。比如說，世界教育協會（World Education Association）與美國的全國親師協會（National Parent-Teacher Association）都對學校發出呼籲：國小一、二年級寫功課的時間最好是十到二十分鐘，三、四、五、六年級最好是三十到六十分鐘。(18)不過，作業的分量並非重點。孩子在學校裡用可預期的、重複的、無聊的方式學習教材，是因為他們別無選擇。他們在學校裡學到的能力，幾年後一具普通的機器人就能做得比他們更好。別忘了意識形成於每一天的日常點滴裡，而家庭作業會逐漸切斷學習與正面的、刺激的經驗之間的關聯。孩子被大量功課轟炸，沒有機會探索自己與世界。艾塔·克拉洛維克（Etta Kralovec）教授是世界知名的家庭作業研究者，專門訓練數理科老師，她說了一句我們都該記住的話：「所有的討論都將回到這個問題：孩子什麼時候才會發現自己真正的熱情所在？他們在學校一天待八個小時，回到家還繼續寫功課。『學習』剝奪了他們的自由時間，害他們沒空探索和了解自己與自己喜愛的事物，導致他們漸漸痛恨學習。身為家長，我們真正的功課是幫助孩子找到自己真正的熱情所在。」(19)

恩威並施：何時需要外在動機？

許多研究都要我們謹慎提防外在動機（獎賞、獎勵、懲罰、威脅、賄賂），把外在動機當成扼殺內在動機的大魔王。父母對孩子施加外在控制不僅會削弱孩子的獨立性，對主動學習與進步的內在動機也有負面影響。我們知道選擇會強化內在動機、努力、任務表現與能力感，而且對兒童的影響勝於成年人。[20]生命中總有些事是沒人感到重要或想要去做的。對於比較簡單和比較不有趣的任務（例如打掃），祭出外在獎勵確實有用。但若是需要付出大量個人精力的複雜任務，外在獎勵沒有幫助。

依照學生表現來計算薪資的老師不會教得比較好，依照病患病情來計算薪資的醫生也不會醫術更高明。有項研究回顧了一百八十三份以學習動機、工作動機或健康動機為主題的論文，發現內在動機對「品質」來說很重要，而外在動機比較適合用來提升「數量」。[21]如果你想增加上健身房的頻率，誘因與獎勵制度或許有效。但如果你想為了達成特定目標而接受高品質的訓練，就必須找到內在動機。外在誘因的驅動力並不持久，僅適合短期任務，或是重量不重質的任務。高品質的表現與成就，靠的是內在動機。

有件事值得深思：學校喜歡以測驗評斷立即的學習成效，而測驗強調的是死記硬背，這樣的學校仰賴外在動機（每個學生都為了標準化的學習成效測驗死命讀書）。除非改變評量學習成效的制度，否則學校很難放下立即獲得成效的壓力，並且讓學生有機會發展出真正的內在動機。

我們與「他們」

這本書的目標之一是提出動態的、有創意的育兒方法，並且鼓勵家長與孩子共同成長。我們應避免經常脫口而出「他們的問題」和「他們的挑戰」等字眼，並且認真思考每一個問題背後的真實涵義。我們的方向與行為是否與內在動機背道而馳？我們的工作是不是令人疲憊、枯燥、如同作業一般的任務？我們有沒有時時保持好奇心，對自己投身二十年的工作懷抱著情感？我們每天早上起床後，是否用獨立自主、好奇心和正面感受去處理今天的代辦事項？[22]與程度健康的內在動機相比，外在動機經常帶來焦慮，而焦慮會影響表現與身心健康，兒童與成年人皆然。養兒育女是重新檢視人生、重新激發好奇心與內在冒險精神的好機會。身為家長，我們對老師有怎樣的期待，自己就應該做到那樣的期待：跟孩子一起探索，發揮活力與專注力，放下那種「倚老賣老」滿口人生大道理的大人姿態。

與孩子一起做不一樣的家庭作業

我和艾隆娜一起走在街上，這是我們的一個小習慣：每個星期在同一條街上散步一次，用全新的視角觀察這條街。街道兩旁種著行道樹，我們邊走邊看商店的櫥窗，發現其中一家店宣布歇業。我們觀察行人，觀察身後跟著六條狗的男孩，觀察雲朵，觀察從來沒人坐的高級長椅。我每週都會考一考艾隆娜，看她能否根據本週在學校學到的東西，在這條街上發現什麼新鮮事。她能不能向自己證明她正在透過新的角度觀察這條街？也許現在她知道藥局門上懸掛的標誌起源，或是能夠解釋頭頂上電線傳導的電是如何製造出來的？或許她能告訴我這條街以誰命名？我向她發出挑戰，她必須將學到的知識轉化為現實生活中有價值的事情。艾隆娜知道週四是我們的散步日，而且這場散步的終點站是冰淇淋店。因為想要「應付老爸」，她從上學第一天就開始尋找與散步有關的新知識。也就是說，她試著把學校裡學到的東西與校外生活建立連結——這正是我的目的。

我記得還在念書的時候，曾與朋友在一家小型的社區咖啡館聊天。我和其中兩個朋友是博士生，另外一個朋友則是主修生命科學。附近有一棵老樹，我不禁好奇在座的每個人從這棵樹上看見了什麼。生科系的朋友開始解釋這棵樹對他有何意義，以及他如何看待這棵樹。他足足說了二十分鐘，我這才發現我看見的只是蒼白、膚淺、極度片面的一棵樹，但他眼中看見的是一整個世界。這個經驗烙印在我心中，從未忘懷。我們都有機會凝視這世界，並且如同德國哲學家海德格（Martin Heidegger）所說，在熟悉裡發現不熟悉，在平凡裡發現不平凡。在同一條街上散步只是其中一例，我們還可以想出更多好主意。

家庭作業可以用各式各樣的活動與練習取而代之，例如用外語購物、在超市練習數學、尋找學校裡的教材與某則新聞之間的關聯，或是把各項家務列成一張全家人的競賽表。

在一堂輔導教師、校長與家長的課程裡，我問他們如果不讓二年級與三年級的孩子寫沒有用的習作簿，如何以有創意的方式練習寫作技巧。學員兩人或三人一組，我給他們二十分鐘的時間寫下想法。他們提出許多新穎、好玩、有創意的想法：

- 寫一封感謝信給幫助過我的人。
- 想像自己發明了一台機器，描述這台機器如何操作，以及有什麼用處。
- 寫一本手冊給爸爸媽媽，對他們返家後的行為提出建議。
- 這堂課接下來二十分鐘不許說話，只能寫作和寫信。
- 發明新詞彙，並且解釋新詞彙的涵義。
- 用「如果……會怎麼樣」造句，例如「如果錢長在樹上會怎麼樣」。
- 寫下你對一部電影的建議或心得。
- 描述我玩的上一場《要塞英雄》(Fortnite)遊戲。
- 寫下祖母最喜歡的食譜之一。
- 寫感謝信／賀卡給經常受到忽略的「透明人」，例如購物中心的警衛、接駁車司機、清潔人員。
- 「寫功課」讓你聯想到哪些詞彙？愈多愈好。
- 寫提醒事項給我不在家時幫我照顧寵物的人。
- (每天晚上)列出今天的成就。

• 用第一人稱寫下（例如）一隻鞋子的故事——從被製造出來，到生命的結束。你懂的。

對於矢志「重塑教育」的父母來說，家庭作業是一大挑戰。我們對「負責任的父母」存有刻板印象：

• 負責任的父母＝確定孩子好好寫功課，並從旁提供協助。

讓我們試著逆向思考，扭轉一下「負責任的父母」的定義：

• **負責任的父母＝協助孩子獲得學校不教的特質與技能**。

我們要幫助孩子學習不斷變化的新世界需要的技能，還是讓他們重複練習學校每天都在教的東西呢？

想像一下不做家庭作業，改做別的事情會是怎樣的情況。姑且稱之為「為什麼我們需要它？」孩子仔細聆聽課程內容之後，試著了解如何在生活中應用所學。

舉例來說，小一生學會從一數到十之後可以說：「現在我生氣的時候，終於可以從一數到十再做出反應。」二年級學會做簡單的圖表之後，可以上台用科學的方式說明自己是家裡做最多家事的人；測量每天遛狗的行走距離；或是將垃圾的重量乘以一週內自己倒垃圾的天數。概念本身雖然簡單，卻可能帶來變革。每個學生每週都必須做三次「我們為什麼需要它」練習。他們的大腦不會停止思考這件事，也不會停止將學到的內容與日常生活連結起來。

內在動機將帶來美好感受

驅動人類的是哪些力量，這是關乎存在的其中一個大哉問。每天早上讓孩子起床上學、父母出門工作的原因是什麼？是需求與恐懼——因為他們不得不，而且人生就是如此嗎？還是出於個人的求知慾、發自內心的興趣和探索的渴望？

關於培養內在動機與熱情的討論，都建立在一個樂觀的假設上：人類天生擁有好奇心，會積極尋找興趣和新穎的事物。人類動機的研究者大多採信人文思想家的觀點，例如馬斯洛、羅傑斯（Carl Rogers）或弗蘭克（Victor Frankl），這些思想家對人性有信心，也相信人類渴望卓越、追求有意義的人生。他們的世界觀很明確：只要擁有適當的條件、有利的環境與一個兼具挑戰性和可行性的目標，人人都可以也都想要探索、發現與成長。同樣地，葛特弗里德夫婦也相信每個人都有獲得動機天賦的潛力。最重要的條件是給予適當的鼓勵。內在動機是我們應該幫助孩子培養的能力。

艾維・阿索教授（Avi Assor）寫道：「真正的內在動機，應伴隨著獨立自主、選擇與個人意義等美好的感受。」[23]阿索教授認為，以內在動機為驅動力的人非常專注，他們可以無視身旁的雜音，也不管「別人在說什麼」；他們很少感到有壓力、內疚或丟臉。他們專注於自己的行動，不害怕失敗，也不會時時都在和他人比較。他們擁有更多的自由去嘗試不同或嶄新的思維，而且不會一直擔心自己的表現會不會影響自我價值或社會地位。

身為家長的我們，若是能夠幫助孩子在成長的過程中得到上述這些體驗——我認為我們應該赴湯蹈火、在所不惜。[24]

有創意的日常練習

練習是必須的，別無他法。關鍵在於如何練習。

孩子需要有創意與真正有意義的日常練習，家庭作業會扼殺這樣的機會。我想要邀請孩子用適合他們自己的方式，將學校裡學到的東西應用於日常生活。若持續用習作簿、課本和事先安排好的任務淹沒孩子，無異於剝奪了孩子自己開創道路的機會。

這個星期就鼓勵孩子把學校裡學到的東西實際應用看看。不要問孩子：「今天在學校過得怎麼樣？」試著去了解他們學到了什麼，他們的能力可以做到和理解哪些以前做不到、理解不了的事。

學校教材如何滿足他們的需求，或是他們敬愛的人的需求？

還有一件事也很重要——家長自己也該試試看。從工作的經驗中汲取靈感，並利用新的靈感來改變行為模式或習慣。小提醒：我們要求孩子怎麼做、怎麼想，自己也必須同樣做到。以身作則對我們跟孩子都有好處。

第四章　螢幕是機會之窗

只要以正確的方式看電視——這個節目能否使孩子對周遭環境之外的事情產生好奇心？教導自己跟孩子一起「看透螢幕」，就能發現更多樂趣。

電視正在摧毀孩子？電腦正在傷害孩子？

「我們請孩子畫下看電視時的自己，畫中的他們臉上帶著笑容。」(1)

一九八〇年十二月，約翰．藍儂（John Lennon）與妻子小野洋子走出紐約的公寓大樓時，馬克．大衛．查普曼（Mark David Chapman）朝藍儂的背部開了四槍，藍儂不治身亡。查普曼來到紐約，重現沙林傑（J.D. Salinger）的小說《麥田捕手》（*The Catcher in the Rye*）裡的場景。警方在他的飯店客房裡找到他刻意留下的個人物品，包括他在當地書店購買的一本《麥田捕手》，他在書裡寫下：「這是我的宣言。」署名為「霍登．考斐爾德」（Holden Caulfield），也就是《麥田捕手》裡憂鬱的男主角。他一整天幾乎都在約翰和洋子的公寓大樓外遊蕩，攀談的對象除了粉絲與門口的警衛，還包括帶藍儂夫妻的五歲兒子尚恩（Sean）出門散步的管家。案發當天查普曼曾與約翰打過照面，約翰為他在一張專輯上簽名。查普曼沒有離開案發現場，他打開隨身攜帶的書閱讀，直到警方將他逮捕。他遭判監禁二十年，至今（二〇二〇年）曾十一次申請假釋遭拒，而小野洋子對他的每一次假釋申請都表達了反對。時光荏苒，現在（據說）大家都不看書了，只看電視。

二〇〇九年，九歲的葛雷森．韋恩（Grayson Wynne）和家人一起在猶他州的國家森林露營。他與家人走散，在森林裡落了單。這時他想起他最喜歡的電視節目，探索頻道的《荒野求生祕技》（*Man vs Wild*）。節目主持人貝爾．吉羅斯（Bear Grylls）是個探險家，他教導觀眾如何在荒野中求生。憑藉著對《荒野求生祕技》的記憶，葛雷森在森林裡自力更生了二十四小時才被搜救人員找到。白天他一邊尋找森林裡的湖，一邊留下黃色雨衣的碎布做為線索，方便搜救。他還按照貝爾在節目中示範的做法，為自己搭了一個過夜的小窩。搜救人員確實跟著葛雷森留下的線索找到了他。與家人團聚之後，葛雷森的父親說他從

《荒野求生祕技》學的是無論碰到什麼情況，都要相信天無絕人之路。

看完這兩個故事，難免會出現以下的想法：看書讓人心中起殺機，看電視能救你一命……我們在討論電視、智慧手機與3C產品對孩子的整體影響時，也是用這種如臨大敵的態度，然後做出斬釘截鐵的草率結論與以偏概全的指控。

電視即將染指我們的孩子，麻痺他們的大腦、摧毀他們的靈魂。電腦是萬惡的源頭，散播惡意資訊。智慧手機像蠱惑人心的巫師，讓孩子與現實世界脫節。緊閉每扇門窗，然後自求多福。

電視與3C產品真的會把孩子成暴力、膚淺、缺乏想像力、冷漠、注意力不足的人嗎？接下來的兩章將分析孩子最喜歡的兩樣東西：電視與電玩。孩子、螢幕與家長譜成的「三角戀」充滿了爭吵、衝突、恐懼、擔憂和挫折感。我們必須用更有系統與更實際的方式來處理這段虐戀。

ADHD都是看電視的錯？

我以新世界教育為題的每場演講，幾乎都會遇到憂心忡忡的父母跑來找我說他們看了什麼「最新研究」之後，決定禁止孩子看電視或玩電腦。每隔幾個月就會有一個新「發現」準時登場，宣稱看電視會導致注意力障礙。其中最具影響力的研究，是由迪米崔·克利斯塔吉斯（Dimitri Christakis）等人以一千三百名兒童為對象所做的研究。[2]這項研究發現一歲與三歲兒童看電視的時間，與他們到了七歲時出現注意力問題的機率之間，存在著令人擔憂的關聯性。[3]重點是：一歲時每天看電視超過五小時的孩子，七歲時出現注意力障礙的機率比較高。[4]是的，你沒看錯，年紀是一歲，每天五小時。若是三歲半的孩子，每天看六小時電視（！）也會有相同的注意力障礙機率。我不知道你做何感想，我認為會讓年幼的孩子一天看五、六個小時電視的家庭，注意力障礙應該是他們家最不值一提的問題。

或許真正的原因沒那麼複雜。孩子之所以花那麼多時間看電視，很可能是因為只有電視能使他們感到平靜，電視不一定是注意力障礙的罪魁禍首。[5]兒科醫生愛莉絲·曼諾（Iris Manor）是ADHD專家，她說有ADHD的孩子會自己設法找出路：他們會動來動去、停不下來，渴望腎上腺素。就這點來說，電視提供了片段式的內容與不斷累積的刺激。曼諾醫生稱這種現象為「穩定的不穩定」（stable instability）。

「別忘了許多ADHD的孩子早上起不來、晚上睡不著，」她解釋道，「他們心浮氣躁，在極度渴求與極度滿足之間擺盪。過去我們用『飛機飛飛，飛進你嘴裡』和唱歌等手段來哄孩子吃飯，現在用電視取而代之。這些孩子的母親很可能也有ADHD（這會遺傳），她們坐在孩子身旁一起看電視放鬆心情。」[6] ADHD有很明顯的遺傳性。[7] 我們太急著把矛頭指向孩子愛看的電視。

已有大量的可靠研究推翻電視與ADHD之間的關聯性。[8] 有一項有趣的研究檢視了各種增加ADHD風險的環境因素，並且將這些因素從高到低排序，包括毒素（多氯聯苯）、母親孕期飲酒或吸菸等等。排序遠低於這些因素的有孕期與分娩併發症、心理社會障礙等等。看電視與ADHD之間沒有正向關聯性。[9] 但無論是支持或反對電視理論的研究，大多忽略了一個重點：年齡與觀看的內容。教育類節目和娛樂節目發揮的影響力一模一樣嗎？看電視的時數真的那麼重要嗎？閱讀飛機上提供的雜誌與經典文學作品，會帶給我們相同的啟發與感動嗎？當然不會。既然如此，我們為什麼要這樣看待電視？如果我們一直懷有戒心，就不可能對這個主題進行嚴肅而有意義的討論。

電視對孩子的正面影響比你想的多！

兩歲到五歲的孩子會先掌握哪些技能？綁鞋帶，還是在手機上尋找App？打電玩，還是騎腳踏車？點開網路瀏覽器，還是游泳？在澳洲、加拿大和美國等國家，兩歲到五歲的孩子會更早掌握科技相關技能。有趣的是男孩和女孩學習這些技能並未展現差異。[10]這個事實令人不安，還是令人驚訝？其實這裡有一個更重要的關鍵：面對自己生長的社會與世界，孩子需要哪些技術和能力？

舉例來說，住在喀拉哈里沙漠（Kalahari Desert）的吉克威．布希曼（Gikwe Bushmen）學會「解讀」羚羊足跡的獨特技術。再練習個幾年，孩子就可以辨認羚羊的大小、性別、體型，甚至能看出羚羊的心情。這個知識對住在這裡的他們來說非常重要，所以他們變得很厲害。[11]另一個受到廣泛研究的族群是因紐特人（Inuit），他們發展出超強的空間定向能力。[12]因努伊特孩子能夠分辨幾十種不一樣的雪，而西方世界的孩子會用手機App控制家電。這就是向環境學習的力量。

圍繞著我們的媒體在孩子的日常經驗中舉足輕重，他們得在自己居住的環境中辨識這些媒體的細微差異，才能在新世界的社會與物理空間中找到方向。

媒體理論家兼文化研究者史蒂芬・強森（Steven Johnson）在暢銷著作《開機：電視，電腦，電玩佔據生命，怎麼辦？》（*Everything Bad is Good For You*）*中指出，智力測驗的分數平緩上升與看電視有關，尤其是解釋世界如何運作的教育類節目。他認為電視讓我們比過去的人類更加了解這世界，[13]看看相似性測驗的結果就知道（「夏天跟冬天很相似，因為……」）。這反映出我們變得更擅長分析思考，以及用科學的方式歸納名詞與概念。這樣的研究與證據多不勝數，但是在現實生活裡，我們對電視的成見依然不動如山：愛看書的孩子是「書蟲」，愛看電視的孩子對電視「上癮」。請回想一下，你上次走進孩子的房間整理書本是什麼時候？你有沒有仔細檢查他們收到的書本禮物？哪些書真的值得閱讀？哪些書毫無閱讀價值？

合理的懷疑是，有一半的書不適合閱讀。我們認為沉迷於電視的孩子對周遭環境漠不

* 譯註：繁體中文版由早安財經翻譯出版。

關心，躲在房間裡看書的孩子才是每個媽媽心目中的好孩子。閱讀的好處似乎顯而易見：抽象思考、培養想像力與專注力、刻意練習、全神貫注。尼爾．波茲曼（Neil Postman）[14]說印刷文字有刺激邏輯、科學與教育的作用，還說電視會快速消滅書寫文化的成就，甚至扼殺童年。我非常崇敬波茲曼，他身兼學者與理論家的身分，我讀過他的多本著作。但我們至少應該給（輕鬆又愉快的）電視一個捍衛名聲的機會。電視顯然有很多好處，以下僅列出（非常）少數的幾個：

一、世上每個角落都有攝影機，電視會轉播加冕典禮、體育賽事與高峰會。電視帶領我們造訪遙遠的大陸，並且把世界直播到我們眼前。

二、教育類節目為孩子做好上小學的準備，使他們帶著自信開始讀一年級。用正確的方式看電視可以快速累積知識，對一年級（甚至小學階段）的學習成效有正面影響。電視是認識字母、數字、重量、顏色與形狀的練習機會，提供反覆強化的經驗，創造正面影響循環。[15]對年幼的觀眾來說，學習外語可說是看電視的另一個好處，例如西班牙語和英語。許多孩子的家裡無法提供充實知識的環境，這些孩子可轉而仰賴電視。如果家裡沒有願意花時間陪伴孩子、受過良好教育的父母，教育類電視節目對這些孩子來說猶如救命繩索。

三、電視幫助我們了解不同文化。以口碑戲劇（prestige dramas）為例，這些節目帶我們一窺外國習俗的小細節，觀眾有機會看見微妙的情感，層層剝開俚語的深意，或是聳肩的正確時機。

四、學習社交技巧。電視一個星期就能呈現數百種社交情境，孩子可藉此機會思考自己會做何反應。這種情商的日常練習，對於功成名就的人生來說似乎相當重要。

五、看電視可刺激創意與想像力。電視提供預製的影像，被認為會破壞孩子將來自己創造影像的能力，但已有研究為這項不容挑戰的禁忌帶來新觀點：只要以正確的方式看電視，電視可以培養創造力與想像力。說到《芝麻街》（*Sesame Street*）或《羅傑斯先生的社區》（*Mr. Rogers' Neighborhood*）等模範兒童節目，沒有研究者會反對它們對年幼觀眾在創意與想像力方面的幫助。有些研究認為，看電視能豐富孩子的遊戲選擇。(16) 視覺媒體可以為學習者培養出全新的認知能力（例如反思、歸納解決問題、批判性思考、想像等等）。(17)

下一次我們想阻止孩子看電視的時候，請想想這些好處。我承認我每次回到家看見孩子目不轉睛盯著電視的時候，也經常猶豫自己到底該不該制止。我之所以研究育兒，也是為了解開為人父母心中的疑惑。我讀過不少相關資料，有個有趣的發現至今仍在我心中迴盪：資優兒童與非資優兒童的父母，對於限制孩子看多久電視並不同調。(18)美國研究者羅伯特・艾博曼（Robert Abelman）觀察了十五所小學的二年級、五年級與八年級學生，其中有些孩子智力普通，有些則是資優生。所有的孩子家裡都有電玩與電視，差別在於父母的態度不盡相同。參與研究的非資優生父母經常針對看電視的時間跟孩子討價還價，而且經常設下時間限制（「你今天下午已經看了一小時電視；你只能再看半小時，看完就去睡覺」）。相對而言，資優生的父母鮮少限制孩子，他們關注的重點完全不一樣：他們陪孩子一起看電視，看完之後進行討論。他們跟孩子一起分析，並且告訴孩子下次看電視的時候可用哪些方式去解讀。非資優生的父母擔心孩子會模仿電視上的暴力行為，資優生的父母則是相信自己的孩子，並教導孩子如何聰明地獨自觀看電視。總體而言，資優生的父母處理電玩和電視的問題時，使用的是一種更加輕鬆的氣氛。這當然不代表使用這種態度，你的孩子就會變成資優生，但這件事確實值得深思。

■重點回顧

關於看電視的爭論大多缺乏理性，而且充滿刻板印象。反對看電視的主要論點之一是看電視可能會導致或加劇ＡＤＨＤ，但這個論點的真實性值得懷疑且極具爭議性。我們已知道看電視也有許多好處，例如學習語言、接觸各地文化、獲取知識、練習社交技巧，甚至有助於培養創意。孩子天生會被電視吸引（內在動機），在我們阻止或限制他們看電視之前，不如思考一下怎麼利用他們對電視的本能喜愛。羅伯特・艾博曼發人深省的研究結果顯示，非資優生的父母關心的是看電視的時間長短以及限制孩子看電視，而資優生的父母鮮少限制孩子看多久電視，他們關心的是看電視的品質。

電視中的虛構與真實如何影響孩子？

一個五歲女孩和一個九歲女孩正在看影集《無敵浩克》（*The Incredible Hulk*）。主角大衛・班納博士（David Banner）意外照射到高強度伽瑪射線，每當他生氣或心情不好的時候，就會變身成巨大又強壯的巨人浩克。每一集他都會以兩種型態現身：人類與浩克。幼兒園的孩子只有在人類英雄變身成怪物浩克的時候才會感到恐懼，這不難發現，因為他們會把身體縮起來。年紀大一些的孩子反而會在班納博士以正常人的形態出現時感到害怕。幼兒園的孩子害怕他從人類變身成怪物，但是大一點的孩子不怕。等到浩克恢復成血肉之軀後，九歲的孩子能察覺他的痛苦，所以嚇出一身冷汗。(19)

孩子看的不是「電視」。而是在特定的發展階段、特定的年紀，觀看特定的節目。每個年紀與階段各有對應的恐懼感。有時候，天馬行空、極端又誇張的內容，反而能幫助孩子區分虛構的故事與真實的日常；看似「無害」、現實的內容，也可能會帶來威脅感與擔憂。身為家長，我們有時候會告訴孩子「這不可怕」或「這不是真的」，可是這種解釋說不定適得其反。幼兒園的孩子看見電視裡的蛇，大人在旁邊告訴他「大部分的蛇都沒有毒」，反而會引發更多焦慮。他們無法完整理解這樣的說明，重複聽見「蛇」也會延續恐懼。(20)隨著年齡增長，他們會看到更多現實情節的故事，也會變得更加敏感。例如當你走進客廳看見十歲的孩子正在看暴力動畫，心裡不禁警鐘大作，但其實真人版的影片更可能嚇到孩子並影響他們的情緒感受。

隨著孩子成長，他們對於抽象情境的故事會愈來愈敏感，例如世界大戰或隕石撞地球。有一項研究檢視不同年齡的孩子看了電影《浩劫後》（*The Day After*）的反應，電影內容是核戰浩劫對堪薩斯州某個地方產生的影響。「敏感脆弱」的幼兒對這部電影沒有反應，但青少年與家長卻感到害怕。這部電影的情感衝擊來自於理解世界毀滅的可能性，年紀很小的孩子無法明白這個概念。(21)

什麼事物會讓你的孩子感到害怕？

研究暴力或恐怖視聽內容對兒童與青少年有何影響的世界頂尖研究者很多，例如威斯康辛—麥迪遜大學的喬安・坎托（Joanne Cantor）、阿姆斯特丹傳播研究學院的茱迪絲・馮・埃弗拉（Judith van Evra），以及阿姆斯特丹大學的派蒂・瓦肯伯格（Patti Valkenburg）等等。以下這張表以他們的見解與研究為基礎，歸納出不同年紀的孩子可能會感受到的幾種恐懼類型——也就是不同年紀的孩子會被不同的東西觸發恐懼。下次你的孩子接觸看似恐怖與暴力的內容時，不妨參考一下這張表，了解現階段會令他們感到害怕的是什麼。(22)

〈○歲至十二歲分別會觸發恐懼的事物〉

年齡	害怕的是……
○歲至一歲半	陌生人，嚇人的聲音，找不到媽媽。
二至三歲	「活過來」的物品。 通常這個年紀的孩子會以為吸塵器有生命，因為它會「吃灰塵」。
三至七歲	具體的東西：動物，怪物，巫婆，巨人，黑暗，深水，高處，看起來很奇怪的東西，動作古怪、突然的東西。
七至十歲	意外、闖空門和其他生活中可能會出現的真實災禍。具備處理資訊的成熟能力，也因此對抽象、暗示或看不見的危險感到恐懼，例如疾病、肢體傷害、失去親近的人等等。
十至十二歲	開始與同年齡的人比較，也可能伴隨著與社交關係有關的自卑感和擔憂。害怕被父母、老師或朋友拒絕，也對一般現象和抽象現象感到恐懼，例如戰爭和經濟危機。

我們必須明白，有時候暴力的內容與豐富的藝術體驗密不可分。在大部分的情況下，衝突與分歧、善與惡的對決對我們來說是一種樂趣。少了暴力的呈現，藝術可能會變得膚淺又無趣。[23]如果有人堅持認為「現在的孩子常接觸暴力內容——時代變了」，我想提醒這

些人，我們自己從小就常看恐怖的民間故事：《白雪公主》的邪惡繼母要獵人帶回白雪公主的心臟，於心不忍的獵人殺了一頭豬，用豬心魚目混珠。在《灰姑娘》的故事裡，同父異母的姊姊為了穿上玻璃鞋切斷自己的腳趾，王子在發現鞋子上的血跡之前，一度以為她就是真命天女。《糖果屋》裡的巫婆打算先把兩個孩子養胖，再把他們大卸八塊、送進烤箱，但最後巫婆自己被燒成灰。《蓬頭散髮的彼得》（*Struwwelpeter*，在以色列非常受歡迎的德國童書）裡有個男孩不聽勸，坐在椅子上搖搖晃晃結果摔斷了脖子；還有個女孩不顧警告玩了火柴，最後把自己燒死了。這些恐怖故事陪伴多數人成長，但我們都有好好長大，沒留下什麼創傷。[24] 嚇人的民間故事內容偏激又誇張，正因如此，孩子更容易在情感上與這些故事裡的情節保持距離。矛盾的是，情節貼近孩子日常生活的節目往往更加令他們害怕。別忘了現在的孩子與民間故事的邂逅方式很複雜，這也稀釋了它們的影響程度。經典故事被裁切成悅耳押韻的句子，孩子們只能接觸到乾淨、膚淺、有限的內容。

很多人認為讓孩子接觸恐怖與暴力的內容有百害而無一利，例如相信用暴力解決問題是個好方法。[25] 但是另一方面，幾乎每個節目裡都有權力鬥爭，優秀的戲劇作品也總是建立在主角之間的衝突以及意志力的戰鬥上。就算我們願意跟孩子看電視的渴望攜手合作，就算我們接受了很多時候看電視對孩子其實有好處，仍有一個問題尚待解答：孩子有沒有辦法應付高度緊張的情境或嚇人的內容，父母又該扮演怎樣的角色？

觀影能力的分期培養

大致而言，電視是令人愉快且充滿吸引力的樂事——每個觀眾都能樂在其中，不分年齡。辛苦疲憊工作一整天之後，大家都很樂意坐在電視機前面，觀賞使我們感到平靜而滿足的節目。電視像床邊故事一樣哄我們睡覺。不過年幼的觀眾能否享受這些好處，這一點飽受質疑。孩童是青澀的觀眾，他們不會明白用來撫慰成熟觀眾的那些暗示，他們也不知道就算現在緊張萬分，「到最後一切都會否極泰來」。

我兒子伊塔瑪讀幼兒園的時候，我們經常看一個美國兒童劇，叫《懶人小鎮》（*Lazy Town*）。我記得陪他一起看《懶人小鎮》的時候，氣氛特別溫馨。有一集男主角受到詛咒，變成一個無助的小男孩。孩子們必須鼓起勇氣、想方設法把他變回大人的樣子，與此同時還要應付一個可愛的反派人物，他頂著一個很壯觀、上了很多髮膠的髮型。「最後會怎麼樣，伊塔瑪？」看到一半時我好玩地問他。「我也不知道。」他輕聲說。他緊握我的手，整個人非常緊張。我突然發現他是真的不知道。他不知道主角一定會化險為夷，好人終將獲勝。他的「觀影經驗」不足，所以不熟悉電視和大部分電影的套路。坐在電視機前的伊塔瑪全身緊繃，沒有背景知識能幫助他冷靜下來。我安慰他：「不會有事的，斯波塔克斯（Sportacus）一定會贏。」這個變成小男孩的主角名字不是太好唸。「你怎麼知道？」伊塔瑪狐疑地望著我，然後抱抱我。順帶一提，如果你想知道的話，一起看電視能增加家人之間撫觸與擁抱的次數。[26]節目末尾，鬆一口氣的伊塔瑪露出笑容。等他看下一集的時候，他會少害怕一點點。再過一、兩年，他會記得大部分的情況沒什麼好怕的，緊張的感覺會變得更好玩、更舒服。

頂尖媒體與教育學者大衛・柏金罕教授（David Buckingham）曾說，孩子是在看電視的過程中學會看電視，[27]這顯然就是伊塔瑪的情況。柏金罕說，孩子會一點一滴累積看電視的能力。對電視這種媒體來說，理解視覺技術是基本能力，這樣的能力無法藉由現實世界的日常互動取得。就算是智力與創意都特別傑出的孩子亦是如此。[28]年紀很小的觀眾無法理解倒敘（flashback）和預敘（flashforward）等常見手法，看不出切換至夢境的轉折，嘲諷口吻對他們來說也很難理解。這些情節幫助觀眾在情感上維持安全距離，保持舒服且可容忍的緊張感（「這只是電視」、「這不是真的」、「主角最後一定會勝利」）。要等到孩子可以熟練解讀這種媒體，他們才有辦法獲得大家口中看電視的樂趣，通常差不多是十二歲。我們該如何幫助年紀尚小、能力不足的孩子享受看電視這件事呢？

基本重點是符合年齡的「觀看情境」，教導年幼的觀眾如何享受屬於自己的觀影體驗。讓我們看看怎麼透過簡短的對話了解「他們處於哪種階段」，然後在我們為他們掃除障礙之前，協助他們在情感上與戲劇或節目保持安全距離。我們把童年期分成五個時期，列出每個時期用來判斷孩子發展階段與觀影能力的問題：

〈年幼觀眾的五個美感教育時期：你的孩子屬於哪一個觀影階段？〉

年齡	發展階段	父母問孩子與問自己的問題	實際上我們該怎麼做
○至二歲	坐在閃亮螢幕前的嬰兒。	孩子看的節目是不是充滿對話，不只釋出聲音？（孩子還不會說話時，電視應該「對他們說話」。）	**「軟性電視」階段（Soft television）**：目標是讓孩子逐步接觸電視，內容以溫和的動作為主，畫面平和，長鏡頭，強調對話。

二至四歲	孩子尚未理解螢幕裡有「不同的物理規則」。	孩子能否理解就算電視上下翻轉，也不能把螢幕裡的爆米花倒出來？	**「劃定界線」階段**（**Delimitation**）：目標是幫助孩子理解「那裡」（螢幕裡）的現實規則不同於真實生活。
五至七歲	孩子尚未內化理解電視節目描繪的現實並不是真的現實。	孩子知道「螢幕裡的外星人不會入侵他的房間」嗎？	**「真實 vs 想像」階段**（**Reality vs imagination**）：目標是幫助孩子辨別節目中哪些部分屬於真實，哪些不是。
七至九歲	孩子在辨別「電視時間」與「真實時間」時仍有困難。	孩子是否理解電視裡事件經過壓縮與誇大？他們能否理解電視裡一個小時內發生的事，其實花了好幾個月的時間拍攝？	**「藝術 vs 真實」階段**（**Art vs reality**）：目標是幫助孩子內化理解螢幕裡的時間維度不一樣。電視裡的事件發生在一個需要戲劇化敘述的壓縮世界，所以是一種「壓縮版的獨立現實」。
十至十二歲	孩子漸漸在電視與真實之間建立更複雜的關聯。	孩子能否看出電視劇與原著之間的關聯？電影與原著之間的關聯？這部電視劇與同一位創作者的其他節目之間的關聯？	**「新情境」階段**（**New contexts**）：目標是創造對孩子的發展階段來說更複雜也更有樂趣的觀影經驗。解讀節目內容與其他作品以及真實世界之間的線索、影響與關聯。

每個孩子都用自己的步調走過不同的階段，因此我們應該參考孩子的認知心理年齡，而不是生理年齡。兩歲之前的嬰兒不應該在電視機前面坐太久。不過，把孩子放在電視機前面可能對父母內心的平靜至關重要。孩子剛出生的頭幾年裡應該被詞彙包圍，即使表面上看來，大部分的詞彙他們無法理解。簡而言之：孩子還不會說話的時候，電視螢幕必須說話給他們聽。不要讓寶寶看《天線寶寶》（*Teletubbies*）之類的節目，這種節目充滿尖銳的聲響和無意義的咿咿呀呀。我們應該對寶寶說話，而且要用他們聽不懂的詞彙。不要為了幫助他們理解而刻意「幼化」詞彙。如果保姆是個話少的人，我強烈推薦找一個健談的「代理保姆」（電視）。

證明螢幕裡的現實規則與真實世界不一樣

孩子大概會在兩歲左右進入新的觀影階段，這時他們接觸到想像世界裡的壯觀畫面（通常是動畫）。為了幫助他們不害怕豐富多彩的畫面、開心看電視，父母必須預測和保持他們對那裡（螢幕裡）的「物理規則」不同於真實世界的辨別能力。心智理論（theory of mind）使用的問題能幫助我們了解孩子目前處於何種階段，例如：

•「如果打開電視的頂部，然後搖一搖電視，會有一顆真正的氣球飄出來嗎？」

•「如果把手伸進電視裡，可以抓到那顆氣球（吃到爆米花／餵食那匹馬／把手弄溼）嗎？」

或是：

•「如果打開電視的頂部，露絲（Ruth）可以從椅子上站起來，走進這個房間嗎？」（如果孩子的答案是「可以」，則再追問：）

•「如果她走出電視，她會有多高呢？有這麼高嗎（螢幕大小）？還是這麼高（成年人的身高）？」(29)

你也可以問孩子：

•「他從那麼高的懸崖摔下來，臉部著地，怎麼可能馬上站起來？」

問這些問題的目的是，去證明螢幕裡的現實規則與真實世界不一樣。我們必須設法幫助孩子內化一種直覺式的觀念：電視裡發生的事有「不同的物理規則」。每個人都可以用自己覺得有趣的方法來做這件事。我是在伊塔瑪狂看《愛探險的Dora》（*Dora The Explorer*）時嘗試這項壯舉。Dora在猴子Boots的陪伴下四處冒險——家裡有兩、三歲孩子的父母對這個節目想必不陌生。每一集的結尾，Dora都會問觀眾：「你最喜歡哪個部分？」接著她會靜待幾秒鐘等孩子說出答案（應該是吧），然後說：「我也很喜歡！」

我教伊塔瑪大聲說出這集節目裡沒發生的事，例如「我們最喜歡的部分是把冰淇淋抹在你的鼻子上」。Dora專心聽他回答，然後說：「我也很喜歡！」伊塔瑪聽了哈哈大笑，老實說，我也笑了。每一集結尾我們都喊出沒發生的事，而她每次都給了相同的回答。我希望藉此幫助伊塔瑪內化這個觀念，電視上的角色屬於不一樣的維度：在那個世界裡，每個角色都不斷重複相同的事，也沒有能力對真實事件做出回應。電視上的人物被困在一個時空泡泡裡，藉由對著Dora喊出無意義的答案，伊塔瑪可以出於直覺立刻理解這一點。

四歲左右的孩子已習得多種認知能力，進入這個階段，他們必須和電視最大的謎團之一搏鬥：真實與幻想之間的微妙切換。年齡大一點的孩子看似能夠辨別真實與幻想，但有時他們仍需要被提醒電視不是真的。[30] 例如，孩子通常會認為騎士跟恐龍屬於想像世界，因為他們還不知道騎士跟恐龍曾經生活在真實世界裡。我們生活在人類史上拍照／錄影最普及的年代，克服恐懼要比以前容易得多。我們都喜歡稍微被嚇到的感覺，前提是這種恐懼是「好玩」的才行，也就是：我們知道這不是真的。我們應該幫助孩子理解這件事，使他們成為成熟的獨立觀眾。(31)

有些事沒辦法用教的，只能透過遊戲學會

伊塔瑪五歲的時候變得很怕外星人。他已經知道就算翻倒電視，電視裡的爆米花也不會灑出來，也知道如果把手伸進螢幕裡的游泳池，手也不會變溼。現在他關注的焦點變成藏在床底下的外星人。他把泰迪熊放在床底下，看看它能否安然無恙。我在此犯了典型的大人錯誤，那就是試著「跟他聊一聊」：伊塔瑪同意我說的鬼和惡魔並不存在，但是他忍不住一直望向泰迪熊。我告訴他外星人並不存在，他睜大眼睛瞪著我說：「那為什麼有很多人相信外星人真的存在？」我一時無語。

是的，我們必須記住口頭上保證「這不是真的」，對這個年紀與這個階段的孩子沒有幫助。較好的做法是強調媒體的「幕後」工作以及製作過程。例如讓孩子自己製作一分鐘的影片，拜訪在配音錄音室工作的鄰居，或是陪他們看介紹電視劇「拍攝過程」的節目。

舉例來說，如果孩子很怕外星人，你可以自製一部關於外星人的恐怖影片，然後一邊陪孩子看影片，一邊分析為什麼某些地方特別恐怖，可以嚇到其他家人。如同在Dora節目結尾時一樣，這麼做的目的是揭露影片背後的機制，證明一切只是幻想，不是真的。借用瑪麗亞・蒙特梭利的話：「有些事沒辦法用教的，只能透過遊戲學會。」

七歲左右的孩子在認知與情感方面進步飛快。在這段時期，我們有責任協助孩子進一步區分真實與藝術之間的差異。俄羅斯劇場導演瓦赫坦諾夫（Yevgeny Vakhtangov）曾說，藝術之於生活如同葡萄酒之於葡萄。藝術是去蕪存菁和提煉後的成果。電影裡的角色沒有空喝杯水或無意義閒聊，他們所做的一切都是為了推進劇情和吸引觀眾，所以情境與事件都發展得既快速又密集。七歲左右的觀眾會開始看大人的節目，他們漸漸離開天真的兒童節目，進入「真實世界」。他們必須理解「電視時間」完全無法代表「真實時間」。螢幕裡發生的事速度比較快。

在這個階段，你可以問孩子這樣的問題：

- 你覺得在真實生活中，一個人會被搶劫多少次？
- 你覺得一般人多久會碰到一次飛車追逐？

伊塔瑪知道我既沒看過飛車追逐也沒看過失火的高樓時，感到相當驚訝。「你看過劇中的主角去上廁所嗎？」我問他。「他有刷牙、上床睡覺或休息一下嗎？」有一次他剛看完的一集節目，我們一起想像劇中兩個場景之間發生了什麼事：主角回到家，爬樓梯，找鑰匙，沖澡，穿上睡衣，看電視（當然），早上起床，泡咖啡，溜狗，然後才是我們剛才看到的第二個場景。這個練習對伊塔瑪影響甚鉅，至少在當時是如此。不過單單一次的對話是不夠的，我花了一段時間透過這樣的角度跟兒子進行對話。我們常常玩得很開心，想像主角在兩個場景之間做了哪些事，而且我們還會自己想像情節：「伊塔瑪版」和「爸爸的搞怪版」。我們可以討論劇中並未出現的、我們自己想出來的好玩場景。

身為成熟的觀眾，父母可以強調真實生活與電視的差別：點明誇張、刺激、濃縮與戲劇化的情節，如何切換成無聊、鬆散的日常生活。

請為棘手的對話做好心理準備

十歲的孩子進入最後一個階段，他們即將成為看穿媒體祕密的成熟觀眾。在這個階段，我們必須鼓勵他們找到電視與其他藝術表達之間的關聯，當然也要找到電視與真實世界的關聯。快速發展也為他們帶來一種新的恐懼。身為父母，請為棘手的對話做好心理準備。如果你之前好不容易才說服孩子相信，電視裡的外星人不會入侵你們家客廳，現在你必須拿出最樂觀的態度向孩子保證，外面的世界沒那麼危險。

陪伴十歲的孩子坐在客廳裡的父母，也會遇到一些更實際的問題。例如鏡頭跟著電視裡的角色走進臥室，女演員脫掉上衣時鏡頭沒有移開，繼續拍攝。這時我們該怎麼做？孩子用眼角餘光偷瞄我們，雖然他們不像兩歲的時候那樣直視我們，卻依然觀察著我們的一舉一動。我認為這時我們必須有所回應，說點什麼。沉默以對，如我們所見，對孩子毫無幫助。不要假裝若無其事。如果演員持續脫衣，裸露程度超越你心中的界線，你當然可以說點什麼，也可以轉台。真誠以待很重要，孩子都很擅長解讀父母，我們千萬不要忘記跟我們一起看電視的孩子不是成熟的大人。我們也必須承認到了十歲，孩子會趁我們不在身邊的時候看到更多衣著暴露的節目。我們自己小時候會去偷找爸媽或哥哥姊姊藏起來的色情雜誌，而現在只要滑鼠點一點就行了。因此，我們的反應與立場相當重要。孩子跟我們一起看電視的時候，會期待我們做出反應；他們自己看電視的時候，應該已經具備更複雜且更有判斷力的觀看習慣。隨著年齡漸長，他們對電視內容的理解程度愈深刻，尤其是因為他們發展出注重與情節相關的資訊、忽略不相關資訊的能力。他們的理解力變得更加成熟，原因是他們對電視與電視的特性累積了經驗，以及他們對外在世界也累積了經驗——去蕪存菁的能力不是唯一的原因。(32)

■重點回顧

和我們一樣，孩子也喜歡看電視。電視能為觀眾帶來快樂、新奇、控制與放鬆的感覺，滿足每一位觀眾的渴望。無法傳遞恰到好處的緊張－焦慮－冷靜－安全感－好奇心－愉悅平衡的節目，很快就會被其他節目取代。問題是，孩子要到十二歲左右才會成為成熟的觀眾，這時他們已經熟悉電視這種媒體，也已累積足夠的觀影能力，例如熟悉不同類型的節目、聽得出配樂的提示、看得懂節目裡的色彩、有能力辨別真實與想像或是動畫與真人影片。這些觀影能力（「這只是電影」，「勝利一定屬於主角」）使觀眾與螢幕裡的事件保持安全距離。

孩子想看暴力動畫，可以嗎？

幾年前我兒子伊塔瑪還在上幼兒園的時候，我們會一起看精彩的動畫片《降世神通》（*Avatar*）。有一次他朋友來家裡玩，我們先一起玩了富有教育意義的益智遊戲，休息一下吃披薩、喝果汁，接著又玩了假裝在外太空漂浮的遊戲。然後，我們打開電視。我記得朋友的母親來接他時看到我家的電視螢幕，露出一臉驚恐。當時神通王正在與烈火國的軍隊交戰，螢幕裡雷電交加。朋友的母親對我做了一個責怪的表情。但是《降世神通》教我和伊塔瑪不要生氣，要平心靜氣地接受他人。我深呼吸了整整一分鐘，幸好在我說出什麼惹怒對方的話之前，那位媽媽和伊塔瑪的幼兒園朋友就回家去了。

《降世神通：最後的氣宗》是一個電視動畫片系列，背景是一個想像中的世界，借用了大量的亞洲藝術與文化元素，並且以中國武術和念力為基礎。故事主線是十二歲的安昂（Aang）的旅程，他在冰山裡長眠了一世紀才醒來。神通王是「救世主」，能從想要占領世界的烈火國手裡拯救全人類。在這部屢屢獲獎的動畫片裡，主角安昂是個敏感、愛好和平的男孩，有能力操控四種自然元素：土、水、火、風。他努力避免衝突，只有在逼不得已的情況下才會喚醒體內沉睡的超人神通力。看似暴力的冒險之旅，其實是創意動畫片展示如何為「暴力」場景注入奇幻的氣氛。不同於其他色彩鮮豔但畫風粗糙、配樂震耳欲聾的兒童動畫片，《降世神通》是一部藝術作品，藉由影像與聲音建構出一個既連貫又好看的故事。這不是膚淺、無趣的動畫系列，而是用一種孩子能夠承受的方式，呈現一個為世界命運奮力搏鬥的故事。

動畫是家長無須杞人憂天的另一個例子。動畫的吸引力對孩子來說是一種健康的吸引力。動畫片當然有好有壞，但是最棒的動畫片內容複雜，而且充滿想像力、創意力和幽默感。語言學家羅伯・霍吉（Robert Hodge）與大衛・特里普（David Tripp）提出一個出人意料的觀點：孩子需要看奇幻內容的節目，例如動畫片。動畫片的奇幻元素不會造成幻想與真實之間的混淆，事實恰恰相反——這種差異能幫助幼童建立辨別幻想與真實的能力。他們說，六至十二歲的孩子時時都在比較電視與真實世界。對孩子來說，看電視有助於發展真假虛實的觀念，這是看電視的重要作用。(33)

也就是說，當年幼的孩子對某一個虛幻角色感到害怕，這會鼓勵他們在真實與想像之間畫一條明確的界線。為了避免殘酷場景觸發的情緒反應，看電視的嬰幼兒會漸漸明白電視裡的東西都是虛構的。如果我們想讓孩子看比較有難度的動畫片，就必須加強他們內化理解動畫只是圖片、並非真實的能力。

如何好好看透螢幕

父母面臨的挑戰，是為孩子創造一個學習與樂趣並行的「觀看情境」。最重要的是給孩子空間，不要在他們看電視的時候提問打擾他們，讓他們用自己的方式去體驗。孩子看電視的時候很難回應大人的提問，因為他們正沉浸在屬於自己的神奇時刻裡，有時候大人無法理解這件事。前面提過的柏金罕教授說，大人眼中的兒童節目看似庸俗，但其實它們擁有一套獨特的美學——成年人與不熟悉這套美學的人無法理解這種魔力。成年人與小孩的年齡差距愈大，就愈難理解小孩的觀影品味。我們必須允許孩子依照自己的品味去看電視，幫助他們區別螢幕裡的事件與真實生活。依照前面建議的方式提問，就能判斷出孩子處於哪種階段，進而想出有創意的方式幫助他們內化理解真實與虛構之間的差異。

一、享受電視：如何利用看電視的好處

身為父母，很多時候我們把力氣花在錯誤的地方，例如我們會限制孩子只看多久電視，其實「看什麼」與「怎麼看」更加重要。重點不在於節目的內容，而是他們用什麼方式觀看，以及觀看時的專注與覺察程度。

孩子是否已經養成專注觀看的習慣？我們有沒有讓他們愛上解析節目形式與內容裡隱藏的蛛絲馬跡？

二、讓孩子接觸到節目的不同元素很重要

比如說，在他們看自己最喜歡的動畫片時，可以跟他們就以下主題聊一聊或開玩笑：

- **「壞人」與「好人」的呈現方式**：

壞人被畫成什麼模樣？如何只用一條線，把「好人臉」變成「壞人臉」？哪一種比較有趣、比較多變化，是「好人臉」還是「壞人臉」？

- **誇張的配音**：

把孩子的注意力轉移到配音上無異於打開一扇窗，他們在看許多節目時會開始留意一個全新的、好玩的層面。哪一種聲音跟角色相輔相成？哪一種聲音似乎有點奇怪？我們可以把音量關小一點，試試自己配音嗎？或是猜猜剛才初次登場的角色會有怎樣的聲音？這些問題都能引導孩子青澀的耳朵去聆聽以前從未留意的面向。

- **畫風：**

這部動畫片是怎樣的繪畫風格？為什麼作者選擇這種畫風？它發揮了什麼作用？我們可以換個畫風嗎？顏色是柔和／大膽／蒼白的嗎？舉例來說，柔和風格可使情節看起來沒那麼暴力和危險。諸如此類的小提示，在孩子下次看電視的時候便可幫助他們更加投入。他們必須內化接受這個觀念：只要全神貫注，就能發現原本看不見的層次與維度。家長若繼續限制孩子看電視的時間（「你已經看了兩集」），就會失去幫助孩子的好機會。

從孩子很小的時候開始，在沒有父母陪伴的情況下看電視就像是看一個沒有前後文的故事。藉由問問題，我們可以激發孩子的好奇心並促進理解。孩子透過與父母的對話，可加深對內容的了解，進而體會電視真正的作用機制。

- **看似危險的節目不一定危險，看似單純無害的節目不一定單純無害**：

整體印象取決於組成因素的比例——背景音樂的類型、色彩的銳利度、拍攝與剪接風格——暴力畫面就是這樣建構出來的。孩子對電視的熟悉程度也會影響觀影感受。基本上就是確認孩子的觀影能力，再依照他們目前的發展階段給予適當的美感教育。

- **幫助孩子建立聯繫**：

看過的書、這本書的改編電影、一起去過的旅行，或是改編自電影的舞台劇。不同的地方、不同的經驗都可以連繫起來，拼湊成一張經驗與理解的拼圖。

- **盡量多跟孩子說話，愈早開始愈好**：

避免讓孩子看充滿尖銳聲響、對話很少的節目。我們跟孩子說話時不應「幼化」詞彙，他們看的電視節目也應如此。

- **去看電影或舞台劇之前，應事先做功課**：

孩子會承襲這個習慣。

• **重複觀看是一種練習，可察覺微妙的言外之意：**

大部分的孩子都喜歡重複觀看同一個節目，目的是為了取得掌控感。這也能使他們仔細觀察通往已知謎底的各種線索。例如嫌疑犯有怎樣的行為？這集節目裡有沒有我原本沒發現的線索？你可以先跟孩子一起做一次，認真解讀這些謎語。我們必須培養一種關注世界的態度：禮貌拒絕有害的書籍、電視節目與其他產品。與其看「幾乎合格」的內容，不如完全不看。就算有幾輩子的時間也看不完現有的大量傑作，一丁點時間都不該浪費。

• **最重要的是：**

相信自己的判斷力，用自己的眼睛去感受——這個節目呈現的內容有創意嗎？是否需要發揮想像力？能否使孩子對周遭環境之外的事情產生好奇心？教導自己跟孩子一起「看透螢幕」，發現更多樂趣。你們會一起找到最佳做法。

第五章　遊戲玩家才是贏家

電玩比酒癮、菸毒更可怕？——事實上，電玩擁有意料之外的好處。用電玩精神來養兒育女，父母才不會成為孩子的絆腳石。

在一場企業管理課程之後，有位女士跑來找我。她說：「我想告訴你一個故事，你一定要聽聽看。」她叫做戴芙娜（Daphna），是這家企業的人資副總裁。我對電玩的態度使她想起幾年前的一段家族往事，當時他們一家人去泰國自駕吉普車旅遊。「我和老公加上三個孩子跟著車隊一起進入陡峭山區。忽然間，吉普車失去控制。車子脫離山路，滾下山坡，然後奇蹟般被茂密的植物擋住，懸掛在山谷峭壁上搖搖欲墜。我老公跟兒子丹恩（正要上八年級）坐在前座，我和另外兩個孩子在後座。年紀最小的孩子受了傷，正在流血。我出於本能想開門帶他下車，這時只聽見一個聲音大喊：『別動！』是丹恩的聲音。我到現在依然清楚記得他的嘶喊：『別動！千萬不能動！』他很快就知道即使是最輕微的動作，也可能使我們摔下深谷。車子上下顛倒，現場狀況不明，但是他一直高聲提醒我們不要亂動。我們就這樣等著，一動也不動。我們幸運地等到救援，他們從後門把我們拉出吉普車。天曉得如果救援不來的話，我們會有怎樣的下場。」那天晚上他們試著一步步回顧車子裡發生的事。她記得丹恩語氣自然地解釋：「這種事我早就碰過了，所以我馬上就知道是怎麼回事。我玩的遊戲裡經常出現這種情況。」從小打電玩長大的丹恩，反而是當下最清楚狀況的人。

這一章要討論電子遊戲（電玩）。電玩的討論與電視大不相同，因為跟我們小時候比起來，現在的電玩已變化成我們不認識的模樣。電玩也經常被視為萬惡之源，隨之而生的焦慮可謂前所未見。我們很難想像孩子在最新款的電玩上花費多少時間。每個家庭都在上演這場筋疲力竭的拉鋸戰：想要多玩幾分鐘的孩子，以及認為自己必須「終結電玩」的父母。我們都聽過電玩日積月累造成傷害的研究，媒體也充斥著青少年沉迷電玩而罹患各種疾病的報導。許多研究者相信就算電玩可能帶來任何益處，也無法抵銷它造成的傷害；毫無疑問，在特定的情境下，有些電玩可能傷害我們的孩子。前面討論電視的時候已提過，重點是將孩子想看電視的內在動機引導到有意義的、充實的體驗。電玩更是如此。孩子都對電玩愛不釋手，在我們對這個現象感到驚恐之前，應該先停下來思考一下我們能不能以及如何從中獲益。

過去二十年來，有大量研究證明電玩對兒童與青少年的思考和決策能力有正面影響。例如有研究發現電玩可幫助兒童發展邏輯、認知與社交技巧。[(1)] 電玩還有助於提升專注力與警覺心，加強空間注意力（spatial attention），[(2)] 在諸多干擾物之中追蹤目標物體，[(3)] 甚至能幫助有閱讀障礙的孩子改善閱讀能力。[(4)] 電玩也可增進執行能力——包括同時進行多項複雜任務（一心多用），[(5)] 以及提升大腦靈活度，使你有能力在不同要求的任務之間快速、無差錯切換。[(6)] 除此之外，有研究發現電玩對於協調性、快速決策力與短期記憶都有幫助。例如跟不打電玩的人比起來，打電玩的人更擅長操縱無人機，他們展現的能力不亞於老練的飛行員。[(7)] 醫療領域也有電玩效益的證據：菜鳥外科醫生如果有打電玩，表現上可超越經驗豐富的前輩。[(8)]

甚至連射擊類的電玩（應該最令父母感到不安的遊戲）也有助於提升感知、專注與認知方面的表現。[(9)] 此外，還有一系列的研究發現，電玩與利社會行為（prosocial behavior）

及合作之間存在著關聯性。(10)

打電玩的孩子成績比較好

有研究發現電玩對學業成績發揮正面影響，這一點最令人感到驚訝。有一項有趣的研究以澳洲一萬兩千名十五歲學生為對象，檢視了他們打電玩的時間與數學、理化和語言成績之間的關係（控制了其他與成績相關的變因）。結果發人深省：打電玩的受試者數學和語言成績平均高出十五分，理化成績高出十七分。這項研究發現了一件有趣的事：電玩最大的影響似乎會出現在「幾乎天天玩」的孩子身上，而不是每週或每天玩一次的孩子。(11)

危害的風險在哪兒？領導這項研究的是厄瓜多研究者阿爾貝托・波索教授（Alberto Posso），他指出使用臉書等社交平台會帶來顯著且已獲證實的危害：花大量時間使用社交媒體的孩子課業成績偏低，因為社交媒體上的互動非常膚淺。但是電玩會帶來正面的、令人驚嘆的影響。「電玩提供一種需要解決的謎題，」他在與我碰面時娓娓道來，「Minecraft之類的遊戲確實如此。但即使你玩的是充滿暴力的遊戲，例如《俠盜獵車手》（Grand Theft Auto），玩家仍須理解同時發生的諸多事件。電玩就像解謎，既需要思考也需要專注處理

眼前任務。」(12)

伊塔瑪很迷《要塞英雄》(Fortnite),這是一款刺激的生存策略遊戲,乍看跟暴力的戰爭遊戲很像。他第一次接觸《要塞英雄》是我們全家人去美國旅遊的時候。這款戰爭遊戲畫面很壯觀,頭兩輪是我陪他一起玩的。我們從飛機上跳傘到危機四伏的戰場上。伊塔瑪很緊張,也很害怕。他一邊試著取得武器和醫療器材,一邊尷尬地說:「我不知道怎麼防禦。」他在戰場上笨拙地移動,暴露在危險之中。遊戲比預期中結束得更快,他輸了。一個月後我走進他的房間,這時他已累積了幾十個小時的經驗。他玩這款遊戲的方式、他對地圖的利用以及同時操作的武器數量,都令我大感驚訝。最重要的是,他透過耳機與一群隨機組隊的玩家溝通。我聽見耳機裡傳來帶阿拉伯口音的英語,那是個敘利亞男孩,我們不知道他的真實姓名,他加入伊塔瑪的戰隊,兩人用英語謀劃戰略。背景裡偶爾能聽見他父親說阿拉伯語的聲音。伊塔瑪用他學會的技巧探索戰場。有一次他把「生命值」用光了,敘利亞男孩試著保護他。他們在《要塞英雄》的戰場上一起光榮犧牲。

電玩汙染孩子的靈魂？——過時的觀念是孩子的絆腳石

電玩為什麼如此吸引人、讓人不可自拔？創造「數位移民」（意指來自「舊世界」的成年人）一詞的美國作家馬克・普林斯基（Marc Prensky）提出一個出乎意料的答案。他認為孩子之所以花這麼多時間打電玩，是因為他們覺得打電玩能學到東西，獲得對將來有用的、有意義的價值。「出於本能，孩子知道知識與科技的力量將在他們有生之年飛躍幾百萬甚至幾十億倍，面對這樣的時代，他們未來需要的能力跟過去不一樣，也就是不同於他們在學校裡學到的那些能力。」

普林斯基批評學校把學習變得如此無趣，導致大部分的孩子對學習感到厭惡。[(13)]學校很無聊，而且他們和在沒有電玩的年代長大的長輩不一樣，他們知道真實的人際交往是什麼感覺。他們很清楚自己錯過了什麼。看見單調乏味的學校與吸引兒童和青少年的精采電玩之間差距有多大，可能會令人相當驚訝。前面提過的研究者史蒂芬・強森描述了困惑的父母向孩子宣戰的有趣現象。「如果你為了逼孩子寫數學作業必須把他們鎖在房間裡，得用禁足才能威脅孩子去倒垃圾，那他們為什麼願意花六個月的時間在《創世紀》（Ultima）

裡流血流汗呢？」打電玩需要花很多時間做準備，孩子對此甘之如飴，但他們對寫作業卻一絲耐心也沒有。(14)

這是最大的問題之一：孩子願意為電玩投入這麼多時間與力氣，但是碰到現實的課業時卻感到恐懼和沮喪，無法拿出同樣的表現呢？為什麼我們要強迫孩子適應我們自己都想要逃避的例行公事呢？現實只能是枯燥的嗎？學校只能是無聊的嗎？凡是單調、困難、沉重、令人疲憊的事就是真正有價值的事，我們很難從這樣的制約裡跳脫出來。我們堅持在無意義的「玩樂」與重要且有意義的「工作」或「課業」之間劃清界線。有愈來愈多人每天醒來都面臨一種荒謬的情況：把孩子送進灰色的鋼筋混凝土校園裡，然後自己前往一個色彩繽紛、有趣的工作地點。

這種心理防禦大家都很熟悉，也見怪不怪：電玩是魅惑孩子的巫師，會汙染他們的靈魂，欺騙他們，使他們上癮到欲罷不能。電玩現在的形象，和過去香菸、毒品與酒精的形象毫無二致，差別是電玩更加危險。電玩的影響會在我們的身體、靈魂與大腦裡悄悄萌芽，從外面看不出任何跡象，等到幾年後才會爆發，而且沒有治癒的可能。

我們必須戒除這種過時的觀念，聽聽不一樣的看法。有多達數十位研究者、學者、藝術家、設計師、心理學家和教育家，對電玩有截然不同的描述。身為父母，我們有責任為孩子留意各種機會，也要確定在他們學習既愉快又不可或缺的思維與行動時，我們不會成為他們的絆腳石。

為什麼電玩以外的事情都這麼無聊？

雪莉（Shirli）是成功的職業婦女，也是兩個孩子的母親。她參加我的育兒工作坊時，提出一個困擾她已久的問題：她八歲的兒子尼弗（Niv）經常抱怨自己很無聊。很多父母認為孩子說「好無聊喔」是個警訊，這表示孩子不知道如何利用時間，因為欠缺資源而不知道如何發現興趣，可能會對別人產生依賴，變得被動、不夠積極。在責任之間疲於奔命的父母一刻也不會感到無聊，他們會勸孩子：「你怎麼會沒事做？打電話給朋友，去院子裡玩，找點事情來做啊。」但尼弗是真的無聊嗎？簡單問他幾個問題後，我們知道他並不是真的無聊。他只是想玩Xbox，但是爸媽不讓他玩。雪莉告訴我：「電玩充滿暴力，對孩子不好」，語氣斬釘截鐵，彷彿這是無須討論的事實。她不曾想過尼弗對電玩感興趣的理由可能非常正當。

前面討論過父母對電視與3C會自動產生恐懼，但這裡是另一回事：為什麼對尼弗來說電玩如此有趣，而這麼多其他的東西都這麼無聊？畢竟他迄今學到的東西大多來自家裡。我建議雪莉自己找答案。「你怎麼知道這款遊戲很危險？」我問她。「有些事情一看就知道，你看看電玩，太恐怖了。」她說。我繼續問她是否曾經跟尼弗一起打電玩，哪怕只有一次也好，她應該親自觀察與感受。她會雇用一個不願意先檢視方案就直接拒絕行動的員工嗎？應該不會。那她為什麼相信尼弗的判斷肯定是錯的呢？雪莉同意試著去了解過去一年來讓兒子深深著迷與驚嘆的世界。我建議她在探索過程中留意幾個重點：

- 尼弗是否用他自己獨有的方式玩Xbox？
- 他有沒有設法提升技術？
- 他有沒有向其他玩家學習？
- 他有沒有在學習和進步的過程中得到樂趣？
- 他有沒有表現出你以前沒看過的特質或能力？
- 這款遊戲吸引他一玩再玩的原因是什麼？

雪莉擔心自己會感到無聊，但重點不是打電玩。重點是尼弗用什麼方式打電玩，有怎樣的反應，以及如何表現自己。這不同於他被迫去做的其他任務，是巨大的內在動機驅使他沉浸在遊戲裡，並且精益求精、不斷進步。這是絕佳的起點。Xbox已是尼弗生活中的一部分，而且是他極為感興趣的事。雪莉願意給電玩一個機會，好好觀察它，後來她承認，打電玩使她發現兒子的其他面貌。她提出的問題鼓勵母子二人深入了解遊戲，她也請尼弗為她（也為自己）說明他沉迷的遊戲世界。面對電玩與兒子的選擇，雪莉漸漸採用一種更複雜也更獨立的態度。她不再扮演驚慌失措的母親，取而代之的是直覺式的、有創意的育兒方式，從現有的情況下手，再從方方面面取得最大收穫。從現在開始，她每次經過客廳用眼角餘光看見尼弗時，都會為他投入遊戲的努力與專注心懷感恩。她看見的不再是「危險的電玩」，而是遊戲不但能激發兒子的強烈好奇心，還能成為母子的聊天主題。這對所有的父母來說都是重要的一課：每當父母為孩子安排時間，並且把他們的選擇視為浪費

判斷力不值得信任，
沒必要聽他們的想法。

有好奇心、聰明，
判斷力值得信任。

在你眼中，你的孩子屬於哪一種？

時間，就是在告訴孩子我們不相信他們的判斷力。

用這種方式思考，挑戰我們對孩子自然產生的懷疑。

想一想最近一次孩子在餐廳裡或是在看電影或電視節目時直接拒絕大人的選擇，當時你有多麼煩躁、甚至生氣。我們應該帶著真誠的好奇心走進孩子的世界。不用低聲下氣，不用假裝，不用在誠信或品味上妥協，但也不要直接拒絕。像探險家一樣走進他們的世界，不知道會有什麼新奇的發現——可能是一個未知的全新世界，又或者我們會發現自己才是對的。無論結果如何，父母都必須先在這場與孩子的直接邂逅裡親自探索，屏蔽來自外界的噪音。

孩子沒做錯：電玩就是有這麼多好處

約翰．貝克（John Beck）是個年輕的爸爸，家裡有三個孩子，他們正是對電玩著迷的年紀。他把孩子叫過來「聊一聊」。他說他不會允許孩子浪費時間打電玩。其中一個孩子面露困惑地說：「爸爸，你說過我們決定做一件事之前必須先仔細了解這件事。」約翰突然聽到這句他自己在家裡說過很多次的話，於是他陷入沉默。沉默了許久之後，他決定接受挑戰。為了向孩子證明電玩很危險，這位苦惱的父親拿出自己的看家本領：調查與統計分析。貝克是哈佛的社會學博士，專長是統計分析和輿論分析，他有能力展開當時規模最大的電玩調查，以兩千五百名二十二歲以上的商業人士為調查對象，受試者回答了自己小時候花多少時間打電玩。[15]「這項調查得到明確的統計分析結果，而且出乎我意料，」他告訴我，「事實證明電玩對孩子的發展大有好處，與我的想法正好相反。我認真地告訴孩子，爸爸錯了，也開始鼓勵他們打電玩。」約翰邊說邊開懷大笑。[16]請思考一下：孩子聽見父親承認自己錯了的機會有多少？而且還是一個大部分父母都深感恐懼的主題：電玩。

貝克與米契爾．韋德（Mitchell Wade）合著了一本極具影響力的書，叫《改變職場的電玩世代》（*The Kids Are Alright: How the Gamer Generation Is Changing the Workplace*）。他們在書中分析了累積數千小時電玩經驗的年輕人思維，他們習慣快速分析新情境、不斷改變互動以及快速的獨立解決問題。[17]他們認為電玩世代與過往世代在截然不同的現實世界中成長，「在人格養成的關鍵時期，他們浸淫在強大的互動式媒體技術裡數百、甚至數千小時——這怎麼可能沒有影響呢？這足以改變年輕人的渴望、耐受力與未來的方向。他們會因此成為不一樣的工人、經理人、主管和投資人。」

這本書概述了電玩世界的規則，年輕人在電玩世界裡花費大量時間，而這個世界有清楚的規則與規範：

一、玩家一定是獨立個體。他們是「明星」，是每個遊戲的焦點人物。世界對玩家做出回應，玩家可以選擇物品，也可以交流經驗。他們是專家，也是唯一的生存者。

二、透過累積經驗，玩家知道一定找得到答案。剛開始或許會有挫折，或許得花點時間，但肯定有答案。雖然事件隨機發生，但是經過一連串的嘗試與錯誤後，遊戲終將會有進展。

三、遊戲鼓勵玩家「冒險」，也鼓勵玩家與擁有相同經驗的其他玩家交流（不一定是相同國籍或文化背景的玩家）。在電玩世界裡，領導者無關緊要，而且經常是邪惡的。玩家必須無視領導者，自己闖蕩。

四、玩家不能讓別人偷走自己的樂趣，無聊是一大禁忌。

五、遊戲總是充滿競爭。甚至在跟其他玩家合作的時候，也總是在與某個角色或分數競爭。玩家彼此的關係是結構化的，對方一定是競爭者或盟友，上司或下屬。

打電玩的經驗讓這些年輕人為二十一世紀的商業世界做好準備：他們「邊做邊學」，不依賴僵化的組織結構，「有生產力的不滿足」是他們的特色。他們花愈多時間打電玩，就愈相信現況可以變得更好，因為他們有能力想像一個更理想的情境，也相信這種情境可以實現。

與非玩家相比，電玩也讓玩家形塑了共同的人生觀：玩家不太可能認為自己的人生既舒適又安穩，他們認為人生最重要的事是體驗各種情感。他們果敢無懼，只要是必須好好完成的事，他們最好自己動手。兩位作者驚訝地發現，相較於人格養成期沒有打電玩的人，小時候打電玩的人社交能力比較強，對同事更加忠誠，也是更成熟老練的決策者。結果很明確：人與人之間的關鍵差異在於小時候有沒有打電玩，而不是性別、年齡、教育和收入等因素。「造成他們在商場上態度與行為差異的因素是一個簡單的問題：『你是打電玩長大的嗎？』光是這件事本身就令我們詫異。」貝克說。下次我們叫孩子關掉電腦「改做一些有用的事」的時候，不要忘了，這項研究發現打電玩有一長串經過證實的益處：

- 擅長合作解決問題。

- 對自己的能力充滿信心。
- 可勇敢承擔經過計算的風險。
- 不依賴僵化的組織結構。
- 以「邊做邊學」的方法學習。
- 藉由嘗試與錯誤改進，並內化堅毅的力量。
- 堅持追求專業上的卓越。
- 熱愛數據。
- 有能力同時處理多項任務。
- 期待自己能拿出成果。

到底有多好玩？好玩到不怕挫折！

為了進一步了解為什麼許多研究者對電玩如此感興趣，我們應該先將電玩區分成兩大類：簡單的迷你遊戲和複雜的遊戲。簡單遊戲或迷你遊戲只需要花幾小時（或不到）就能搞懂。以單次挑戰或重複性的問題為主（例如用手指壓扁倉皇奔逃的螞蟻）。玩家不需要做決定，就算需要做決定也是不複雜的決定。相反地，若要成為一款複雜遊戲的專家，玩家必須花費數十個小時，如果沒有學會各種新技能與新策略，遊戲就不會有進展。隨著遊戲進展，難度會愈來愈高，為了繼續前進，玩家通常需要在遊戲之外的地方進行研究、與其他人即時合作，或是扮演分身角色。

複雜遊戲最重要的特徵之一，是玩家會在遊戲過程中不斷進步，在難度愈來愈高的關卡中獲得一種專業技能與掌控感。

人類的成就感取決於挑戰與可能性之間的差距有多大：挑戰必須很難，但是不能難到令人打退堂鼓。電玩藉由精密的ＡＩ技術不斷根據玩家的技術與能力調整內容。複雜的遊戲需要做決定，這正是孩子喜歡的事，尤其是影響到他們的決定。孩子玩此類遊戲時會不斷地快速做決定。就這點而言，電玩是個有趣的例子。電玩逼著玩家做決定，或是套用史蒂芬．強森的話：「小說激發想像力，音樂喚起強烈的情感，但是電玩強迫你決定、選擇與判斷輕重緩急。」(18) 電玩是一個解決問題的空間，遊戲的進展完全仰賴決策。玩家犯錯就必須承擔後果，但電玩畢竟不是真實人生，他們不害怕失敗。

觀察孩子打電玩會令人感到不可思議：他們失敗了一次又一次，然後滿腔熱血再接再厲，突然找到控制挫折感的驚人能力。若場景換成課後活動，很難想像會發生類似的事。新的武術課或象棋課上個二十分鐘感到挫敗，孩子很可能從此再也不想回來上課。但是換成電玩就不一樣了，無論失敗多少次，他們都會不斷嘗試。打電玩如何變成「困難等於好玩」以及「失敗是一種樂趣」的體驗？

電玩評論經常使用「挫折到令人抓狂」或「魔鬼般的難度」等字眼來強調一款遊戲有多好玩。有位玩家的妻子說：「判斷我老公喜歡哪些遊戲很簡單。如果他邊玩邊怒吼：『可惡，可惡，可惡！』就表示他一定會玩到破關，而且還會買第二代。如果他沒說『可惡』，就表示他只會玩一小時。」(19)

伊塔瑪開始玩《要塞英雄》已有幾個星期，這款戰爭遊戲出了名的複雜。他終於掌握了一些技巧，邀請我在旁邊看他玩。他設計了個人化的專屬角色（花了我十美元），這名精心設計的戰士即將跳傘到戰場上。

「爸爸，我選了一個敵人很多的區域，」他說，「這樣你會覺得比較精彩。」伊塔瑪想要吸引觀眾。以這個情況來說，他的觀眾是一個有注意力障礙的典型成年人，而且經常抱怨年輕世代沒有耐心。

我們即將降落，飛機在一個社區的房屋上盤旋。繪圖非常精美。伊塔瑪（也就是他的角色）開始奔跑，他高度警戒，防備四面八方都有可能出現的襲擊。每扇門或每堵牆後面都可能有個箱子，裡面裝著各種資源：蓋房子的木材、醫療設備、生命值或武器。敵人出現的機率，跟並肩作戰的隊友出現的機率差不多。螢幕上有一排統計數據，與此同時，伊塔瑪忙著蓋掩體、整理他蒐集的個人裝備，還要一邊用英語跟剛認識的隊友聊天，大家一起快速思考與回應。

偶爾身為大人的我會試著跟上狀況，問他：「那是什麼？」這感覺有點像角色互換，我變成走在父親身旁的小孩，一直針對周圍的事物問他：「那是什麼？」遊戲的範圍逐漸縮小。伊塔瑪說：「我們必須進入那個廣場。」這時他的角色氣喘吁吁地在丘陵之間奔跑。想要貪圖安全躲在地圖的邊緣休息，是不可能的。他興奮地告訴我自己玩這款遊戲的經驗，我已記不得何時看過他如此專注、如此熱情。

突然傳來一聲槍響。伊塔瑪緊張地低聲說：「我得去救他。」他的角色像個無所畏懼的英雄，為另一個角色送上特殊的傷藥。過了一會兒，伊塔瑪說：「爸爸，我被擊中了。」他發現遊戲結束了，我靜靜旁觀，正準備用成熟、有同理心的方式安慰他。像是：「打得好，伊塔瑪……沒關係，下次你會做得更好。」但伊塔瑪看著我，滿臉笑容地說：「爸爸，棒呆了，對嗎？要不要再來一場？」

打電玩是縮小版的現實人生

我們喜歡讚美失敗。最近還流行整個晚上慶祝失敗，由知名的成功人士發表演說，分享自己慘痛的失敗經驗。沒有人認為分享失敗很丟臉，或是很尷尬。這只是成功裡的某個階段：我們這麼成功，所以可以談論失敗。他們盡最大的努力，用最敏感、有趣、吸引人的方式發表虛假的失敗演說。下台之後，他們只想知道：我剛才表現得怎麼樣？

我們都想改變自己面對失敗的態度，卻總是擺脫不了恐懼。這正是電玩如此令人敬佩的原因。為什麼兒童、青少年與成年人都能夠在遊戲裡享受失敗，並且想要繼續玩下去？在電玩裡失敗，如何演變成電玩研究者詹姆斯・保羅・吉（James Paul Gee）所說的「愉快的挫敗感」？[20]了解同樣的原則是否適用於真實人生會很有意思。電玩裡那種愉快的失敗能不能轉化到生活裡？打電玩產生的好奇心與樂趣以及上學的學習經驗之間存在著差距，這種差距是可以縮小的嗎？

我問伊塔瑪對「愉快的失敗」有何看法，他用理所當然的態度解釋：「我可以在自己的房間裡失敗十四次，你不會知道。沒人會知道，也沒人在乎。」這就是癥結所在嗎？電玩的空間比較安全，也比較私密？答案似乎很清楚：遊戲不會公開玩家身分，那是個虛擬世界，所以玩家在遊戲中的失敗只會是「假裝的失敗」，而不是「真實世界」的失敗。

這個答案直接了當卻無視大局，而且無法令人滿意。舉例來說，在社會型電玩裡孩子喜歡跟朋友一起失敗，或是樂意在朋友面前失敗，若換成其他情境，這件事根本不在他們的考慮範圍內。

電玩「只是遊戲」的論點也忽略了許多遊戲失敗亦會影響真實生活的情況。我與妮可·拉札羅（Nicole Lazzaro）進行了一場深具啟發性的對話，她是電玩產業的重要人物之一。我本來就認為這件事非常複雜，這場對話更加深了我的理解：「表面上看起來，遊戲是一個沒有任何現實後果的安全空間，」她說，「但其實真實與遊戲之間沒有明確界線，兩者經常相互交織。畢竟在現實生活裡，我們也一直在玩遊戲。舉例來說，在學校裡每年升級就是一種遊戲，也是『真實人生』的一種練習。小考是在模擬未來真正重要的期末考試，同樣地，上學只是在為將來職場上的關鍵時刻做準備。遊戲在輕鬆與嚴肅、虛擬與真實之間不斷切換。打籃球的人常說：『別在意，這不過是一場比賽。』工作上也常聽到：『別在意，這只是生意。』但是對籃球員來說，這不只是一場比賽，對於跟同學一起玩、想藉此獲得社會地位的孩子來說，這不僅僅是一場遊戲。兩個世界合而為一，直到一切變成某種遊戲，或者變成某種現實。」

拉札羅的這番話引發關於人生的有趣思考：一方面，每一個經驗都是提前模擬下一個經驗。這次的考試只是在為下次考試練習，下次是為下下次練習，以此類推——多麼令人安心！另一方面，現在的每個經驗對未來都是至關重要的，這場考試或那場面試可能將開啟或阻礙人生道路上的下一步——多麼令人焦慮！打電玩就像縮小版的持續練習。關鍵在於你重開遊戲多少次。

從電玩中體驗「心流」

電玩讓孩子感受到「愉快的失敗」，我們持續尋找這個有趣現象的成因。電玩如何創造出一種可讓失敗與享樂產生幾乎相同快感的情境？要是真實生活裡也有這種情境那就太棒了。讓我們聽聽匈牙利裔美國心理學家米哈里．契克森米哈伊（Mihaly Csíkszentmihályi）怎麼說（你沒看錯，他的名字就是這麼長），他是研究幸福與創造力原理的重要人物。契克森米哈伊與愛德華．狄波諾（Edward de Bono）或法蘭克．拜倫（Frank Baron）等思想家承擔起類似的任務，他們以創造力與自我實現力超群的人做為研究對象，追蹤他們的生活習慣，設法從他們身上找到啟發。他研究了登山家、舞蹈家、科學家、外科醫生和「普通人」，請他們描述此生最有成就感的時刻。令人驚訝的是，所有人的描述都是一樣的，不分性別、年齡或文化。同樣重要且值得注意的是：在採取行動的過程中，他們都不害怕失敗。契克森米哈伊將訪談中蒐集到的心得彙整成著名的「心流」(flow）概念。

「心流」指的是在達成創意成就或最佳表現之後，一種獨特的、心滿意足的、振奮的感受。有幾種情況會讓人在行動中感受到「心流」：

一、**每個階段都有明確目標**：在心流狀態裡，我們知道自己該做什麼。愉快的任務或工作一定有明確目標，這不同於日常生活，我們在日常生活中不一定知道方向或是自己能實現什麼成就。

二、**即時回饋**：在心流狀態裡，觀眾、手術中的病患或是登山的狀況都會立即給予回應。無論何時，我們都很清楚自己的表現是否成功。

三、**最佳挑戰**：挑戰與能力之間處於微妙而精確的平衡。任務本身必須具有挑戰性和難度，但也必須有完成的可能性，且不能太過令人挫折。夠難才不會無聊。

四、**全神貫注，心無旁騖**：在心流狀態裡，只有此時此刻。自我意識彷彿消失不見，這跟日常生活不一樣，多數時候，我們總是忙著留下正確的印象。

五、**截然不同的時間感**：跳脫時鐘與「真實的時間」的框架。

六、**行動本身成了目標**：採取行動是為了體驗行動，不是為了其他目標或利益。

這些情況凝聚成一種對失敗無所畏懼的經驗。在心流狀態裡，我們全副身心投入行動，分不出時間或注意力去害怕失敗。契克森米哈伊寫道，我們被吸入一種體驗裡，在這種體驗裡跨越自我的限制，與比我們自身更加宏大的、超越日常的東西合而為一。運動員在關鍵時刻無視干擾或壓力、無比專注的時候，就會有這種感受。在摩天大樓之間走鋼絲的人亦是如此，稍有分心就有可能付出生命的代價。我們在博物館裡欣賞迷人的畫作，或是聆聽一場震撼人心的音樂表演，這種徹底陶醉的感覺也是非常類似的體驗。[21]百分之百專注於一件事情，就能讓世上所有的噪音瞬間安靜下來。

電玩可以建構一種振奮人心、或至少刺激思考的模式：電玩是提供愉快的失敗、令人沉迷的機制。我們必須了解孩子選擇的遊戲，這是顯而易見的重要事實。如果我們繼續用「他們的電玩」來陳述這件事，而不是深入詳盡地去認識電玩，就無法理解、支持或參與。我問伊塔瑪玩了一個月的《要塞英雄》有沒有學到什麼。此類遊戲大多以任務關卡為基本結構，玩家必須完成一個關卡才能進入下一個。

我的提問出於真心的好奇，伊塔瑪說明他如何一步步熟悉這款遊戲：首先，他學會怎麼跳傘著陸。遊戲從玩家跳傘進入戰區開始。伊塔瑪發現，大概有六〇％的玩家會因為在敵區著陸而死。接下來他調整了鍵盤的設置，讓自己比對手更快做出反應。玩家可以決定哪顆鍵盤控制哪個動作。經驗告訴他鍵盤怎麼設置能達成最快反應速度。伊塔瑪還學會了他必須用跳的，而不是用走的，否則會變成狙擊手的目標。他說他知道怎麼跳脫傳統思維，智取敵人（例如蓋一道門，讓敵人以為他會從門裡走出來，再從後面偷偷溜走）。

其實「跳脫傳統思維」（thinking outside the box）這句話是我說的。他（用英語！）說的是「outthinking」。他經常切換成英語來準確表達自己的想法——這也是英語電玩另一個令人欣羨的好處。他知道哪些地方有更多彈藥與重要的醫療設備。整體而言，他說他的感官變得更加敏銳，所以能夠準確定位敵人的位置，或是辨認武器的類型、武器有多危險，以及僅僅透過發射的方式就知道敵人有多近。目前為止，他和來自瑞典、荷蘭、美國、英國、西班牙、法國、俄羅斯、波蘭、敘利亞和以色列的孩子一起玩過《要塞英雄》。上述的這些過程發生在一個月內。

電玩是心流狀態的最佳範例。電玩是令人著迷、聲光效果十足、充滿驚喜的產品，提供立即回饋，被切分成可實現的小目標，難度在挑戰與挫折之間提供精準平衡。事實上，電玩是前所未見的產品：任何人都能藉由電玩體驗心流狀態，不用去爬山、領導一間企業或是為別人動救命的手術。

電玩還有一個特別巨大的好處：不斷嘗試與進步的能力。在遭受失敗之後能夠再接再厲的人少之又少，但是電玩建構了一個讓多數玩家都能承受失敗的世界。這表示父母只剩下一個選擇：在生活的其他方面好好感受心流——工作、育兒、人際關係——並且希望孩子求學期間也能有類似的感受。契克森米哈伊將心流概念化之後，他試著理解為什麼日常生活給不了電玩帶來的感受。他認為學校、公司、工廠和其他日常環境無法使我們感受心流是一種嚴重的道德問題，也是人類最急迫的問題之一。[22]

契克森米哈伊指出，解決之道在於我們能否將真實世界裡的工作變成一種遊戲。他認為文化習慣將「工作」和「娛樂」一刀切開。按理說只有「玩」才能提供真正的心流狀態，工作提供的感受則是無聊、重複與焦慮，原因可能是行動的選擇太多，或是太少。[23]

他認為自由社會最重要的特徵之一，是在工作中找到這種「自由」的能力，而不僅僅是在工作以外的地方。聽起來很簡單，可是很難做到。每個人都能在電玩裡找到價值，電玩為玩家提供非常具體的回饋：新武器、新路徑、新關卡或新階段。能為員工提供這種體驗的工作微乎其微。

「我不知道有任何其他領域能提供像電玩一樣多的回饋。彈吉他是一個人坐著練習，感覺很孤獨。我試著彈過吉他或鋼琴，非常無聊。你努力說服自己繼續練習就能學會，但這過程就是很無趣，而且充滿挫折感。」我訪談的一位玩家這麼說。遊戲裡有許多功能不一定與遊戲本身有關，這些功能的設計目的是讓玩家知道自己確實在進步中。

電玩之外，如何幫助孩子找到「心流」？

身為父母，我們都很關心孩子童年時期的教育。我們能幫助他們在學校裡找到真正的心流嗎？孩子該怎麼做，才能縮小打電玩的經驗與教室裡既無聊又沮喪的經驗之間的距離呢？

最接近打電玩的學習模式是個人化學習。由私人家教或教練提供專屬於你的路徑，亦步亦趨及時提供回饋。他們可以精準掌握難度，再把每一項任務切分成明確的小目標。

我兒子的數學家教使用一種既好玩又有挑戰性的方式提供個人化學習。私密的環境把他們吸入一個對外封閉的世界，於是對失敗的恐懼消失了。好老師可以在群體裡創造這種經驗，但這會是個巨大的挑戰。可惜的是，學校無法提供這些。只要在學校裡待得夠久，就會漸漸感受到無所不在的恐懼，如履薄冰。校長突然出現，臨時的小考，今天或明天要宣布考試成績，伴隨著表現不如預期的擔憂。學校裡充滿各種必要的障礙，創造負面緊張情緒，而且不只針對學生。每個人都要接受測驗、監督、標準化考核與監管。學生、老師和校長都一樣。「學校最糟糕的一點是你永遠都在接受測驗。」在以色列國防軍（IDF）情報單位服役的尼爾（Nir）說。他從六歲就開始打電玩。「電玩也是一種測驗，但電玩是一種有無限可能的測驗。你不會有壓力，而且很興奮。學校裡的測驗只有一、兩次，測驗結果決定一切。在電玩世界裡，測驗的時間與次數都由你自己決定。很像是：目標九十分，想考幾次都可以。如果目標是傳遞知識，為什麼要限制次數呢？重點是學習教材內容以及通過測驗，不是嗎？」

這個問題很有意思。想像一下，學生在達到自己想要的分數之前可以重複考試幾十次。現有制度在技術上無法做到這件事（製作無數版本的測驗和安排無數測驗者都很難）。現有制度也必須將學生分級：優秀，和沒那麼優秀。這一點也有解方：假設及格門檻是九十分，但考試的時候大家還有另一項任務——正確判斷之前及格或失敗的各種原因，並且自己評估分析過程。學生不會得到數字分數，而是他們如何成功微調自己的學習環境和自我分析，為下一次挑戰做好更充分的準備。他們比較適合單獨學習，還是團體學習？白天學習，還是晚上學習？透過閱讀學習，還是聆聽學習？我們應該同意，最重要的任務是「學會如何學習」。

贊成現有考試形式的經典論調是為人生做好準備：孩子必須為「外面」那種嚴峻的、

競爭的人生做準備，包括如何面對壓力、競爭與比較。這種論調忽視了一個至關重要的問題：每個學生理解「我擅長什麼」、「我真正熱愛什麼」、「我的好奇心將我帶往何方」、「我有機會在哪個領域發光發熱」所需要的時間與空間都不一樣。跨出第一步之前，應該先知道方向才對吧？想像一下有人要你下注，賭看看兩個人之中哪一個會活得比較成功。請認真思考，因為你下了大注（贏了翻倍，輸了全賠）。這個賭注輪盤上只有兩個選擇，所以你的贏面比其他賭徒大多了。這兩個人的起點完全相同，擁有一樣的文化與社會背景，只有一個差異：一個人幾乎不花時間思考自己擅長什麼與自己天生的偏好，把大部分的時間用來讀書與實踐。另一個人會花時間思考自己該把注意力放在哪裡，以及如何檢視並規劃最適合自己的路，然後才全神貫注去學習和實踐自己選擇的領域。你認為誰會更加成功？你會押誰贏？用功讀書、獲取知識、實踐與訓練，這些當然都很重要。但為什麼在學校度過的寶貴歲月，忽略了孩子尋找和培養天生的性向、天賦、情感連結，以及從特定領域或方向中得到快樂或意義的過程呢？我知道我會下注押哪一個人，希望你不會把錢輸光。

言歸正傳。哪種做法比較能夠幫孩子做好準備，面對殘酷的未來？是幾百場考試，還是不怕失敗、或甚至享受失敗的能力？答案似乎不言自明。近年來教育界嘗試以科技輔助學習，希望能在教室裡增加個人專注力與立即的意見回饋。理論上來說，這是正確的方向。老師成為「學習推手」，在個人螢幕的協助下，這套做法能代表老師即時回應每一個參與者。討論至此，我們有足夠的理由知道為什麼光是這樣還不夠：我們已有明確的目標、立即的回饋，也具備為每個孩子設定適當難度的能力，但我們依然缺少電玩獨特體驗的幾個基本要素。首先，我們必須提供選擇科目的自由，讓孩子基於自己真正的興趣與性向來選擇科目。

現在教育界也明白學校提供這種自由的重要性，而學校正嘗試透過以專案或產品為基礎的學習模式來做到這一點。這種方法起源於一九六〇年代的美國，當時有位名叫霍華德．巴羅斯（Howard）的醫生想要設計一套訓練醫生反射能力的方法。過去醫學院常常要求學生記住大量的知識，然後再將知識應用於臨床上。但這種方法與現實情況脫節，因為病患不一定能把症狀說清楚，有些病患甚至有多種症狀。巴羅斯設計了一個以問題為基礎的學習模式：他不給學生完整的資訊，而是要求他們自己研究情況、想出適當的問題，然後擬定計畫、解決問題。這套方法培養學生擴充知識的能力，他們變成求知若渴的自主學習者，而且有能力以學習者的身分確定自己的需求，選擇並使用符合目標的最佳資源。(24)

以色列與世界各地都有不少學校採用以專案為基礎的學習方式，讓學生自己去研究問題，並且應用所學來解決問題。在實際操作上，最好的情況是在一整年的傳統教學裡加入一、兩個這樣的專案——想要改變整體學習經驗遠遠不夠。若想理解這個問題有多嚴重，請想像理想的學校會是什麼模樣：老師是學習推手，個人化的技術系統為每個學生提供專屬意見回饋，並且有各式各樣的個人專案供學生選擇。即便這些條件齊備，學校依然追趕不上電玩提供的體驗：還是會有測驗與評估，學生還是得在他們想要和需要的時候接受一次次考試，目的是進步和提高成績。

我們還沒提到電玩帶來的驚喜感、多樣性、經過設計的學習空間、與其他國家的孩子溝通的能力、觀看機智的YouTube網紅討論電玩、遊戲冠軍一起參加的國際電玩錦標賽等主題呢。所以下次你問孩子今天在學校過得如何時，別忘了學校提供的體驗與房間裡的電腦螢幕提供的體驗之間，存在著巨大差異。

電玩學校：學習就是不停挑戰升級

紐約有一間以電玩精神設計的學校，試圖縮小家中豐富多彩的數位世界與當前教育制度之間的距離。如果電玩已經掌握人類的心理作用，那麼由電玩設計師打造的夢想學校會是什麼樣子？

「探索學習高中」（Quest to Learn）是紐約的一所公立高中，學生人數有幾百人，他們把電玩留在家裡，走進學校就像走進一場大型電玩遊戲。學生每天都很早到校，尋找藏在圖書館裡的祕密任務，試著比別人更快破解數學密碼；或是學生每天都想快點去上學，繼續打造一艘可以穿透地核的交通工具。白天上課時，全班一起執行「斯莫茲．博士任務」（Dr. Smallz Mission），也就是嘗試拯救不小心把自己縮到極微小的一位博士。

代數課則是請學生向評委會提出一份商業計畫，用統計數字來證明自己的想法最為可行。學生設計數位人物簡介來了解身分認同。還有一門課讓學生扮演電影製片人，課程結束時，他們利用上課時學到的數學模式提出為期十天的製片預算與時程表，把交通、餐飲與工會法律等因素納入考量。最後一學期他們成了經理人，任務是說服NBA與一群投資人把某支球隊搬到他們居住的城市。除此之外，他們還使用方程式來了解技能評估的高級方法，或是用立體幾何學來設計體育館。我們不難理解為什麼有位家長會說：「這間學校讓學習變成探險，而不是例行公事。」伴隨著各種任務的還有一項挑戰（也就是「探索」），學生可在挑戰中累積點數，升至「大師」等級。用等級取代分數。就算這次探索以失敗收場，也可以在其他探索中獲得足夠的點數。如同每一款受歡迎的遊戲，失敗只會激發玩家多多努力與練習。這套系統的目的是用正面壓力取代負面壓力，幫助學生聚焦於學習而不是表現，讓他們對成功抱持著更高的希望。只要努力，人人都能升級。

學生偶爾也會登錄電腦，在「專業交流區」更新自己的狀態。他們在專業交流區宣傳自己的「學習超能力」，這也是認識新朋友、邀請他們加入團隊的好方法。學校會舉辦「魔王級」（boss level）的特別活動。這是為期兩週的密集活動，學生可發揮自己的知識與技能，為複雜的問題提出解決方案。「魔王級」一詞來自電玩世界，意指玩家碰到強大、打不死、嚇人的「魔王」對手，必須使出玩遊戲以來的渾身解數——相當於正規學校的期中考或期末考。學生回到家之後，會受邀與一個叫做貝蒂（Betty）的虛擬角色互動。貝蒂是一個軟體程式，被設計成比學生無知的角色，學生必須發揮耐心去「教」它。學生學到的東西愈多，就累積了愈多知識能夠分享出去。(25)

凱蒂．薩倫（Katie Salen）是電玩設計師兼「探索學習高中」共同創辦人，她一直夢想設計一所能為孩子提供精采體驗的學校，就像在家放假一樣。「學生用不同以往的新穎方式學習，包括奇特角色的名字與虛構的遊戲故事，」她說明，「家長告訴我們，孩子回家後會分享自己在學校做了什麼事。就是在這種時候，出現了跟以前不一樣的、有趣的事：這種學習方式父母並不熟悉，也沒有經驗，所以孩子會覺得自己在跟爸媽分享一個祕密世界，一個他們一無所知的世界。」

想想家裡經常發生的對話，父母問孩子：今天在學校過得怎麼樣？孩子說出父母不知道或沒聽過的回答，這樣的機率有多大？

薩倫說：「在我們學校，孩子有機會主導對話。就像打電玩，我們想讓學生在情感上深入參與學習，而我們驚訝地發現，只要藉由文字遊戲或角色扮演，就能達到這種效果。」

對薩倫和她的同事來說，設計一個不需要額外花錢就能複製的模型很重要。「探索學習高中」是公立學校，學生來自各種社經背景。不過最有意思的改變發生在老師身上。「我們在老師身上看到真正的認知轉變，在身為老師的個人／專業身分認同上，他們從『傳遞資訊』的老師變成『設計學習環境』的老師。這是電玩設計師的思維。你的目標是幫助玩家成功，如果玩家沒有成功，要怪設計遊戲體驗的你。這種思維也漸漸影響了老師。」(26)

讓生活有更多「沉浸式體驗」

身為家長，我們從這所特別的「探索學習高中」學到了什麼？在電玩的啟發下，這間高中的創辦人打造了一所對孩子的吸引力不亞於其他人生體驗的學校。通常在思考如何改善學校時，重點總是放在控制損害：怎麼做能讓學校不那麼無聊。這間紐約高中的創辦人則努力設計出一個不僅是「沒那麼糟」的學校，還是可與生命中最棒的事情相提並論的學校。我的第一個念頭是，學校制度的改變腳步緩慢得令人悲傷。在「學習就是體驗」方面，這間紐約高中是相當罕見的例子，也是重要的證明，它展示了改變制度能帶來怎樣的成果。

另一方面，即使是在這所開創新局的學校裡，隨著學生年齡的增長與大學的逼近，學習風格也變得不一樣且更加傳統，想像力比不上學弟妹。只要GED考試*仍在盡頭等待，任何以自由的、嬉戲的精神為追求的嘗試都是有心無力。

* 譯註：General Educational Development，直譯為「普通教育發展證書」，是美國的高中同等學力證明。

我的另一個想法與重新定義老師為「學習環境設計者」有關。身為家長，我們可以當成「生活環境設計者」，並仔細檢查我們的家設計得如何：客廳的規劃是否讓家人只能圍著電視團聚？家人在公共空間裡一起活動的機會多不多？一家人愉快放鬆的選擇多不多？在我們為了開心、為了大家都喜歡的事物、為了獨處、為了知道彼此的生活而設計的環境裡（例如使用透明隔間牆的辦公室），我們有多少表達自我的空間？這個環境是否鼓勵我們兩人對坐？閱讀、聽音樂或跳舞？與此同時，我們是否都擁有帶來安全感的私人空間？我們通常只會在家裡的兩、三個空間與家人共處。有什麼方法可以讓家人花更多時間相處，一起發揮更好的思考力，一起得到更多樂趣？其實這也能用電玩術語來描述：我們如何建造家庭空間，幫助家人深入沉浸體驗，感受到更多熱情，不害怕無聊與失敗？

用電玩精神來養兒育女

雖然已有壓倒性的論點支持電玩以及電玩對孩子的重要影響，但是厲害的還在後面。除了支持電玩的人之外，研究者與藝術家也希望電玩將來可以拯救世界。虛擬實境電玩設計師簡・麥戈尼格爾博士（Jane McGonigal），是最有名也最虔誠的電玩信徒之一。她致力於設計改善真實生活、解決真實問題的遊戲，她相信二〇二三年將有電玩設計師被提名諾貝爾獎。麥戈尼格爾相信電玩能解開「人類存在」這個謎題。不只如此。根據她的說法，真實世界無法有效提供動機，更重要的是，真實世界本就無法使我們充分發揮潛力，也無法帶來快樂。她認為逃離現實、躲進遊戲世界，是因為遊戲幾乎各方面都比真實世界更好。麥戈尼格爾建議翻轉思維：我們何不利用已知的遊戲設計方法，去修正真實世界裡的問題？如果我們用玩家的態度在真實世界生活，會發生什麼事？如果我們像電玩設計師一樣管理企業與社區，用遊戲理論家的角度思考如何解決問題，會發生什麼事？「真實世界不會輕易提供虛擬環境所提供的，那些精心設計的樂趣、刺激的挑戰與強大的社會連結。」她說。

麥戈尼格爾擔任過微軟、麥當勞與迪士尼等企業的顧問，也曾為世界銀行等組織設計遊戲。她的人生故事相當精彩。

她在寫暢銷書《遊戲改變世界，讓現實更美好》（*Reality is Broken*）*的時候在家中發生意外，造成嚴重腦震盪。她無法正常說話，頭痛與頭暈持續了好幾個月。醫生宣告她有可

---

*譯註：繁體中文版由橡實文化出版。

能無法完全恢復，於是她決定把這場挑戰變成遊戲。她看了小時候最喜歡的影集《魔法奇兵》（*Buffy the Vampire Slayer*）之後，決定把康復之旅變成探尋之旅，有一系列的任務與一個整體目標——變得更健康。她給自己一個封號叫「腦震盪殺手簡」（Jane the Concussion Slayer），把自己當成故事裡的主角。她找了幾個朋友當她的隊友，參與她的康復過程。她的姊姊凱莉（Kelly，是著名心理學家）每天打電話給她，為她設定各種任務（通常很簡單，例如「欣賞窗外的風景」），如果她每天行走的距離變長，她老公也會給她加分。有個朋友每週來找她一次，只是為了把她逗笑。她把導致症狀變嚴重的因素當成必須打敗的「壞人」，還一一列出可以幫助她解決這些因素的事物。她恢復的速度變快，最後徹底痊癒。麥戈尼格爾的個人康復之旅催生了一款遊戲，迄今為止這款遊戲已幫助全球約五十萬個玩家應付憂鬱症、焦慮症與疼痛等健康問題。「我不敢肯定地說，我恢復的速度要比不玩那場遊戲更快——雖然我認為這麼做確實大有助益。」(27)

「如果你是玩家，」麥戈尼格爾寫道，「請停止後悔自己花那麼多時間打電玩。你不是在浪費時間。你累積了豐富的虛擬經驗〔……〕，足以使你了解真正的自我：你的核心優勢，你真正的動力，你的快樂泉源。」

麥戈尼格爾的故事之所以有趣，不是因為她想要改變世界，而是因為她用獨特的方法去面對自己的遭遇，以及她把電玩精神變成一股助力。經常有人讚美「遊戲化」（gamification），只是遊戲化的討論往往過於膚淺，有點像是把前面討論過的恩威並施原則美化一番。在牆上掛一塊彩色的家務板，第一個完成自己分配到的家務的人可以得到獎品。概念相同，只是包裝略有差異。我們當然可以討論將現實「遊戲化」不同於將現實「結構化」。探索學習高中的共同創辦人蕾貝卡·魯弗—泰帕（Rebecca Rufo-Tepper）說他們正在努力擺脫「遊戲化」這個詞：「我們想要避免使用『遊戲化』一詞，因為對某些人來說，遊戲化帶有積分系統與外在動機的含意。我們真正想傳達的是類似遊戲的學習原則……不是真的用電玩來學習，而是思考電玩為什麼能夠激勵學習，以及我們如何在學校裡創造一個實踐這些原則的環境。」[28]這就是流於表面的遊戲化，與深切貫徹遊戲化精神之間的差別。幽默與風趣是有價值的，而遊戲化充其量只是一種共同的世界觀。傳統做法是由成年人（父母、老師）提供有挑戰性的遊戲，孩子本身依然是置身事外的。最好的遊戲化空間是能夠出乎每個人的意料，讓大家願意沉浸在經驗裡並且享受回饋。麥戈尼格爾寫道：「（玩家）喜歡這種方式，正是因為在真實生活裡面對如此艱鉅的挑戰時，這樣真誠、不加掩飾的希望極為少見。」她在電玩提供的模式裡看見成功的希望。她把自己放進電玩思維裡，問題是，怎樣的活動既能讓我們與孩子一起沉浸其中，而我們又不用繼續扮演負責任的大人？電玩是一種參與者攜手合作、沉浸體驗、享受失敗與專注於當下的模式。你在養兒育女的過程中，碰到過類似的時刻嗎？你值得擁有這樣的時刻。

■重點回顧

一、電玩種類繁多，不僅只有一種。懂得區分迷你遊戲與複雜遊戲很重要。複雜遊戲通常是一種動態的、充滿挑戰的、有益的體驗。

二、複雜遊戲是練習複合技能的好機會，例如即時決策或互助合作的能力。了解孩子在做決定以及與他人合作時有什麼心得與感受，這件事很重要，也很有趣。

三、成年人的陪伴很重要，也很有意義（所以別緊張，孩子依然需要我們），但是要試著聆聽，而不是帶領或指導。這是一個我們不熟悉的領域。

四、被電玩吸引是孩子的天性，問題是為什麼是電玩，而不是其他情境？他們和我們能從電玩裡學到什麼？電玩提供明確的目標、持續且即時的回應，以及最好的、個人化的挫折感。電玩提供出乎意料的驚喜，或許更重要的是，電玩能提供愉快的失敗體驗。我們應該跟孩子一起研究如何在「真實」的世界裡建構類似的情境。和孩子一起思考他們（和我們）對失敗的恐懼，試著去了解如何創造可以讓我們享受失敗的環境。

五、電玩使數位時代的孩子在面對失敗時，幾乎立刻想要問：「我哪裡做錯了？」以及「下次我該改變哪些做法？」美國語言學家詹姆斯・保羅・吉（James Paul Gee）認為，遊戲體驗分為四個階段：試探（探索虛擬空間）、假設（行動或決定）、再次試探（檢視行動或決定的結果）、重新思考（根據回饋重新思考原本的假設）。我們可以告訴孩子遊戲背後的思考過程，並且詢問他們有何看法。簡・麥戈尼格爾博士也舉出電玩的四大共同特色：目標——玩家想要達成的特定結果；規則——玩家達成目標的各種限制，規則逼著玩家探索各種可能性、發揮創意、培養戰略思考力；回饋系統——以點數、關卡、分數或進度條的形式，讓玩家知道他們距離目標還有多遠；自願參與——玩家都是在知情的情況下自願接受遊戲目標和規則。這為玩家設置了一個共同的遊戲基礎。

六、跟孩子討論遊戲時他們發現了自己的哪些特質，是很有趣的一件事。這些特質可能是他們在真實生活中沒有展現出來的，例如熱情、好奇心、毅力、快速從失去或失敗中恢復的能力等等。思考哪些因素讓孩子在打電玩時展現這些特質，也相當有趣。

七、我們應該試著了解，下次遇到需要解決的問題或是繁重乏味的家務時，如何利用孩子打電玩的經驗。有沒有可以應用於真實生活的挑戰、經驗或享樂準則。我們能否效法麥戈尼格爾的做法，把身邊的人也想像成電玩裡的角色，或是把生活裡的事件當成冒險的一部分？

八、有些電玩很黑暗、很暴力，有些則是毫無意義與貢獻。網際網路和電玩一樣，也可能潛伏著危害與破壞。但其實生活裡的每一方面都是如此。如果我們把自己的角色從「監督警察」轉換成「好奇的觀察者」，就能更加瞭了眼前的情況，這對我們自己跟孩子都有好處。

表面上看來，解謎遊戲與射擊遊戲顯然不一樣。但我們必須記住，差異存在於情境。在多人遊戲裡，多名玩家會攜手合作。他們會組成小團隊，許多目標都需要多名玩家合作才能達成。這為遊戲內容提供了社交情境。(29)玩家的動機偏向利社會，他們會幫助隊友，侵略性比較低。以這種情況來說，社交情境可以減輕接觸暴力的影響。

明天起床後，爸媽也該試試

至少玩一次複雜電玩。正如你工作時不會在沒有親自確認的情況下做出重要決定，在我們拒絕或自然想要限制孩子做自己喜歡的事情之前，我們應該自己先試試看。如果他們對這件事如此著迷——說不定他們有很好的理由？我們自己也玩一下下，才有辦法回答幾個重要的問題：他們是否在遊戲中找到自我表達的管道？他們是否找到自我發現的感覺？他們有沒有展現智謀？有沒有過關？有沒有因為遊戲而找到獨特與真實的表達方式？他們有沒有跟其他玩家合作？那我們呢——遊戲看起來難不難？複雜嗎？有難度與層次嗎？

如果你能做到這一點，無論如何都會達成兩種重要的效果：享受專心與孩子相處的特殊時光，以及對孩子的世界展現真誠的尊重與興趣。同樣重要的是你將以身作則，親身展示一個重要的原則——對於沒嘗試過的事不要先急著否決。我們都熱愛宣傳這個原則，卻不一定有辦法做到，當然面對電玩也是一樣。抱歉，我得走了。我在《卡通農場》（Hay Day）裡快要升級了，這是我最近很迷的一款虛擬農業遊戲。

第六章 怪獸爸爸，老虎媽媽

你的教養風格是什麼？別忘了父母應該獨立思考，針對親子個體之間的關係量身打造，才能在自由與規則之間，找到最適合自己與孩子的教養模式。

伊塔瑪走進來的時候，我正癱坐在電視前面。他想知道我們能不能去打籃球。「球場人很多耶，」我告訴他，「現在去打球沒有意義。」這個藉口合情合理，應該能讓我繼續耍廢放鬆。「球場很空。」伊塔瑪說。「這個時間嗎？不可能。」我試著結束這場討論。這時他拿出手機。他有一個特殊的App能掃描特定位置，顯示那個地方有多少人。籃球場確實空空蕩蕩。我沒有理他，繼續看電視。幾分鐘後，伊塔瑪用手機調低電視音量。

「爸爸，要一起來嗎？」他用手機控制了電視。以前都是我手拿遙控器，當時我們還以為掌控權在自己手裡。我記得小時候的某個週六早晨，父親打開裝著新冰箱的紙箱，我們在旁邊看著他小心翼翼拆開包裝，然後坐下來閱讀使用手冊。滿滿兩百頁的圖片、圖示與複雜說明。他一步一步研究這台電器，那樣的崇敬與專注，連禪宗佛教徒都會自嘆弗如。好幾天之後，我們才獲准觸摸家裡的這台新電器。我想起最近家裡買了一台高級食物調理機，開箱沒幾分鐘孩子就一擁而上，透過反覆嘗試錯誤來學習使用每一種功能。我回到家的時候沒人等我，也沒人問我什麼時候可以打開新電器的開關。那天下午他們已經打過各種果昔，試過各種模式，還在YouTube上輕鬆找到幾支教學影片。「這台調理機有好幾種有趣的功能，買得好，老爸。」伊塔瑪說完就匆匆跑開，把我留在原地。我成了孩子不再依賴的邊緣人物，至少不像過去那樣依賴。

消失中的父母權威

這種情況我們都很熟悉。孩子將來面對的世界不是我們成長的世界，身為父母，教導孩子經常使我們處於一種有趣／令人擔憂的情境。報紙每天都在報導哪些職業即將消失，引人矚目的商業併購，訪談當優步司機、身兼二職的創業家，受人崇敬的企業不再看重學歷，可以寫作、唱歌、照顧病人、管理飯店、通過醫療執照考試的新型機器人，還有一群年輕人發明的演算法如何威脅銀行與保險公司的生存。只要手邊有一台筆電，瘦骨嶙峋的大衛也能輕鬆打敗巨人歌利亞。養兒育女的直覺不再可靠，我們想為孩子準備的那條康莊大道已分裂成幾百條小徑，而這些小徑還在不斷分岔，我們不再確定自己該如何引導孩子，也無法為他們指引方向。為人父母的任務變得更加複雜艱難，而我們能付出的時間卻愈來愈少。

近幾十年來，自我發展的理想愈來愈受重視。父母雙方都在努力打拚事業、渴望自我實現的家庭並不少見。我們都希望祖父祖母能幫忙照顧小孩，但他們自己也正忙著要去聽演講，聽完再去咖啡館跟朋友碰面。我們一邊不停奔波，一邊思考如何正確育兒，與此同時還要經常懷疑自己的直覺。生活步調只會愈來愈快，自相矛盾的育兒建議以令人目眩的速度從四面八方湧向我們。我父親一瞪眼就能讓孩子閉上嘴巴、沒有人頂嘴、沒有進退兩難也沒有商量餘地的年代到哪兒去了？時至今日，反而是孩子能用一個眼神讓父母立正站好。這種新現象促使許多研究者投身討論父母權威的喪失。成年人（身為父母的我們）缺少過去自動加身的權威，那是成年人掌控知識、主導事件步調的年代。在這個全新的、扁平的、科技的世界裡，父母必須設法恢復消失的父母權威。

放任、專制、權威：在自由與規則之間進退兩難

心理學家戴安娜・鮑姆林德（Diana Baumrind）一九六六年發表的一系列論文已成為經典。她列舉出育兒的三種教養風格，直到今天，任何關於養兒育女及教養影響力的討論依然以她的研究為出發點。認識這三種風格，能使你有機會了解自己是什麼樣的父母。

第一種風格是放任型（Permissive Parenting）。放任型父母對孩子既溫柔又和藹。他們很少對具體行為提出要求與期待，孩子要負責管理好自己。雖然他們為孩子提供大量的溫暖與關愛的環境，但是他們對孩子生活的參與程度比較低。研究顯示，他們的孩子通常很有自信，可是對學業沒有興趣。有些縱向研究發現放任型教養與孩子發展出酗酒、嗑藥或犯罪行為的高風險有關。[(1)] 另外有些研究發現，放任型教養與較高的創造力之間存在著關聯性。[(2)]

與放任型恰恰相反的是專制型（Authoritarian Parenting）。這種父母通常非常嚴格。他們認為自己應以嚴謹而冷靜的方式引導孩子。他們低估孩子的判斷力，試圖全面掌控孩子的生活。這種教養方式是由父母制定嚴明的規則，並希望孩子遵從父母的要求。儘管

有些規則沒有明確的解釋，但違反規則將受到處罰。專制型父母很少表達關愛，他們透過操縱與欺騙來控制孩子。研究發現他們的孩子通常自尊心偏低，社交技巧低落，在幸福量表上給自己的分數也比較低。另一方面，這些孩子比較有紀律，比較有始有終，青少年時期的犯罪風險也比較低（前提是父母的教養方式並不極端）。[3]在極端的情況下，這種教養風格可能導致注意力缺失障礙，[4]而且是憂鬱症傾向最大的預測因子。[5]林城澤（Sungtaek Lim，音譯）與約書亞・史密斯（Joshua Smith）指出，這種教養風格被認為會抑制創意。[6]

你是否在這兩種風格裡看見自己？哪怕只是一小部分？這兩種教養方式都很激進，代表教養態度的兩個極端。

鮑姆林德定義的第三種教養風格介於放任與專制之間，過去幾十年來，它被視為最理想的教養方式，是前兩種風格的結合與調整版本，不過它的名字不太像理想的教養風格，或許還會引發困惑。它叫權威型教養（Authoritative Parenting）。

如同專制型，權威型教養也建立在明確的規則之上，父母期待孩子遵循規則。但是這兩種風格的共同點（除了名字之外）僅止於此。權威型父母會給孩子更多關愛與自主權。

他們幾乎不使用情感操縱，而是直接影響孩子的行為。他們不會因為孩子令他們失望或違規，就施以嚴厲懲罰。他們給予孩子信心，關注孩子，回應孩子的需求。權威型父母希望孩子堅定自信，擁有正面的社交關係，能夠與他人合作，也懂得自律。

自從鮑姆林德提出權威型教養模式之後，有無數研究檢視了這種模式的教養結果。研究文獻的普遍共識是，這是成效最好的教養風格。權威型父母的孩子在幸福量表上得分很高，課業表現優異，可預期未來將擁有豐富充實的事業，財務方面也會比較成功。他們比較不容易產生焦慮、寂寞、憂鬱和社交退縮感。[7]這些孩子自尊心很強，[8]對新環境有較高的適應力，創意更豐沛，心理也比較健康。[9]有一項有趣的研究發現，權威型父母領養的孩子有較好的心理適應力，很快就能克服過去曾遭受的健康與發展問題。[10]權威型教養似乎為父母提供了成功的育兒祕訣：那是限制與自由之間的一條黃金之路，一個讓孩子發展和成長的珍貴空間。

如同任何討論，這次我們面前再次出現兩個極端、正面與反面、選項與推翻它的選項。於是冒出第三種理論（這樣的情況也很常見）宣稱自己結合了前面兩個極端的精華，成為一種「黃金模式」，也就是權威型教養。請等一等，如果育兒已有黃金模式，為什麼我們依然如臨大敵？為什麼還有這麼多痛苦、疑慮、罪惡感，還有這麼多育兒困惑的相關討論？權威型教養理應解答我們所有的疑惑，讓我們放下心中大石：為自由與規則提供正確而均衡的組合。所以，到底是哪裡出了錯？

使我們陷入困境的主因之一，是科技新世界破壞了孩子與父母之間的關係。這個新世界的「數位原住民」動動三、四根手指就能跟三、四個國家的朋友即時傳訊，他們正在全速向前跑。「數位移民」（也就是父母）覺得自己總是原地踏步；我們感受不到快樂，筋疲力盡，緊張兮兮，忙著蒐集片段資訊以便做出正確的決定、選擇理想中的學校、找到最好的課外活動。出發點都是好的，只是我們養兒育女的時候忘了發揮直覺。

這一章要談的是改變教養風格，換成一種可以升級版本的育兒教養模式來因應不斷變化的新世界。為了達成目標，我們要探索教養的主要焦慮：自由vs規則。

我認為「正確教養」的起點與終點都是「自由與規則」的兩難困境。父母一方面被鼓勵設定明確界線、展示權威，建立一個既安全又負責的框架來培養心理健全、有自信的孩子，迎向未來的人生。但另一方面，父母也被鼓勵重視自由、控制自我情感、提供能讓孩子探索自我與成長的空間，使他們成為心理健全、有自信的孩子，迎向未來的人生。我們應該相信哪一種說法呢？

有責任感、憂心忡忡、身心俱疲的父母在這裡進退維谷，他們總是覺得自己錯過了什麼，快樂的時刻對他們來說少之又少。相關討論一再回到自由與規則上，造成更多擔憂與窘迫。我們是不是應該放任一點，讓孩子無憂無慮、快樂成長？還是應該用拒絕與限制為手段，讓孩子無憂無慮、快樂成長？這麼說好了，我們的目標是：養育出勇敢探索世界、既無憂無慮又獨立的孩子。問題是：我們應該給孩子多少自由，才能讓他們變成那樣的人？

教養方式五花八門：哪種更適合你？

最近幾十年來，以色列和世界各地都出現各式各樣的育兒教養模式。其中一個知名的模式叫做「直升機育兒」（Helicopter Parenting）。直升機父母花費大量時間在孩子身邊「盤旋」，亦步亦趨，隨時提供（其實不需要的）介入、指導、協助和保護。直升機父母過度干涉孩子的教育，時時監督孩子，而且經常打電話給老師。[11] 還有一種過度保護的育兒方式叫「除草機育兒」（Lawnmower Parenting）或「剷雪機育兒」（Snowplow Parenting）（取決於你生活在哪一個氣候區），意思是父母總是走在孩子前面把路面清理乾淨，掃除一切障礙。孩子會遇到的任何阻礙，都由父母一手解決：在孩子不知情的情況下設法讓孩子加入球隊、賄賂老師、幕後施壓。[12]過度保護不會恢復父母的權威，通常會產生反效果：把父母變成孩子的全職僕人。

此外，有一個詞叫「虎媽」，發明這個詞的人是耶魯大學法學院的教授蔡美兒，她是兩個孩子的母親，也是回憶錄《虎媽的戰歌》（*Battle Hymn of the Tiger Mother*）*的作者。兩個女兒還小的時候，蔡美兒禁止她們看電視、打電玩、去朋友家過夜、邀請朋友來家裡、出外旅遊過夜（僅列舉其中幾項），最重要的是，她堅持女兒每天花六小時練習樂器，週末、節日與度假期間也不例外。如今她的女兒都已二十幾歲，分別從哈佛與耶魯大學畢業，她們都說那樣的童年雖然辛苦，但是家庭生活充滿歡樂，而且她們學會當個獨立的人。蔡美兒坦言自己偶爾會嚴格過頭，也對某些做法感到歉疚，她說她的教養風格不是萬靈丹。稍後我們會再次討論亞洲式教育的奇蹟。

---

* 譯註：繁體中文版由天下文化翻譯出版。

還有一種教養模式也值得注意，那就是由以色列著名心理學家恆恩・納迪博士（Chen Nardi）提出的「鯊魚—海豚—沙丁魚」模式。恆恩與莉弗卡・納迪博士（Rivka Nardi）針對這個主題寫過幾本書，進一步建構和擴展這個模式，藉以描述父母會用三種風格來處理敵意、情緒與困難：沙丁魚——逃離，躲藏，討好他人，覺得大家都比自己厲害，逃避衝突；鯊魚——主動進攻，好戰，相信力量是唯一的共同語言；海豚——有同理心，敏感，有愛與被愛的能力，但不以自我犧牲為代價。(13)

另一個有趣的教養模式已受到廣泛的國際認可，那就是海姆・奧瑪教授（Haim Omer）的「非暴力抵抗與新權威」模式（Non-Violent Resistance and New Authority）。隨著成年人的權威不再自動引起敬畏，過去二十年來，奧瑪教授一直在為這樣的新世界建構一種新的權威模式。新的權威奠基於堅定、寧靜的存在，強調責任與自制力，並且以自制力和延遲反應為目標。或是借用奧瑪教授的說法：「打鐵趁冷。」(14)

歐洲也出現幾種有趣的教養模式。例如「法國式」教養，以嚴格的界線為大原則，一方面不放太多焦點在孩子身上，一方面暢飲美酒。最有名的相關著作之一是《為什麼法國媽媽可以優雅喝咖啡，孩子不哭鬧》（*Bringing Up Bébé*）*，作者是潘蜜拉・杜克曼（Pamela

Druckerman），一位隨家人一起移居巴黎的美國記者。[15]她回憶與丈夫帶著當時一歲半的女兒坐在餐廳裡，女兒除了義大利麵跟白飯之外什麼都不肯吃，而坐在他們附近的法國孩子不但會吃魚和蔬菜（法國人不相信「兒童」食物那一套），還可以跟父母聊天。杜克曼帶孩子去公園玩的時候，會帶上一大包玩具和零食，而法國媽媽通常只帶一顆球，全程坐在旁邊跟女性友人悠閒聊天。她寫道，法國人把小孩當成「受訓中的成年人」，是需要被訓練成在公共與社交場合維持禮貌的小小人類。當法國孩子躺在超市地板上大聲尖叫時，父母絕對不會認為他們只是在「自我表達」。

那麼，你是怎樣的父母呢？法國式、放任型、專制型、直升機、除草機、海豚還是老虎？有這麼多風格可以選，代表家長都在尋找「不一樣的」、「更正確的」、尤其是更符合時代的方法。平衡的、權威的教養模式需要調整自己的定位，也需要恢復自信心。還有一件事必須改變——教養應更加注重個人差異與直覺。「個人化」浪潮是我們正在面對的趨勢。個人化的醫療、金融、培訓、臉書簡介、搜尋結果、亞馬遜購物與網飛影片推薦。無

＊ 譯註：繁體中文版由平安文化出版。

論走到哪兒，我們都會被記住、被辨認，我們看過的東西和按過的「讚」都會留下紀錄。個人導航系統會在準確的時間問我們：「回家嗎？」如同生活中的其他設備，它也個人化了。

父母別忘了獨立思考：每個孩子的方式都不同

我在演講中碰到家長提問或是請我提供教養建議時，一定會把問題轉回他們身上。其實父母知道的比他們自己以為的還要多，碰到狀況時，他們可以自己理解並深切感受它，對自己的世界觀提出深刻的問題，然後（唯有如此）他們才能想出「量身打造」的方法。或許這才是新型教養模式的真正目標──不同的孩子用不同的方法，而不是用同樣的方法就想一網打盡。教養應針對個體，更準確地說，是針對親子個體之間的關係量身打造。聽眾裡有位年輕的父親問我一個問題，我問他有沒有試過自己解決，以及他們在家裡想出怎樣的解決辦法。仔細想想，這個人過去一週在工作上解決了多少複雜的問題，為什麼家裡的問題會難倒他呢？了解研究者的發現、思想家的文章或天才作家的建議當然很重要。尋找和認識其他教育方法以及其他國家的情況也很重要。我很樂意分享所知，但是在那之後，父母跟孩子只能靠自己找到答案。這也是我們對學校的期待──老師能與孩子進行獨特的、須謹慎處理的對話。一個能看到孩子真實本質的老師。

我們忙著教育、照顧、保護、指導、為未來做準備、反思、改進，以致忘記怎麼單純當個爸媽，用我們能夠、想要和需要的方式與孩子相處。我們放棄了自我探索與自我定義的各種可能；我們選擇告訴自己目前的人生階段就是這麼累，沒辦法為自己考慮，也無法靠自己解決家裡的種種挑戰。我們重拾過去的習慣：希望有人能告訴我們正確的答案與做法。我們等待教大家當好父母的家庭作業，想把教科書裡的習題都寫完。例如媒體針對教養規則的簡短討論，或是教我們在和孩子起爭執時該說什麼、該用什麼語氣的小訣竅。討論孩子可以做哪些事，不能做哪些事。教養專家取代學校老師指導我們，每個問題都有顯而易見的答案。

在忙碌的生活中，我們經常渴望「別人告訴我們怎麼做，這樣就行了」，但這只會產生反效果，使我們更加身心俱疲。父母下班回到家還不能休息，育兒猶如第二份工作，製造出一連串令人緊張焦慮的事件。我們在家裡沒辦法充電和恢復元氣，只希望「一切趕緊結束」。這是一種奇怪的育兒模式，姑且稱之為「等一下」模式——等一下有雜事要處理，等一下有約，等一下還有任務。這種育兒模式的目標是，從回到家那一刻到「終於可以暫時休息」之間的時間愈短愈好。

我們渴望向外尋找答案與既明確又令人安心的做法，這不禁令人心生疑惑：如果父母缺乏獨立思考，培養得出獨立的孩子嗎？對別人提供的解釋不假思索、照做不誤，真的能養出想法獨特、有創意、擅長解決問題的大人嗎？

亞洲式教育下，馬雲的人生是巧合嗎？

認識不一樣的文化與外部觀點，通常對深入了解自我有幫助。我堅持每六個星期出國一次，認識新朋友，造訪新城市。有些旅程很短，出國參加幾場會議，當天晚上就搭機回國。這種感覺很像商務人士，飛機降落後立刻趕去見在不同領域進行有趣工作的。差別在於我們談的不是合約與交易，而是交流想法。對我們來說，這是嚴肅認真的會議。

我最近去了中國，那是我一直想要造訪的國家。我最期待的行程，是參觀位於中國南方的杭州香格里拉飯店大廳。擁有九百萬人口的杭州市之所以舉世聞名，是因為五十幾年前有個孩子在這裡出生。天花板垂下優雅的水晶吊燈，可舉辦盛大活動的雄偉宴會廳，飯店工作人員在厚厚的地毯上腳步匆匆。他們不想讓你有賓至如歸的感覺，而是要讓你宛若置身皇宮。李奧納多・達文西（Leonardo da Vinci）的出生地是文西，貓王的出生地是密西西比州的圖珀洛（Tupelo），而網購巨擘阿里巴巴集團的創辦人是在杭州出生長大。馬雲在接受各種媒體的無數次訪問中講述過自己精彩的人生故事，轉捩點就發生在這個地方。剛滿十二歲的馬雲想找地方學英語，於是來到這家飯店的大廳。那個年代還沒有正式的語言課程可以上，一心想學英語的男孩該怎麼做？他跑到飯店應徵了一份工作，一九八〇年代造訪這座城市的外國人，都會約在這家飯店碰面。馬雲用五年的時間帶著外國遊客參觀這座城市，他的英語愈來愈進步。他說這些經歷教給他的東西，與他從學校和父母身上學到的東西截然不同。從那個時候開始，他漸漸發展出不一樣的思維。阿里巴巴創辦人的人生故事聽起來很不真實。比如他曾經申請哈佛商學院十次，十次都遭到拒絕。他也在中國申請過三所大學，同樣沒有成功。

他用詼諧的方式津津有味地詳述生命中的重大挫敗。在取得學位之前，他申請過三十份不同的工作，全都沒有錄取。他曾經應徵警局的工作，五名應徵者之中只有他慘遭淘汰。他與二十四個人一起去肯德基應徵，再次成為唯一的落選者。

對家鄉的正規教育制度來說，這位國際級的成功人士是不夠格的，這是巧合嗎？只有與框架格格不入的人，才能破壞並重塑框架嗎？

成就非凡的人通常都有一個奇特的、開創的、精彩的人生故事。我有時不禁會想，他們在生命中的某個時刻故意蒐集深奧的、非比尋常的經歷，應該是在為將來寫傳記累積素材吧。又或許獨特的個性、源源不絕的好奇心、一個又一個奇特的經歷，都與他們的成功密不可分。

回到馬雲的人生故事。在當了幾年的英語教師之後，三十一歲的馬雲以口譯員的身分跟著一支中國代表團前往西雅圖。美國東道主向他展示了一台連上網路的電腦。馬雲在搜尋引擎裡輸入「中國」(China)，令他驚訝的是，沒有任何搜尋結果。

「我在西雅圖發現了網路這種東西，我認為它將會改變世界。在這之前，我從來沒摸過電腦。」他說。

馬雲從美國回去之後，興奮不已、滿懷夢想。「我邀請二十四個朋友到我住的公寓……我花了兩小時向他們解釋什麼是網際網路，其中二十三個人說：『算了吧。』只有一個人說：『馬雲，如果你想試試看，那就放手去試吧。不成功的話，回頭就好。』思考了整整一夜之後，我說：『我還是想做這件事。』因為大部分的人會在晚上把一件事想得很美好，但隔天早上醒來又回去做一樣的工作。」[16]

阿里巴巴最初販售合作夥伴從家裡帶來的東西，第一週他們互相購買對方的商品，目的是幫網站衝流量。第一個月馬雲堅持要夥伴把網站賣家的商品全部買完，他家被家具塞滿，連走路的空間也沒有。「我們十八個人一起創業，大家都沒錢。但要是有一個人說：『我要給你一百萬美元。』另一個人說他相信我，我會選哪一個？我選擇相信我的人……這十八個人都相信我。」

他剛創業時，大家都說他瘋了。他第一次登上《時代》雜誌時，被稱為「Crazy Jack」（瘋狂馬雲）。「我認為瘋狂是好事，」馬雲說，「我們很瘋，但是我們不蠢。我們知道自己在做什麼。如果人人都同意我的看法，都相信我的意見是好的，那我們就毫無機會了。」[17]

處理極端案例應當謹慎，不過馬雲的故事確實激發不少思考。我腦中浮現那個十二歲的男孩走進飯店大廳為自己安排私人英文課，我問自己：我們有沒有可能教會孩子如何實現夢想？教會他們如何作夢？培養他們善用資源，有能力以原創的方式自學？如果不可能，教育制度將扮演怎樣的角色？這個打破既有模式的人拒絕讓任何制度影響他，這只是個巧合嗎？

中國父母的教養故事：為了孩子的自由而奮鬥

馬雲的成就多數人難以望其項背，但我們面前仍有各式各樣的可能性。為什麼對生命懷抱喜悅與好奇的人這麼少，幾乎所有人都焦急地奔向下一個任務？願意走進陌生的體驗、以相對無所謂的態度面對失敗、像走進巨大玩具店的孩子一樣漫遊世界的人為什麼這麼少？為什麼幾乎人人都出於恐懼而堅持遵循既有規則與規範的框架？

身為父母，我們可以在哪些方面提供協助，讓孩子展開翅膀、帶著信心與熱情探索世界？哪些部分是父母的責任？哪些部分我們期待由學校提供，但學校卻令人失望？馬雲的故事不是一個十二歲男孩自己組裝電腦，或是自學彈奏莫札特與巴哈，而是一個十二歲男孩學會如何自學的故事。請想想我們為培養這種能力付出過多少心力？為了執行家裡的規矩又付出多少心力？

這趟旅程的下一站是與中國的家長碰面。我發現中國有個現象很奇怪：一方面，亞洲式教育被視為典範，在國際學生能力評量計畫（PISA）中名列前茅。另一方面，中國大城市的家長都對當地的教育制度缺乏信心。我訪談的家長年齡介於三十五到四十五歲之間，都從事自由職業。訪談的對象以母親為主，她們都給我一種精明的感覺，敏銳分析各種教育管道，注重細節，將一大部分的家庭儲蓄用於教育，竭盡所能想幫孩子逃離著名的中國教育制度。幾乎每一位家長都會在對話中提到他們小時候的經驗：無止盡的考試、作業、壓力與痛苦，努力超越別人，拚命進入下一個階段。這些母親對嚴格的規則喪失信心，她們想為孩子尋找一種更快樂、更自由的教育。

這天下午我在華麗的飯店大廳和小君（Jun，音譯）與她十一歲的兒子慈安（Tsuan，音譯）見面。慈安小學六年級，他一踏進飯店，就對飯店的冰淇淋攤位非常感興趣。小君說起他忙碌的日常行程：下午四點半放學搭公車回家，五點回到家。休息三十分鐘後有一大堆作業要寫，接著休息三十分鐘吃晚餐，然後繼續寫作業到九點。小學畢業後，他們要參加知名初中的入學考試，取得平均高分的壓力也隨之升高。小君決心想為兒子提供良好的教育，卻也想讓兒子過得快樂，明年他們一家將遷居加拿大。搬家的事從慈安上小學三年級就開始準備了，這幾年他們花錢讓孩子學英語跟羽毛球，希望能幫助不愛衝突與競爭的慈安早點適應新生活。

我在上海碰面的家長大多也有送孩子去接受西方教育的打算。克莉絲汀（Christine）

的大女兒念的是公立學校，她和丈夫都誓言不要重蹈覆轍。他們花光積蓄在上海的另一個區買了一間小公寓，原因是這間公寓附近有一所聲譽卓著的小學。五年後，他們一歲半的兒子就可以去念這所教育理念相對自由的小學。根據中國法律，你必須證明你在某個學區持有房產至少五年，孩子才能在該學區就學。

雪莉・阿米亞（Sherry Amia）也是我在上海碰面的家長之一，她的夢想是讓五歲的兒子去念私立的英國學校。每年學費高達四千美元，她跟老公只能勉強應付。為了「把錢全都用在這件事上」，雖然中國已取消了一胎化政策，他們依然決定不再生育。

中國的家長分享了許多例子，都是父母用盡全力，只為了讓孩子逃離當地嚴格的教育制度。

這著實奇怪，因為西方對亞洲式教育非常熱衷。教育研究者趙勇寫道：「西方媒體、政客與教育者一致認為，亞洲式教育是值得仿效的優異模式，為了在競爭中脫穎而出，西方必須師法中國。」(18)二〇一六年，ＢＢＣ製作了系列紀錄片《中國學校，我們的孩子受得了嗎？》（Are Our Kids Tough Enough? Chinese School）。這場特殊的實驗安排中國老師進入英國學校，讓學生接受典型的中國式教學法——不許交談，不許提問，穿制服，晨間體操等等。毫無意外，英國學生難以適應，有些孩子在第一天放學時流下了眼淚。中國式教育不只進入英國的實境節目：二〇一六年，英國政府宣布全國八千所小學將採用中國式教學法上數學課，預算高達四千一百萬英鎊（五千四百三十萬美元）。

「這裡到處都是人。」我說。當時我與其中一位家長在上海的購物中心裡漫步。

「是啊，確實如此，這裡人太多了。」她嘆道。

偶爾我們會忘記這裡是人口兩千一百萬的城市，直到出現一點小差錯——兩列火車同時進站，或是巴士遲到——於是無止盡的人龍，洶湧人潮、動彈不得的街道，瞬間又出現在眼前。有天早上我在上海下了火車，徘徊了一會兒才給對方發簡訊說我到了。我站在月台上安靜地打字，這時火車緩緩開動。我打完簡訊時抬頭一看，火車還沒離站。這列火車很長，長到花了這麼久的時間還沒走完。

我突然發現，高等教育也可視為一條生命線，一個創造差異和獨特性、以免被大眾吞噬的選擇。變成一個沒有身分的、空虛的影子，這種風險確實存在，而且非常危險。

前往機場的路上，我回想著在中國觀察到的一切。這趟中國之行突顯出本章探討的主題：自由與規則。我想到被視為民族英雄的馬雲，也想到試圖解救孩子的母親。我們可以從他們身上學到什麼？

先從母親開始。我見了那群「虎媽」，她們像老虎一樣為孩子的自由奮鬥。啟發人心的教育學者趙勇認為，高成效的亞洲教育制度能為世界貢獻的不是過去，而是它們打算創造的未來——著重於創意、溝通、合作與高等思考的教育。[19]然而，實際情形卻與這個景況相去甚遠，也使我們對教育、紀律和孩子未來的生活感到憂心。我遇到的中國父母都想選擇更自由、更多餘暇的教育方式，目的是對抗他們兒時經歷過的瘋狂教育。

身為父母，我們似乎努力想要糾正小時候經歷過的巨大不公，以免孩子也受到相同傷害。我已故的父親是貧困的孤兒，以前我出門上學前，他會往我的口袋裡塞錢，以防萬一。我從來沒拿過零用錢，都是從他掛在臥室裡的襯衫口袋裡直接拿錢，他會叫我：「自己去拿一點。」每學期結束後，媽媽會帶我去同一家餐廳吃一頓好料。無論成績如何，媽媽總是事先把餐廳訂好。她告訴我非常多次，成績好壞跟上餐廳吃飯兩件事並不相干。許多年後，我才明白她想表達的是她無條件接納我，因為她沒有走出童年的陰影，她覺得自己必須非常努力才能得到愛與關懷。這些中國父母也一樣，他們誓言要把孩子從自己忍受過的童年裡解救出來，讓他們得到自由。

當你的孩子想買重型機車

思考一下這個挑戰：十六歲的孩子兩週後就會拿到駕照，他想買重型機車，而且是用他自己的錢買。父母很擔心，所以跑來找你尋求建議。他們該如何勸退孩子？我偶爾會在演講時提出這個問題，請觀眾提供別人想不到的做法。讓我們發揮創意：如何說服這個男孩不要買機車？大家提供的答案幾乎大同小異：「帶他去復健醫院看一看。」一位女士如此建議。「恫嚇戰術，」我解釋道，「這是常見的教養手法。」大家都微笑表示同意。恫嚇戰術幾乎總是率先被提出。「我會把車鑰匙放在桌上。只要他放棄騎機車，就能得到一輛車。」有人笑著提議。「也就是賄賂。」我說。觀眾秒懂，哈哈笑了起來。這是最常出現的兩種答案——恫嚇與賄賂。是否勾起你學生時代的回憶？恩威並施大法，自動駕駛的教養模式。「還有嗎？」我問觀眾，「假設原本的方法沒用。我們可以用什麼方法讓孩子回心轉意、放棄騎機車？」這個階段的答案比較難想，觀眾需要花點時間思考。有位女士試著回答：「跟孩子好好談一談，仔細說明騎機車有多危險。」此類戰術叫做「糾纏」。父母祭出這一招發揮過作用嗎？很多父母都喜歡這一招……可惜孩子不喜歡。你也可以試著訴諸孩子的良心，也就是讓他們感到「內疚」。問題是，他們從很小的時候就開始應付這招了，早已免疫。有些父母提議偷走機車或是弄壞機車，但這是一種叫做「蓄意破壞」的犯罪行為。有人提出一個特別有趣的主意：買一輛一模一樣的機車，兒子騎到哪兒，你就跟到哪兒。想像一下孩子突然發現爸媽騎著同款機車尾隨自己。你可以稱之為「掃興」戰術。很嚇人。美國前總統歐巴馬在接受《今日秀》（*The Today Show*）訪問時曾說，為了勸退女兒紋身，他和老婆蜜雪兒想出一個簡單的辦法——他們告訴兩個女兒，如果她們紋身的話，爸爸媽媽也會在同一個位置紋上一模一樣的圖案，然後在YouTube上展示這個家族紋身。這畫面光是想一想就足以讓女兒打退堂鼓。我每次演講與觀眾進行這個練習時，現場的情況都幾乎大同小異，不分國家。

這些答案證明父母的思維很僵化，也證明我們習慣用來對付孩子的方法非常有限。給自己幾分鐘的時間，試試想出不一樣的方式打消兒子騎機車的念頭，你會發現很難。問題在於我們練習得不夠，所以沒有發展出靈活思考與創意思考的能力。我們的行為跟我們經常批評的教育制度一樣：對每一個孩子使用同一套邏輯與思維，不考慮個別差異。此外，我聽過的答案還包括：「其實這主意還不錯！」（反向心理操作）；找個替代方式來滿足需求（用不一樣的刺激讓腎上腺素飆升）；搬家到不可能騎機車的雪國（真是大手筆）；強調騎機車不切實際（一次只能載一個朋友）；幫他買最好的防護裝備（「為最壞的情況做最好的準備」）；扮演紅娘幫他找個討厭機車的女朋友（為達目的不擇手段）；帶他去模擬摔車的特殊實驗室參觀（如果沒有這種實驗室，就自己弄一個……）；當然，也可以直接否決。你覺得呢？哪一招對你的孩子有效？

順帶一提——大家也會問我，我會怎麼做。你肯定已經知道正確答案不只一個，但若是我被逼到不得不決定的境地，我的終極武器屬於「掃興」戰術。如果兒子發現父母騎著一模一樣的機車尾隨在後，他再也不會想要跨上機車。「重型機車」練習讓我們看見父母的教養策略有多貧乏，不是恫嚇，就是賄賂。既枯燥，又缺乏創意。我們的教養模式沒什麼趣味，向孩子示範了僵化與有限的思維。

「如果當個乖孩子，就可以……」

我曾問過艾隆娜和她的朋友，老師和父母該說什麼才能讓他們聽話與合作。以下是他們給我的幾個答案：「大家注意，大家注意，大家注意。」（要愈來愈大聲）「現在一直講話的人，會被留校察看。」「現在一直講話的人，必須為這堂課準備口頭報告。」「一個星期不准看電視、3C，下次不能再犯。」有個女孩提到父母有次懲罰弟弟「三天不准吃巧克力餅乾」，他們都認為這個懲罰令人震驚。我記得小學的美勞老師會警告我們：「別逼我讓你們看見我憤怒的目光。」美勞教室在地下室，與外界隔絕，我們在那裡毫無意義地花好幾個小時編織草籃。直到現在我陪孩子上美勞課依然心懷恐懼。有一次美勞老師要我們用黏土做以色列政治領袖的塑像，我做的塑像碰巧神似總理戈達爾．梅爾（Golda Meir）。老師表揚了我，我卻因此陷入焦慮，因為我知道這個奇蹟純屬巧合。我當了整整一個月的模範生，不用擔心「憤怒的目光」。

接下來的歲月也一樣，無論是在學校還是在軍隊裡，恩威並施手段都是家常便飯：「都看你們的表現了，四年級／十年級／第一排……反正我不趕時間。」親愛的家長們，相信你們也有非常相似的經驗，在恩威並施手段下成長的我們，現在也把這一套傳承給孩子。儘管人們討論的教養模式多達幾十種，現今的教養做法並未進步，依然是——「如果你當個乖孩子，就可以……」。

神話與棉花糖實驗：崇拜控制與延遲享樂的能力

在創意思考的過程中，我們必須找出阻礙靈活思考的障礙。為了跳脫（陳舊的）傳統思維，我們必須先確認自己的教養方式奠基於什麼樣的基本假設或信念。前面提過「好媽媽＝早早回家陪孩子的媽媽」，「好爸爸＝孩子上床睡覺前回家的爸爸」。為了確定自由、規則與正確教養方法的基本假設，我們必須回顧自己的成長過程，回到我們童年時期的家，回想對我們的生命發揮影響力的人。我們要回到很久很久之前，更準確地說是回到幾千年前，回到亞當與夏娃的年代，回到人類的起始點（至少從意識的角度來說）。

簡短回顧一下：亞當與夏娃因為一時失去自制力而被逐出伊甸園，這個故事把「為錯誤付出代價」發揮到極致。亞當和夏娃吃了禁果（據信是角豆），遭受堪稱史上最殘酷的懲罰：失去永生以及與大自然和諧共存的生活，取而代之的是焦慮、悲劇、生老病死的恐懼，只因為他們短暫失控。許多經典故事都在強調人類因為無法控制與抵擋自身衝動而付出慘痛代價。希臘神話裡的奧菲斯（Orpheus）下陰間去拯救心愛的尤麗狄絲（Eurydice），她因蛇吻身亡。奧菲斯是才華洋溢的樂手，他彈奏七弦豎琴迷惑冥王黑帝斯（Hades）與他的妻子波瑟芬妮（Persephone）。深受感動的黑帝斯同意釋放尤麗狄絲，條件是奧菲斯帶著尤麗狄絲返回人間之前連一眼都不能看她。兩人出發後，尤麗狄絲跟在奧菲斯身後慢慢往上爬。奧菲斯率先抵達人間，此時他再也克制不住，回頭想看看尤麗狄絲是否仍在身後。這一眼讓他永遠失去尤麗狄絲。冥界之王顯然對人性瞭若指掌。

另一個例子是伊卡洛斯（Icarus）與父親代達羅斯（Daedalus）的故事，他們用蠟和羽毛做了翅膀、逃離囚禁。在振翅高飛之前，代達羅斯警告兒子不要靠太陽太近，但是年輕魯莽的伊卡洛斯興奮過頭，沒有記住父親的警告，結果太陽的高溫融化了支撐翅膀的蠟。他跌入海中，溺水身亡。

《聖經》裡羅得（Lot）的妻子忍不住回頭看了所多瑪（Sodom）最後一眼，於是變成一根鹽柱。相同的主題也在童話故事中反覆出現，例如小紅帽不聽母親的指示、走了小路，最後被大野狼吃掉。這代表如果你不遵循大人為你規劃的路，下場可能很慘。這樣的例子很多很多，故事裡的主角因為好奇或缺乏自制力而付出沉痛代價，受到過分嚴厲的可怕懲罰。我們不斷被提醒人類沒有能力控制衝動，以及欠缺考慮或失去自制力會帶來災難與悲劇。佛洛伊德（Sigmund Freud）在散文〈文明及其不滿〉（Civilization and Its Discontents）中概述了我們每個人天生都面臨的一種危險——容易突然失去自制力。請容我簡化一下佛洛伊德的論點：正因如此，人類僅能創造出以嚴格規則為基礎的社會結構，否則我們將會失控地互相攻擊。為了與他人安全地和平共存，我們捨棄藏在心中的渴望，他人亦然。文化與規則能使社會結構更安全也更明確：「文明人犧牲一部分的幸福機會換取一定程度的安全，」因此，「我們獲得幸福的可能性從一開始就受到人類天性的限制。」[20]這篇對神話、聖經故事、童話故事和寓言故事的回顧，反映出我們意識裡存在著具有威脅性的文化包袱。每當我們碰到自由與規則的問題時，許多駭人的記憶就會一一浮現。此外，近幾十年來也有重要研究提供了科學證據，證明我們害怕失去自制力，而且缺乏延遲享樂的能力。其中有些研究本身也成了「神話」，沃爾特．米歇爾（Walter Mischel）的「棉花糖實驗」就是其中一例。

米歇爾是史丹佛大學的心理學教授，出生於奧地利。一九六〇年代，他進行了一個自制力實驗。如同許多偉大的發現都是出於偶然，米歇爾的發現也不例外。他原本想研究兒童何時會發展出延遲享樂的能力，結果卻有了更重大的發現。[21]他的實驗把一塊誘人的棉花糖放在四歲半左右的孩子面前。研究人員告訴孩子，如果能忍住吃棉花糖的衝動，待會兒就能多吃一塊棉花糖。有自制力的孩子成功忍耐十五分鐘，在實驗人員返回時仍沒有把棉花糖吃掉。

幾年後，米歇爾在與家人共進晚餐時問他的三個女兒（三人都在幼兒期參與過棉花糖實驗），小時候參加過實驗的朋友後來過得如何。[22]她們的回答令米歇爾渾身緊繃，他注意到一個反覆出現的情況：這些孩子青少年時期的學業成績，與當年耐心等待第二塊棉花糖的能力之間存在著相關性。他發現在棉花糖實驗中無法延遲享樂的孩子，在學校與家裡都有行為問題、SAT測驗成績較低、維持友誼有困難、難以集中注意力、不擅長面對高壓情境。相形之下，能夠抗拒誘惑、展現克制與自制力的孩子，後來都變成自覺的大人，更擅長處理人生變故，更堅定、更有韌性、更自信、更可靠。他們的課業表現也比較優異。除此之外，SAT的成績也顯現出差異：棉花糖實驗中表現傑出的孩子，SAT的讀寫測驗分數比只等三十秒就吃掉棉花糖的孩子平均高出二一〇分。這結論令人震驚：與高智商相比，克制顯然是更可靠的成功預測因子。[23][24]

身為父母，這些結論讓我們學到什麼呢？我們是否應該訓練孩子提高自律，才能挽救他們的未來？另一個選項更嚇人：孩子衝動、頑固、焦慮、不安、嫉妒、屈服於壓力（僅列舉其中幾種可能的結果）。米歇爾強調，我們無法控制世界，但我們絕對可以控制自己看待世界的方式。米歇爾的觀點並非一家之言。近幾十年來有一群傑出的研究者主導著關於理想能力的論述，他們的論述深具影響力，而米歇爾也是其中之一。這些能力包括延遲享樂、意志力、情感調節、毅力、長期努力與決心。[25]對成年人來說，這些能力指的是克制，堅持到底，培養意志力，展現堅定立場，以及發揮自制力。換句話說，我們應該變成情感成熟的大人。這是我們身為父母的重責大任，我們應該確保孩子能在教育過程中漸漸懂得自我克制與情感成熟，這是父母被賦予的期待。允許孩子表達個人想法、創意與自由意志，重要性不亞於培養孩子的「禮貌」與「成熟」。讓我們別再如此斤斤計較、如履薄冰，思考一下我們自己該怎麼做才能變得更加忠於直覺與本心。

你能以本心採取行動嗎？

讓我們從為人父母最大的優勢說起——我們都明白未來無法確知。我們知道每一個人生選擇都有可能影響現實，這些選擇伴隨著痛苦的內在掙扎；我們有能力思考終將影響現實的每一項因素。面對選擇，思考與權衡很重要，進行深入的全面討論也很重要，但我們也必須從另一個角度透視這團混亂。唯有回顧過去，我們才能知道當初的選擇是否正確。我們陪伴孩子經歷生命中最重大的選擇，而他們不具備我們的領悟。從許多方面來說，育兒的重中之重正是這種父母與孩子之間的腦力激盪：以正確的姿態陪他們站在生命的十字路口，積極參與解決問題，做出與他們的將來有關的決定。

有創意的父母會在這時充分展現個性，而不是把自己限縮成一個角色：負責任的大人。

創意教養指的是：父母拿出完整的、多面向的樣貌，一方面大聲說出想法，一方面深入理解孩子的直覺，並且努力為困境提出有創意的解決方法。權衡考慮下一步或是正確的人生選擇，本就是在訓練孩子將來解決問題的能力：考量各種選項，仔細研究，檢視細節，思考，面對未知；在不放棄直覺的前提下尋求建議；「不急著決定」，視需要暫停進行中的考慮過程；與此同時心存好奇，沒有一絲痛苦。

想像一下，有個年輕的科技創業者說，他們為了解決新公司的問題已經好幾個晚上沒有睡覺。你覺得這種做法是在哪裡學到的？誰教他們選擇用這種既冗長又充滿挫折感的方式找答案？尋找有創意的好答案時，會出現憤怒和沮喪是很合理的，我們不應該被這些感受嚇住。

想一想在陪伴孩子做選擇的時候，以靈活思考為基礎的教養方式會有哪些好處：生活經驗、本能直覺、提問與探索的能力、解決問題的技巧，以及明白人生沒有非走不可的路，所以培養個人觀點非常重要（正確且合乎邏輯的路不只一條，但是會有一條對現階段的我來說比較正確的路徑）。

我有個醫生朋友花了十七年的時間習醫，當我計算他花了多少時間念書時，他微笑以對。「其實呢，」他坦言，「這還只是剛起步。畢業之後，我花在讀書上的時間比以前還多。這是一條沒有盡頭的路。」醫生一輩子都在學習，這幾乎是顯而易見的事實。保險業正在改頭換面，保險經紀人可以停止學習嗎？銀行家呢？技術人員？室內設計師？業務員？誰承擔得起停止學習的風險？我們以為自己可以停止了解育兒教養或人際關係嗎？我們時時刻刻都在學習。沒有一門課能使我們上完之後就「已為將來做好準備」或是「育兒萬無一失」。有件事大家經常掛在嘴上，也經常因此感到震驚：「沒人教過我們怎麼當父母。」這話說得彷彿正確的育兒方式有教科書可參考、有習作簿可以寫。多年來學校一直告訴我們考試只有一個標準答案，但長大後的我們知道真實人生並非如此。碰到沒有明確答案的情況時，我們會猶豫不決：該不該讓孩子多念一年幼兒園？該不該強迫孩子練習樂器？還是隨他們高興？該不該堅持他們認識新朋友？該如何引導他們選擇念哪所高中？該不該干涉？

問題：你的孩子跑到馬路上。你會溫和地叫他們回來？詢求別人的建議？還是追著他們跑？有些問題的答案很明確。在無庸置疑的情況下，採取行動就對了：若孩子跑到馬路上，我們不需要別人教也知道該怎麼吼他們。育兒工作坊經常教我們怎麼跟孩子說話，使用怎樣的語氣和臉部表情。電視或電腦螢幕上的專家告訴我們「態度要堅定」，通常會一邊強調「用這種方式就對了」，一邊清楚示範。很像在上表演課。但是，我們在扮演什麼角色，又是誰極力慫恿我們演戲？養兒育女是一場需要排練的表演嗎？我們應該扮演的角色就是自己，不是嗎？當專家教我們何時該大聲說話，何時該語氣堅定的時候，真正的我們在哪裡？我們必須提醒自己：父母是一個不好演的新角色，而且沒有事先寫好的劇本。這劇本是邊演邊寫的。

當父母跟我分享他們自己想出來的創意答案時，我相信他們肯定做到兩件事：投入大量心力思考問題，找到專屬於自己的答案。在育兒過程中，出於本心的行動分為幾個層次：

一、**無庸置疑，無須討論**：對應的是沒有任何疑問，可立即執行的明確決定，例如不能跑到馬路上去，不能打人，不能把手指伸進插座裡。

二、**聽起來不合理，請解釋一下我沒聽懂的地方**：當孩子對我們提出完全不合理、無邏輯、無意義，或甚至可疑、但不一定危險的要求時。關鍵在於就算孩子的要求看似毫無道理可言，也要盡量給他解釋的空間。

三、**這是你的考量，但我要提出幾個問題、激發思考**：表示孩子可以做他想做的事，不過我要提出問題、激發他重新思考。順帶一提，雖然孩子似乎沒在聽你講話，但這正是孩子願意聆聽與接受的情境。切記，你面對的小動物正處於「海綿模式」。他們可以突然一字不差說出你們幾週前的對話和你曾說了什麼。著名的育兒與家庭研究者艾倫．葛林斯基（Ellen Galinsky）曾花三年時間研究一千多名兒童，試著了解他們的想法、父母如何理解他們的想法，以及兩者之間的差異。令人驚訝的是，她發現青少年比年幼的孩子更加覺得自己與父母相處的時間太少。(26)

四、解決問題：當碰到困境或人生選擇時。如前所述，這是創意教養裡最複雜、最困難也最有趣的部分——孩子與父母一起腦力激盪，解決真實生活中的挑戰。

從許多方面來說，教養的目標是賦予孩子自信與自尊，使他們相信自己將來也能獨當一面、處理問題。與此同時，家長也要盡量利用機會以身作則，教他們思考如何解決問題。

你是怕犯錯的父母嗎？

當你不知所措的時候，該怎麼辦？如果父母為我們示範的是逃得愈遠愈好呢？當我們害怕犯錯的時候，該怎麼辦？例如，哪些話不該說？哪些事不該做？最重要的是，如何避免造成傷害？父母心中的自我對話——不知所措的時候該怎麼辦？——其實相當有趣。彷彿真的有無所不知的父母。我們可以問自己另一個更精準的問題：如果我們知道的不夠多，該怎麼辦？實際上，這是常態。另一方面，我們成為父母的時候並非對教養一無所知。我們已有一些生活經驗與健康的本能直覺，並非毫無頭緒。或許我們沒當過父母，但親子關係說穿了就是一種人際關係。每個人都希望得到基本尊重、被傾聽、被認真對待。

最糟糕的情況是父母害怕犯錯，總是小心翼翼迴避問題；總是環顧四周，想知道別人在說什麼或做什麼。如果父母太害怕犯錯，怕到動彈不得、無法做自己的地步，最後可能會付出更慘痛的代價。是的，我們應該尋求其他資訊與靈感來幫助自己敞開心胸、整理思路。確實有頂尖思想家提出重要準則，也有研究者歸納出經驗法則，有不少前面已經介紹過，後面還會介紹更多。但我們已經知道實際情況：育兒教養只能邊做邊學，如同生命裡的其他事情一樣，我們必須把一般通則轉化成自己的見解，不犯錯就做不到這一點。

年輕家長最令人擔憂的是，他們認為自己缺乏經驗，肯定會犯更多錯誤，而且他們的頭一個孩子將為此付出代價。真是如此嗎？我不敢肯定。有經驗是一大優勢，但是缺乏經驗的年輕父母也有優勢。他們體力更好、力氣更大、腦袋更敏銳，他們可以把孩子扛在肩上走更遠的路。他們仍懷有面對每一個新挑戰的那種好奇心和求知慾。雖然職場重視經驗，但是那種最初的興奮感永遠不會回來，至少不會像一開始那麼強烈。

實話實說，有些人天生擅長當父母，有些人永遠不是這塊料。養兒育女也關乎某種天分，就像學音樂和數學一樣。如果你網球打得不夠好，你可以選擇改打雙打。如果你不擅長為人父母，那就設法重新定位自己，審慎挑選隊友——伴侶、支持的環境、好老師，有些時候你應該後退一步，把主導權交給別人。不過擅長與否和年紀無關，和我們改變、適應、自我覺察的能力更加相關。

如何處理原生家庭帶來的恐懼？

經常有父母悄悄向我吐露他們最大的恐懼：「我們的原生家庭亂七八糟，我們搞不好會複製自己的遭遇。」後天習得的模式不是單純的問題，他們的恐懼其來有自。和多數人一樣，我的原生家庭也是一言難盡。和多數人一樣，成為父親之後，我也曾複製童年時期大人犯過的錯。處理這種挑戰的方法之一，是父母雙方都問一問自己：你們各自從童年經驗裡帶來什麼有用的東西？以此為依據，各自負責家裡的特定領域。這項挑戰邀請你反思自己的童年（包括失望、錯過的機會與憤怒），藉由分析來幫助你了解童年經驗有什麼值得注意的地方，你一定會有所發現：父親或母親的犧牲？個人實例？謙卑？無條件支持？日常行為？注重服裝、衛生與美學？讀書習慣？健康習慣？就算是自私或缺乏安全感的父母身上，肯定也有值得欣賞的特質。

你從童年經驗裡吸收與內化了哪些東西對現在的育兒有幫助？家庭生活的這些部分就

由你負責。在父母雙方都覺得自己只看過糟糕示範的部分，先停下來想一想。你們可以尋求特定的諮商建議，而不是一般性的、籠統的育兒教養建議。把這種求助行為當成育兒教養的繼續教育，因為你們的童年經驗在這些方面並未提供有用的做法，導致你們缺乏安全感。這會是更積極的學習過程，而非完全仰賴外人提供唯一的正確答案。大體而言，努力了解自己肯定有用，要找到合適的人提供有價值的、啟發人心的建議則得碰運氣。這樣的人很多，只是你不一定很快就能找到他們。

在我小時候居住的社區，到了十二年級還沒看過心理醫生的人都會被認為是怪咖。我每次想起第一次看心理醫生的情況，都覺得很好笑。心理醫生丟出一大堆人名：「你和哈吉（Hagit）同班嗎？黛娜（Dana）也是你同學？」這位心理醫生把職業道德拋諸腦後，直接透露這些同學也是他的病患。療程結束時，他說我的問題是「存在空虛」。他當然沒有時間診治我，因為他的看診時段（被我所有的朋友）約滿了。我必須哀求他為我看診，治療我的存在空虛。直到今天我依然記得自己走在回家的路上，腦中迴盪著他對我說的話。我小時候住的雖然是高級社區，但是主街的街尾有一個江湖郎中。大家面臨的童年風險都不一樣。

了解自己不一定要靠治療。我們應該把這件事定義為培養技能、讓自己變成一個成熟的、不斷演化的人類，這樣的定義才正確。不需要協助或支援的人少之又少。就這一點而言，育兒其實非常有趣——為了養兒育女，我們從未處理過的內在層面一一揭露出來，而且是不得不處理。原本模糊的行為範疇、尚未形成的觀點、隱藏起來的弱點、試圖壓抑的恐懼，全都因為育兒而面臨挑戰。這就是育兒的美妙之處：我們被迫面對自己的本質、自己成為怎樣的大人，以及我們沒有成為的那個夢想中的自己。

不可以對孩子說的話

某次對一群家長演講時，觀眾裡一位女士舉手坦言她經常覺得壓力很大。我試著了解原由。剛才我花了整整一小時，想幫助觀眾釋放一些他們堅持加諸在自己身上的壓力。「哪些話是不應該對孩子說的呢？」她持續追問，「我們如何避免造成無法彌補的傷害？」我建議她做一個簡短的引導意象練習。你何不一起加入？想像時間快轉到三十年後，你和兒子（女兒）一起來到一家漂亮的咖啡館。你們正在喝咖啡，他（她）是大學生，或甚至已經大學畢業。孩子正在抱怨你做了什麼，或是沒做到什麼。他們在責備你。這可說是一種常見的儀式，它永遠不會消失。最近我曾目睹一位五十五歲的女士責備母親四十五年前在她的生日派對上對她不夠關心。父母無論如何都會犯錯，明白這一點之後，讓我們來討論一下你不可以對孩子說的話。

我第一個想到的人是心理學家卡蘿．杜威克（Carol Dweck）。杜威克的著名研究顯示，相較於讚揚孩子的能力和智力，孩子更喜歡父母讚揚自己的努力。研究人員請四百名七年級學生完成一個簡單拼圖。半數孩子被稱讚很聰明：「做得好，你真聰明。」另外一半被稱讚很努力：「做得好，你非常努力。」接下來，他們必須在簡單拼圖和困難拼圖之間選一個來做。聰明組的孩子有一半以上選擇了簡單拼圖，逃避挑戰。努力組的孩子有九〇％以上選擇了困難拼圖。因為努力被稱讚的孩子不怕被人知道自己不那麼聰明，或是不那麼成功。這背後的原因很有趣，也很有說服力：我們很容易覺得努力的多寡操之在己，相比之下，我們無法控制自己有多聰明。[27] 另一方面，我們必須知道除了說話的內容之外，態度、語氣、愛、親子關係與這些東西的基礎也很重要。孩子重視的事和我們沒有不同。我們都希望別人真心相信我們，沒有勾心鬥角。我們可以從研究結果中得到收穫，但是關愛、信任孩子的父母就算不看這些研究，也不會造成什麼嚴重危害。

我們心中「創意教養」的基礎漸漸成形。乍聽之下可能很累、很辛苦，這種育兒方式非常勞神費力。或許真是如此，但就像學習一個新語言一樣，多多練習就能感受到純粹的喜悅。

創意教養是一種生活態度，需要不斷練習，直到習慣成自然。捫心自問，在家陪孩子有沒有一種變年輕的感覺？是否讓你覺得充飽了電，又能再次面對這個世界？或其實只是令人筋疲力竭、充滿焦慮的例行公事，快樂、滿足與平靜的時刻少得可憐。思考一種能使你自由發揮、充滿幽默感、連自己都驚喜連連的教養模式。創意教養使你有機會聆聽孩子的想法，和他們一起邊做邊學。這裡沒有看似高度關切的、彬彬有禮的成年人，只有一個跨世代的學習空間，幫助父母跟孩子面對快速變化的世界。父母不再以規則與權威為己任，而是把重點轉移到好奇心、環境意識、獨立思考和問題解決上。父母都喜歡孩子發揮創意與想像力，但實際上父母從未真正敞開心胸，接受自己也可以向孩子學習、與孩子辯論或是跟孩子一起學習。

教導價值觀，而不是規則

伊塔瑪七歲的時候，我請他遵守我的價值觀之一：學習語言。我事先提醒他，在這件事情上我會給他壓力，希望他持之以恆。連經典的那句老話都用上了：「將來有一天你會感謝我。」說這句話時我面不改色，心中毫無罪惡感。身為父親，我規定自己這種老生常談的話一天只能說一句（這很難）。他聽英文歌的時候，我堅持他背下歌詞，而不是聽了八十五次還在隨口亂哼。

有件事我們兩個都記憶猶新。當時我們在車上，我堅持要他記住循環播放的那首歌詞。那首歌很難，伊塔瑪滿嘴抱怨，還對我發脾氣。但是直到今天他依然記得可以跟著音樂唱這首歌的滿足感，這後來變成他的習慣。小孩子學語言享有巨大優勢，英語已變成他這輩子的好朋友。這件事對我來說很重要，反映出我自己當初辛苦學會英語，所以才有機會進入這個向我招手、想要聆聽我的恢弘世界。經常有人警告我們：「不要期待孩子實現你自己未完成的夢想。」但是任何以偏概全的觀念都值得重新審視，甚至解構。父母可以、也應當把自己的規劃放進教養的過程裡，而對於伊塔瑪成長的世界來說，英語是關鍵能力。「經驗是最好的老師」這句話有時候一點不假，我們都知道成年後學習語言有多難。

後來我不再跟伊塔瑪討價還價看電視的時間，而是要他每天看三十一分鐘的電視之後，接下來只能看沒有字幕的英語節目。我明確表達我對這件事的堅持，但另一方面我也答應他看電視沒有時間限制。不到一年，我兒子就能說一口流利的英語。他現在正打算學第三種語言，我們將用同樣的方式如法炮製。

對我們家來說，學習語言是很自然的事，和不能跑到馬路上或不能玩插座差不多。學習語言是家族ＤＮＡ的一部分，也是我們給自己的承諾，教育孩子的時候將此牢記於心。所以這不是一件困難、有壓力或特別辛苦的事，堅守這個價值觀相當輕鬆。把同樣的堅持套用在兩、三個以上的價值觀會非常困難，也不明智，當然，並非出自本心與共識的價值觀也是一樣。

不同於以規則為基礎的教養方式，以價值觀為基礎的教養方式迫使我準確定義哪些事是重要的，以及為什麼重要。與其關心「他們的教育」技術上該如何操作，不如繼續準確定義我們對世界抱持的態度，這是形塑我們身而為人的重要過程。這是發自本心的價值觀？還是出於恐懼或焦慮而自動形成的習慣？

如何區分規則與價值觀？規則通常是大人施加在孩子身上的禁令，在大部分的情況下，大人自己並不遵守規則。價值觀則像是指南針，為每個人的行為指引方向。就像不能跑到馬路上或是玩插座很危險，身為家長，價值觀是我們永遠不會質疑的事情。定義清楚明確，可立即採取行動。讓我們進一步思考，問自己：我們家裡無庸置疑的價值觀有哪些？我們必須制定幾條規則，然後選擇我們自己秉持與相信的價值觀來做為行為準則。規則太多會削弱教養效果和其帶來的豐富感受。

比如說，有一個家長堅信數學思維是最重要的價值觀，應該傳承給孩子。那麼這位家長面臨的有趣挑戰是如何在日常生活與習慣中，展現數學思維的精神。知名教育家鈴木鎮一鼓勵父母「為孩子創造最好的環境。」最好的數學思維環境有各式各樣的可能性：

- 用數學主題裝潢孩子的房間。
- 自創數字密碼做為孩子與爸爸或媽媽之間的祕密語言。
- 以里程與油箱體積計算燃料成本。
- 詢問孩子對家裡的現金流有何建議。

- 計算現在距離孩子的生日還有幾天和幾週，例如：還有二十六天，也就是三週又五天。
- 猜猜回到家需要爬多少樓梯。
- 測量家裡哪個房間最大（以步數為單位）；繞院子跑一圈要多久時間（打破紀錄）；走哪一條路回家比較快，請提出證明。
- 聽不同歌手的歌曲，根據他們的作品猜測誰是數學家。
- 尋找用既有趣又啟發人心的方式討論數學的YouTube頻道。

早點考慮這件事可省下許多心力，減少累人的爭吵與傷害。在這件事情上，父母也可以成為聯合行動計畫的創意發展平台，跟孩子一起去發現、去驚嘆，而不是淪為扮演「營運和維修部經理」這樣勞心勞力的角色。是的，這是需要積極練習到成為第二天性的過程，重點在於汰舊換新、熱情與能量，除了自嘲之外，也要尋找創意解方與靈感來源。

假設我們的重要價值觀是「分享」。我們會不會分享自己的想法與感受，並且表達真誠的好奇心？想像一下孩子跟父母一起參加盛大的家族聚會。父母在家裡經常鼓勵孩子分享自己的感受，但是到了這種場合，他們只是看著孩子靜靜坐著吃飯，不跟任何人進行有意義的交談。每次看到人們花費許多時間煮飯、協調與籌辦一場盛宴，但到了用餐的時候卻對彼此興趣缺缺，總是令我感到驚訝。如果「分享」是你的價值觀，有很多方法能以分享的精神來籌辦這場活動。例如請每個人在一張紙上寫下一個尚未實現的夢想，摺好之後放在桌子的正中央。隨機抽出一張紙，大聲唸出上面的夢想，大家一起猜猜看是誰寫的。然後由寫這張紙的人說一說自己未實現的夢想。有時候像這樣的小遊戲可以把氣氛從空洞的閒聊，轉變成真心誠意、充滿期待地想要了解彼此。其實我們對於在家族聚會或正式場合上經常碰面的人了解甚少。藉由分享，孩子會內化這樣的觀念：參加朋友或家人的聚會時，如果沒有跟其他人坦誠對話，這場聚會就不夠完整。如此一來，下次他們會更願意分享感受與經驗，而不是每次都簡短地回一句：「聚會很有趣。」

再說一次：身為父母與家人，我們應該用更有創意、更好玩的方式在日常生活中自然展現價值觀。我們的目標是為創意教養找到實際的應用方法。

不拘泥於規則的「創意教養」父母

若我們堅持使用以規則為基礎的教養方式，就算規則只有五、六條，也很有可能會損害孩子的創意發展。約翰・戴西教授（John Dacey）做過一項有趣的研究，觀察教養風格、規則數量與孩子的創造力之間的相關性。參與研究的家庭之所以入選，是因為父母其中一方在專業上或是孩子裡有一人在學業上，被認定為創造力排名前五％。受試者的實際創意成就由一群專家進行審核與評分。父母的創造力是根據研究發表、獎項與論文數量為評分基礎，孩子的評分則是依據他們在各領域的傑出表現。舉幾個創造力得高分的孩子為例：十三歲，在學校的芭蕾舞劇中擔任編舞與主角；十一歲，籌辦和領導幾個學校社團與一個學齡前兒童夏令營；二十歲，已著作並繪製三本兒童讀物，由一家大出版社出版；十八歲，在地區科展上以創新的數學方法獲得哈佛大學獎學金。戴西的研究比較了這些創意家庭與普通家庭。

他最重要的發現是，有創造力的孩子的父母幾乎都採用了不一樣的教養風格。他引用了三種常見風格——權威型、放任型與專制型——並指出他的研究發現了全新的第四種風格：創意家庭的父母對孩子的行為非常感興趣，卻幾乎不會用規則來管束和監督孩子。戴西發現這些父母平均只用一條規則管束孩子，而普通孩子的父母平均使用六條規則。[28]「對照組是創意表現並不傑出的孩子，」戴西在電話上告訴我，「父母要他們遵守九條規則，每條都很具體，例如『不能抽菸』、『十點以前要上床睡覺』等等。[29]」戴西繼續說：「極富創意的孩子的父母，提到自己沒有給孩子任何規定的時候都有點尷尬……他們會說：『讓我想想，天啊，規則應該是有幾條吧』……但大致而言，他們都說：『我希望孩子能成為對社會有貢獻的人』。有位父親告訴我：『我希望兒子能當個堅強正直的好人。』他們的規則總是非常籠統，不像『不能吸毒』這麼具體。他們說：『我的孩子自己能夠管好自己，純屬巧合，』而且『我不在他們身邊時，他們也能做出正確決定。』這些父母用兩種方式引導孩子：討論與失敗。他們相信經由失敗，孩子對於行為適當與否的判斷力會更好……創意家庭的父母幾乎不懲罰孩子。參與研究的創意青少年說，『父母的失望就足以驅使他們改變行為。』」

除此之外，戴西的研究也再次確認了我們對孩子的作品應做何反應。「這是最重要的發現之一，」他說，「孩子跑來問你：『媽媽，你覺得我做得好不好？』比如說一幅畫、一個雕塑，是什麼都無所謂。如果爸媽的回應是：『太厲害了，這是我看過最棒的作品。』這對創意一點幫助也沒有。成功激發創意的父母會把問題丟回去，讓孩子知道這件事應該自己判斷，而不是交給父母。」

勞神費力的教養風格導致父母沒有時間思考個人發展，我們沒有理由堅持這種教養方式。我們必須檢視自己的教養觀念，考慮徹底扭轉思維。育兒可能是人生裡一段高度動態的時期，能帶來新的視角、多重戰線與多元角色。育兒不是什麼碰巧得到的臨時工作。創意教養使我們得以發展自我，對自己有更加深刻和全面的了解。

繼續看下去之前……

請先思考一下：你的教養方式對你的個人發展有幫助嗎？你的教養方式曾令你自己感到驚訝嗎？面對混亂、匆忙、疲憊與生活壓力，思考這些問題好像有點自以為是、冷漠、甚至討人厭。容我暴個雷：為人父母不是一朝一夕的事，你會當爸媽很多很多年。請花點時間，好好規劃。

再問一個問題：你教養孩子的方式，有多少是出自本心？你是否如履薄冰，總是在觀察孩子做得對不對、合不合乎規範？

最重要的問題是：你是用規則育兒，還是用價值觀育兒？我們不可能徹底擺脫規則，但是完全仰賴規則的教養方式會耗盡父母的精力。莫忘我們真正相信的價值觀，用價值觀來建立家裡的中心思想。執行規則很累人，但價值觀發自內心，表達價值觀比較容易，甚至比較好玩。請花點時間想一想。你會不假思索就執行的規則是什麼？這些規則會不會分散你對更重要的事情的注意力？

第七章　創意教養工具

巨大的變革始於微小的變革，採用四種「創意教養工具」，在育兒教養過程中，每一個小小創意將凝聚成充滿創造力與動力的時刻。

星期六的早晨，氣氛祥和寧靜，在床上與孩子擁抱，狗狗搖著尾巴，溫暖的陽光穿透百葉窗滲入屋內。不瞞你說，我們就是美國情境喜劇裡的那種家庭。一小時後，我們就要出發去參加艾隆娜同學的生日派對。雖然我們寧願一家人自己待在一起，但顯然事與願違。

每個星期六都有孩子對自己的生日充滿期待，但生日派對卻漸漸失去趣味：氣球、糖果零食、喧鬧的表演者，家長詢問：「我們幾點去接孩子回家？」還有巧克力蛋糕。

最終的目標顯而易見：一個沒有人情味、沒有驚喜、老掉牙的生日派對。為了消滅最後一點「個人」的痕跡，我們還會為幾個孩子舉辦聯合生日派對。屬於個人的慶祝被團體慶祝取代——表面上是為了避免比較與嫉妒。我們如同舉行宗教儀式般虔誠慶祝生日，任何要素缺一不可，彷彿稍有改動就會被閃電擊中。我們堅持用固定的模式取悅「氣球神」、「巧克力蛋糕女神」或「禮品袋眾神」。我們為這些儀式細節鞠躬盡瘁，著實令人佩服。是因為負荷與壓力，我們才如此行禮如儀嗎？還是為了節省精力才切換成自動駕駛模式？若是如此，我們可謂相當失敗。因為每一個生日派對都充滿了壓力、興奮、期待與規劃。要是我們忽視了「巧克力女神」，祂會原諒我們嗎？孩子下次過生日的時候如果沒邀請「氣球神」，祂會報復我們嗎？

讓我們用大家都學過的邏輯公式來思考這件事：

〈每個人似乎都同意的基本假設〉

開心的生日派對＝氣球、音樂、裝飾、禮品袋、巧克力蛋糕、表演活動。

因此：

- 若是做出任何改變，就不是開心的生日派對。
- 所有的孩子都喜歡同樣的東西，也想要同樣的東西，品味一模一樣。

- 我們的孩子長大後也跟其他孩子一樣——有相同的願望與夢想。
- 我們養育的孩子不會獨立思考，也沒有獨特的、屬於自己的品味。

聽起來不是件好事，對吧？

生日是慶祝孩子的存在與身分認同的機會，是專屬於他們的個人慶祝。我是誰？我在哪些方面與眾不同？我喜歡什麼？不喜歡什麼？誰說一定要有蛋糕、娛樂表演、一大堆小朋友，一個有「開場、中場與結尾」的派對？

我們有沒有把孩子的生日當成每年至少一次的機會，問問自己我們想要的是什麼？那不一定是符合習俗、被大眾接受或視為「很潮」的做法。

一號工具：刪除「可有可無的東西」

我建議從小事開始做起。在苦惱「如何用有創意、新穎與忠於本心的方式生活」等重大問題之前，請先處理「如何用更新穎、更個性化的方式慶祝生日」這樣的小問題。寫下慶祝生日必備的三到四個元素：

- 裝飾
- 糖果零食
- 娛樂表演或活動
- 蛋糕

劃掉其中一樣。你劃掉的東西不會出現在生日派對上。例如一個沒有裝飾、沒有娛樂表演，或是——請坐好——沒有蛋糕的生日派對。這個改變通常會激發大量的新點子，進而促成一個不同於以往、更獨特的慶祝活動。

另一個選擇是保留所有元素，但是用更新穎的方式表達。舉「蛋糕」為例。先想一想平常的做法：其中一個孩子的媽媽把蛋糕切好，大家排隊領蛋糕，每個人領到一塊蛋糕和一張紙巾。偶爾會有一個孩子告訴媽媽這蛋糕是誰做的，「很好吃」，於是大人都微訝地看著這孩子，然後用肯定的表情對彼此說：「這孩子將來大有可為。」讓我們稍微改變一下這個蛋糕儀式。例如：

- 一開始就吃蛋糕。別緊張，這是生日派對，當然可以先吃蛋糕。
- 以蛋糕做為派對主軸，除了蛋糕沒有其他食物。
- 所有的孩子一起動手做巨大蛋糕，目標是打破金氏世界紀錄。
- 從蛋糕的角度表演脫口秀，說說「蛋糕對這場派對有何看法」。
- 蛋糕鎖在盒子裡，若要打開盒子，賓客必須答對與壽星有關的問題。有點像是蛋糕版的「密室脫逃」。
- 壽星親手發蛋糕給每一位賓客，並且對他們說一些貼心的話。

構成生日派對的每一個「必備」元素都可以用來製造驚喜：蛋糕的造型、切蛋糕與分蛋糕的儀式、點蠟燭與吹蠟燭的方法。選擇其中一個元素，用最滑稽、最出乎意料的方式改變它。

把活動變得更有個人特色不是為了個人崇拜：與孩子有關的問答、以孩子為主角的影片、為孩子發表的演講、印有孩子名字的氣球、為孩子譜寫的歌、父親為孩子刺了新的紋身。除了展現品味之外，個人化的生日派對應該彰顯壽星的個人特色，表達壽星的世界觀。你沒看錯，十歲的孩子也擁有自己的世界觀，他們對自己的生日應如何慶祝、用哪一種方式慶祝、應該邀請多少賓客，都有自己的想法。

我們的創意思考課程會讓孩子做一個練習，請他們想一件只有過生日才做的事。每個孩子發一張紙，請他們寫下過生日的時候做過最特別的事。老師會數：「一、二、三……」然後所有孩子一起秀出紙上寫了什麼。如果有兩張紙上出現相同的內容，這件事就會被剔除。這個練習並不容易，因為出現相同答案是家常便飯。接著我們請孩子為下一次生日構思一個新做法。同樣地，大家一起秀出答案——剔除重複的答案，直到剩下一個其他人都沒想過的做法。這是非常具體的練習，只要在適當的氣氛下進行，這個練習對孩子的個人思考大有幫助。

另一個練習，把孩子分成四組，每組隨機選一個孩子當壽星。每一組都是一間「特殊活動籌辦公司」，任務是幫壽星規劃生日派對，並且收到一張詳列要求的清單。各組著手規劃，老師會時不時改變指示。練習剛開始的時候，老師告訴大家：「預算無上限。」但後來他們會抽籤決定預算：

- 生日派對預算一千五百謝克爾*。
- 生日派對預算五百謝克爾。
- 生日派對預算五十謝克爾。
- 生日派對預算五謝克爾。

想像力可以無限發揮——無論這場慶祝派對的預算是無上限還是零預算，都需要想像力。哪一種派對會比較成功實在很難說。預算很低反而會逼我們劃掉熟悉的選項，想出截然不同的慶祝方式。

我以前住在特拉維夫的雅孔公園（Yarkon Park）附近，每個週末都會看到有人早上六點跑進公園的樹林裡做記號占位。他們把氣球綁在樹與樹之間，等待親朋好友的到來。到了下午，幾十個一模一樣的生日派對在公園裡緊鄰著彼此一一登場，很像是用電腦複製貼上的。有時候這場面頗像顛覆性的當代藝術家創作的大型街頭裝置藝術，他們故意把一模

* 譯註：shekel，以色列貨幣。

一樣的生日派對擺在一起，刺激我們思考個體性是否存在。

籌劃活動時，培養孩子的個人品味與獨立思考是非常珍貴的收穫。

二號工具：「一加一」

我辦了一場創意教養工作坊，因此結識了佳莉特（Galit）。工作坊有六堂課，我們（我、佳莉特與其他學員）一起分析教養問題，把它們當成需要發揮創意才能解決的挑戰。說起來容易，做起來很難。不過，當我們找到屬於自己的創意方法時，每個人都覺得既興奮又快樂。佳莉特提到她和女兒的一個問題：女兒不肯睡覺。這個問題成了母女之間的長期拉鋸戰，充滿淚水與挫折感。我們以創意思考的精神出發，從工具箱裡拿出一種基本工具，我稱之為「一加一」。「一加一」指的是把熟悉的東西用出乎意料的方式結合在一起，變成全新的創意產物。例如椅子結合鞦韆誕生了搖椅，或是刀子結合叉子變成瑞士小刀。也就是說，「一加一」等於創新。遵循這個思維基礎，讓我們回到小女孩不肯睡覺的問題上。

第一階段，我們把問題寫成公式：（一）小女孩不肯睡覺＋（二）某種物品＝樂意上床睡覺的小女孩。我們的目標是把不相關的東西結合在一起，引導思維往不同於以往的方向發展。我請學員隨機說出六個在邏輯上與問題無關的物品。他們說了腳踏車、飛機、哨子、洋裝、金屬探測器和錢。接著，他們選擇留下其中三樣：哨子、金屬探測器、腳踏車。我鼓勵他們選擇看似與問題最無關的物品留下，大家都同意應留下金屬探測器。我們選擇的物品愈奇怪、與問題愈無關，就愈有機會想出可行的方法。用新思維考慮孩子不肯睡覺的問題時，金屬探測器肯定是最不相關的物品。我們花了點時間思考金屬探測器會讓我們聯想到什麼：安全、保護、嗶嗶聲、服飾店、購物中心、機場、在沙灘上尋找硬幣——答案有無限可能。

現在我們把公式改成：（一）小女孩不肯睡覺＋（二）金屬探測器＝樂意上床睡覺的小女孩。十五分鐘後，臥室裡誕生了一個起飛與降落的世界。床變成你要飛往的國家——所以我們想要在床上（機場）躺好。去睡覺指的不再是去睡覺，而是展開一場冒險。下一次（真實生活的）家庭旅行只有躺在床上才能構思。諸如「你該去睡覺了」、「已經很晚了」之類的台詞，會被「××號睡覺航班最後登機廣播……」與「睡覺時間二十一點三十分，確認無誤」取代。明天要穿的衣服裝在行李箱裡，檢查好了才登機。早上起床等於結束長途飛行。有時佳莉特會在早上給女兒一個小禮物，因為「身為常客，她獲得升級」。從她們一起進入「機場世界」的那一刻開始，母女倆漸漸形成一套完整又有趣的語彙，把枯燥的例行公事變成充滿想像與幽默的儀式。

這個練習的目的是打破固定思維，鼓勵我們創造屬於自己的習慣。之所以隨機選擇物品，是希望它能把我們的思維導向全新的、不同的、聯想的、出乎意料的地方。當然，「一加一」是達成重要目標的手段，也就是稍微改變思考方式。想像一下這種情況：做為一家人，你們累積了成功解決問題的經驗，每個問題都由某個家庭成員解決。例如，我們洗澡的方式改變了，這是黛娜（Dana）的功勞；我們起床的方式改變了，這都要感謝歐德（Oded）；多虧了爸爸的好主意，現在我們每週散步一次。如此一來，你們慢慢積累一種類似「家族傳統」的東西來對抗日常生活的無聊與枯燥，你們全家人是一支解決問題團隊。每個家都有自己的小問題：「我好無聊」，「我早上不想起床」，「長途車程如何打發時間」，「考試壓力很大怎麼辦」，「孩子的眼睛黏在電視上」。父母解決這些小問題的方式，會成為孩子將來解決問題的榜樣。「一加一」工具用得好，效果會很顯著。

再舉一個例子，比如說孩子經常吵架，把這個問題寫成公式：（一）孩子經常吵架＋

（一）某種物品＝孩子不再吵架。為了避免出現意料中的答案，我們選擇五個與問題無關的物品。我曾在課堂上與學員練習過這一題，他們想出的物品是：髒海綿、咖啡機、玻璃罐、海螺、指甲刀。我們選了咖啡機，因為它跟孩子的日常生活關聯最低。花點時間想一想，咖啡機使你聯想到什麼。我的學員想到的是：磨咖啡豆的聲音，不同的咖啡品種，不同的咖啡風味，事先準備好之後僅須按下按鈕，獨特的香氣，個人化，需要定期清潔，不同的濃度，低咖啡因，哪種咖啡最好的萬年爭議，思考要喝哪一種咖啡。

大量的聯想幫助我們從不同的角度處理問題。例如：咖啡機的聲音與孩子吵架的聲音很像。咖啡機的聲音經過測量，達到某個音量上限就會停止運作；這如何應用在我們的問題上呢？我們想到使用分貝計（有簡單的手機App可下載）。當孩子開始吵架的時候，打開分貝計，哪個人的聲音超過音量上限就輸了。

另一個聯想是「事先準備好之後僅須按下按鈕」。煮咖啡的儀式包括選擇咖啡膠囊（不同顏色代表不同濃度），以及要不要打奶泡。「事先準備好原料」使我們想到事先準備好解決方法。我們把可能有用的解決方法寫在紙條上，再把紙條塞進彩色氣球裡。每次孩子吵得難分難解的時候，隨便刺破一顆氣球，唸出紙條上的解決方法。紙條上可以寫什麼？舉個例子：「打電話給媽媽或爸爸，向他們說明另一個人的立場，試著說服媽媽或爸爸另一個人是對的。」誰能成功說服媽媽或爸爸，誰就贏了。

還有一種選擇是：「製作一段短片解釋爭吵原因，用完整且有說服力的方式描述雙方立場，但不要讓觀眾看出你屬於哪一個立場。」把影片傳到家人的WhatsApp群組裡，如果至少有兩個家人猜不出你的立場，你就贏了。設身處地從對方的角度思考，可以緩和爭吵的衝突強度。

三號工具：創意儀式

我太太每天早上六點十五分準時醒來，立刻下床。在這方面，她的身體比我好——她不需要「慢慢甦醒」。這一秒她還在熟睡，下一秒就能立刻起床，並且加快速度走進廚房、浴室、孩子的臥室，走向電腦、咖啡機、衣櫃。六點四十五分，已經完成兩百八十件事情的她開始拋出一連串問句：「你起床了嗎？」「你刷牙了嗎？」「書包準備好了嗎？」「你還在賴床？！」「要遲到了！」「我今天沒空等你。」「快點！」最後是：「埃亞爾！你要來幫我嗎？快點！」

我昏昏沉沉、睡眼惺忪，笨手笨腳努力證明自己是個有用的人。我們居然可以每天早上都說相同的話展開一天，彷彿昨天從未發生過。就好像有人把一部熱門影集的劇本交給我們，這部影集叫做《早晨的家庭》（*Family Starting the Day*），我們必須一字不差唸出台詞，持續六年、八年、十年。我們像非常單純的機器人，每天醒來面對一模一樣的早晨，同樣的爭吵，同樣疲憊的互動。我們還要經歷多少次這樣的早晨，或是日復一日看電視、吃飯，然後準備睡覺？諸如此類的儀式重複幾百次，幾乎不會改變。長此以往，我們有機會培養靈活思考的能力嗎？我們起床、上班、旅行和解決眼前問題的方式，都會影響我們啟動和發揮「每日創意」的能力。哈佛醫學院的露絲·理查斯教授（Ruth Richards）是創造「日常創造力」（everyday creativity）一詞的研究者之一，她說「日常創造力」就是「表型可塑性」（phenotypic plasticity），意指我們靈活適應不斷變化的環境的能力。這種能力雖然人人都有，但是我們可以更上一層樓。[(1)]

理查斯指出，創意行為會使我們更有活力、覺察力更強、心胸更開闊、觀察更入微、更擅長合作、更有勇氣。這也會使我們變得更有韌性，更清醒地活在當下，並且與世界建立更緊密的連結。[(2)]想像一下兩種人：按表操課，年復一年重複相同行為與習慣的人；每個星期或每隔幾天就會改進某種行為的人，嘗試新的角度與觀點，或是用不同的方式來表現自己。久而久之，後者的生活會變得愈來愈有個人特色。靈活思考與大腦可塑性的鍛鍊需要日常的點滴累積，演化是人類的優良傳統，我們適應變化，然後獲得能力感。理查斯寫道，日常創造力無所不在，而且對人類生存至關重要。同時，它也為生命賦予更重大的意義。她強調科學家不會在走出實驗室之後關掉自己的創意，藝術家走出工作室的時候也不會。[(3)]在工作上積極主動、善用資源、發揮創意，回到家也不會把這些能力關掉的人，我們應該向他們看齊。幽默感是你們家的價值觀嗎？你希望為自己跟孩子培養善用資源與解決問題的價值觀嗎？適應變化、用輕鬆的態度處理瑣事的能力，對你來說是重要的價值觀嗎？想一想如果每週一次或每兩週一次，用全家人集思廣益的方法改變早上起床後的流程，會對你們家產生何種意義。

有很多不同的想法可以嘗試：有天早上，我們假裝自己在參加益智節目——每個人都抽一張紙條，上面寫著那天早上離家之前絕對不能做的事，例如「摸到白色的東西」，「不能進廚房」，或是「不能說話，只能比動作」。這些限制激發出不一樣的合作模式，當然，背景音樂不可少。要提出早晨創意其實沒那麼容易，尤其是我家孩子並不害怕說出自己的真實看法。「爸，這真是個餿主意，你再想一個別的。」

一方面，當一個絕佳的想法出現時（這不容易），會得到大家的熱情響應。是的，對於早上起床充滿熱情，你沒看錯，我也沒寫錯。我和不同的家庭聊到早上起床的問題時，發現為此苦惱且認真想要解決問題的人還真不少。有些父母說他們讓孩子睡前先把明天的外出服換上（除了鞋子），節省明天早上的準備時間。我覺得既有趣又荒謬，但這些母親說，她們只是想要設法節省時間，或是減輕走完早晨流程的壓力。這聽起來像是一個需要發揮創意解決的問題。以下這幾個想法能讓早上起床後的例行公事開心一點：

一、「**我們為什麼要起床？**」：每個人都要說一個今天會出現的「無意義時刻」，這是個好玩的比賽。

二、「**起床是件好事！**」：每個人都要說一個今天會出現的「美好時刻」，想不出「美好時刻」的人必須倒垃圾或洗碗。

三、**發自內心的一分鐘**：每天早上用一分鐘的時間想想生命中重要的人，發私訊祝福他們。

四、任務播放清單：跟孩子一起列出定期更新的最愛歌單，搭配早上的代辦任務清單（換衣服、做三明治、刷牙）。每項任務搭配一首歌，必須在歌曲播完之前完成任務。我建議一邊執行任務一邊唱歌跳舞。這特別適合喜歡唱歌或跳舞的家長。每天早上肯定活力四射、熱情滿點。

五、早晨奧運會：每天早上都舉辦不同的比賽。換衣服最快、最有藝術感的三明治、刷牙雙人組、睡衣投（洗衣）籃等等。完成其他早晨任務的人才有資格參賽。

六、「誰說一定要起床？」：選一天允許孩子不用準時起床，條件是接下來本週的每一天都要準時起床。遲到幾分鐘、受到老師的責備之後，他們會樂意準時上學。

七、痛苦的藝術家：孩子做一支影片上傳YouTube，用影片說明早上起床有多痛苦，以及他們如何應付這件事。或是他們也可以做一支「我討厭早上」的音樂影片。

八、藝術紀錄：每天早上準備出門前自拍四、五張照片。一個月或一年後，用這些照片做一支快轉的影片呈現早上的例行公事，為這些例行公事增添有趣的藝術氣息。特別適合能夠持之以恆的人。

九、扮演你喜歡的角色：這個角色早上會有怎樣的表現？

十、手機App：你可以從相關主題的App裡汲取靈感，也可以直接使用。例如微笑時鐘（Smile Clock）——對著手機微笑才能關掉的鬧鐘；任務鬧鐘（Mission Alarm Clock）——睜開眼睛就有任務，若要關掉鬧鐘，你必須處理各種任務，例如移動螢幕上的物品或是射中目標。現在以色列用戶也能下載Wakie，讓陌生人打電話叫你起床。如果你渴望有人用義大利口音或英國口音叫醒你，或只是單純想跟陌生人閒聊，不妨一試。

四號工具：打破日常習慣

你是否熟悉這種情況：抵達提前預訂的「頂級」飯店時，發現裡面人山人海？游泳池裡擠滿了人，餐廳也擠滿了人，到處人頭鑽動，毛巾被拿光了，你排隊買熱狗、冰棒、冰沙，你在兒童俱樂部等待「巧克力杯子蛋糕」活動，你找到可以坐下的空位，但是還得等出租遮陽傘的小販過來。你應該或多或少有過這樣的經歷，別不好意思承認。

有時候，我們的生活似乎照本宣科：在公園慶祝生日，週末全家出遊，週六下午回家時遇到塞車，放學後在你家附近補習，學校也在你家附近，看小說《格雷的五十道陰影》

（*Fifty Shades of Grey*），週五早上訂「夫妻雙人份」早餐，在猶太教的至聖節日（High Holy Days）前排隊洗車。或許，我們應該偶爾做點新的嘗試。

我跟家人去景點遊玩時，喜歡一開門就進場，或是等其他遊客幾乎走光、安安靜靜的時候才進去。某個星期六，艾隆娜和伊塔瑪很想去一間規模非常大的彈跳床樂園玩。我們同意了，但是有一個條件——早上九點一開門就去。全新的東西都有一種味道，跟這種味道最相近的東西是當第一個上門的客人。大約有半小時的時間，這個地方沒有其他客人。幾十張彈跳床、遊樂設施、彩色床墊，整家店都是你們的。停車場空空蕩蕩，如停機棚般占地廣大的空間裡擺滿吸震床墊，還有壘球場、球池，兩個帶早起的孩子來玩的父親，還有兩個女孩看起來是專業體操選手，做著複雜的空翻動作。整點的時候，紫外線的螢光隨著舞曲閃爍，這是一場只有五個人的狂野狄斯可。我們入場時都有拿到識別手環，但是這裡有一種親近的氣氛，沒有其他客人，我們不用戴識別手環也沒關係。所有的設施專為我們開放。只有一個小問題，畢竟計畫總是趕不上變化——想吃冰沙得等十分鐘，因為還沒做好。除此之外，這個天堂只屬於我們。

問題是，我們小時候都看過小說與電影版的《阿薇亞的夏天》（*Aviya's Summer*，暢銷希伯來語小說，曾改編電影。阿薇亞的母親幫她籌辦生日派對，結果客人都沒來），所以我們害怕沒人赴約，沒人在婚禮上跳舞，沒有「歡樂」的場面；害怕大型跨年活動，因為只有跟幾百個狂歡者擠在一起，擠到近乎昏厥、難以呼吸、身上沾滿彩帶與彩色紙屑，才是真正的「歡天喜地」。偶爾來個升級版的做法吧，選在非預設選項的時間抵達；偶爾去一下「清單」上沒有的地方，偶爾試一試新東西，探索神奇的、美妙的經驗。客人陸續來到，玩得又累又盡興的你正要離開，而「他們」正在排隊。「他們」（照本宣科的人）會花四分之一的時間排隊，四分之一的時間在各種設施之間穿梭。「他們」不知道在他們到達之前，這裡有多麼歡樂。

照本宣科的日子很舒服，也很誘人，但它就像病毒一樣在體內快速傳播。唯一的康復方法是用小小的習慣去衝破「模板」（matrix）。確實，從深刻的哲學角度來看，我也是「模板」的一部分。沒有人是真正與眾不同的「荒島」。或許我的「叛逆」有點可悲，但至少這能讓我少排一些隊，少生一點氣，感受到更多來自新鮮事物的氣息。光是這樣就很有價值。我堅持主張這些跳脫「預設選項」的小小體驗，能為遵循預設軌跡的人生帶來深遠的意義。這些習慣滲入並形塑了我們的閒暇時間，形塑了我們的意識，當然也形塑了我們的靈魂。沒有別種可能。不假思索的僵化思維，加上嚴重的緊張、壓力與焦躁。人群與排隊是比喻，大塞車則是一種警示：「請增加獨立思考的頻率。」照本宣科只會走向失敗。

我演講的時候經常介紹「黑門山塞車」測試。黑門山（Mount Hermon）是以色列唯一一座冬季會被白雪覆蓋的山（以色列大多是沙漠，陽光普照），每年這個白雪靄靄的景點只要一開放，就會有大批車輛湧向黑門山。有些以色列人早上四點四十五分就起床（當然是偷偷摸摸的，以免被別人發現），目的是為了率先上路，避開交通阻塞。唯一的問題是，有二十五萬以色列人為了比他們更早上路，偷偷摸摸在早上四點半起床。於是，所有人都塞在同一條長長的車龍裡七個半小時，把整整一天變成漫長的惡夢。這完全是意料之中的塞車。招聘面試應該問每一個求職者這個問題：「過去五年，你經歷過幾次黑門山的塞車？」如果答案是一次，沒有關係——人生總會碰到塞車。如果是兩次，那就有點可疑了——小心，這是一個不急著找答案的人。如果過去五年來，這位求職者（出於自願）經歷過三次黑門山塞車，你應該立刻與此人斷絕往來，轉身逃命。就算這位求職者再怎麼才華洋溢、潛力無窮，別忘了這種行為背後的僵化思維。

■重點回顧

• 一號工具：刪除「可有可無的東西」

下次你想尋找不一樣的、新穎的方式讓全家人一起慶祝，或是舉辦任何家庭活動，請看一看哪些東西是「可有可無」的，至少劃掉其中一項。

你也可以選擇活動裡的一個「關鍵」元素，例如蛋糕，然後用新穎的方式呈現它。如果這招也沒用，試試「調整預算」。把預算調高、調低或完全沒預算，活動會變成什麼樣子？結果說不定會出乎你的意料，這些假設能幫你想出非常有創意的點子、籌辦令人難忘的活動。

• 二號工具：「一加一」

利用公式「一加一＝新創意」，用跳脫常規的聯想力把東西結合在一起，教養會變得更自由、更有創意、更好玩。下次在家裡遇到問題時不妨試試，用你自己的創意數學來做實驗。記住公式：「一」（問題）加「一」（激發聯想的物品）＝新創意（可導出解決方法）。

- **三號工具：創意儀式**

意識由日常行為與每天的小小時刻形塑而成。正因如此，我們必須把固定而僵化的習慣轉變成更有創意的儀式。切記，巨大的變革始於微小的變革，在教養過程中，每一個小小創意將凝聚成充滿創造力與動力的時刻。每天尋找一個新穎實用的小點子來改變家裡讓人倍感壓力的例行公事，只要你堅持與枯燥的例行公事「鬥智」，久而久之，它們終將會撤退並投降。

- **四號工具：打破日常習慣**

日常的小習慣，或是閒暇和旅遊時的習慣，會展現我們在真實生活中的許多想法與反應。我們慶祝、旅行和打發空閒時間的方式，無法與我們的日常行為切隔。它不僅反映出我們的思維，也塑造了我們的思維。旅行的時候，盡量不要參考別人寫的旅遊指南。下次你帶全家人出遊時，至少試著找一件只有你和你的家人喜歡做、知道怎麼做的事。

第八章　安排「創意慣例」

打破日常、讓變動成為慣例。使孩子持續有機會邊學邊體驗、保持敏銳的感覺、提高偶遇新事物的機會——並能永遠發現新觀點。

我和老婆每隔四年會帶著兩個孩子搬一次家。我們會搬到一座不一樣的城市，不一樣的社區，轉學到不一樣的學校，有不一樣的鄰居和氛圍。這不是巧合，而是刻意為之，配合我們適應變化與新環境的決定。這是為了給孩子，也是為了給我們自己，練習愛上「邊做邊學」這種動態生活的機會。我們生活的世界改變愈來愈快速，而我們的孩子卻仍坐在同樣的教室裡，使用同樣的成排課桌椅，坐在同樣的孩子隔壁，走在同樣的社區裡、同樣的街道上。

我們在特拉維夫的雅孔公園附近住了四年，在一條可愛的安靜小巷裡租了一間公寓。

除了人很多、停車位少得可憐之外，那四年只為我們留下美好的回憶。不過，搬家對我們來說很重要。不一定要搬到國家的另外一頭，其實只要換個城市或環境居住，就是一種挑戰。這次我們搬到海爾茲利亞（Herzliya）一個叫做「青春海爾茲利亞」（Young Herzliya）的社區。我們只租房不買房，這使我們維持機動性，偶爾還能享受較高的生活水準。我們在「青春海爾茲利亞」住的房子有院子，所以家裡多了一個新成員叫喬斯（Joss），牠是我們從收容所帶回來的一隻米克斯犬。自從牠來了之後，我們很難想像以前沒有牠的生活。新的咖啡館，新的鄰居，不一樣的氣氛，以及整體而言，那種新東西的味道。

讓變動成習慣：「四年搬一次家」

「你在傷害孩子」，「這是照顧上的疏忽」，「不負責任的瘋子」。以上是我這個「四年搬一次家」的想法得到的部分反應。出於某種原因，有人認為這是照顧上的疏忽，會破壞溫暖、安全感與穩定，害孩子失去童年的友誼，這些都是神聖不可侵犯的價值。有天我老婆的朋友向她傾訴自己跟孩子之間的問題，我老婆試著提供建議時，朋友脫口而出：「你老是帶著孩子搬家，不會明白這種情況的。」也就是說，這是她對我們的教養方式的真實想法。不是每個人都如此反應，但確實有很多人對我們的做法不以為然。在進一步討論之前，我想把話說清楚：我們在各方面都與孩子充分合作，親子共同決定要搬去哪裡以及為什麼要搬去那個地方。以我們自身的經驗來說，孩子從一開始就深度參與。他們會表達自己對地點、房子、社區的看法，而且他們也有否決權。觀察他們如何應付挑戰相當有趣，有時候他們做得比大人更好。搬到一個新城市並不容易，轉學當然也是，因此事先計畫至關重要，而且愈仔細愈好。搬家是學習與以前的鄰居保持聯繫的好機會，也是學習融入新社會環境的好機會。

克莉絲汀．麥克勞德博士（Christine McLeod）是澳洲的臨床心理學家，她對近年來的研究進行深度分析，研究主題是家庭遷居與搬家對兒童的可能影響。她的丈夫服役於澳洲空軍，多年來，他們一家人必須隨著他更換駐紮地不停搬家。「孩子還小的時候，我努力思考如何維持連貫性，」她告訴我，「比如他們還是小寶寶的時候，我會讓他們玩相同的遊戲跟玩具。後來他們慢慢長大，到了十歲、十二歲的時候，他們的房間會一直漆成他們習慣的顏色。我們從澳洲搬回美國之後，我會確定他們的活動大致維持不變。這需要不少心思。」克莉絲汀相信搬家是有好處的，關鍵在於搬家的原因：是出於危機或限制嗎？例如離婚或災難。還是出於自主選擇。

「研究顯示，一個完整的家庭如果對搬家抱持正面態度，尤其是母親，那麼搬家不一定會造成問題。搬家可以是嘗試新事物、觀察新地方、認識新朋友的機會，」她說，「這取決於孩子背後的家庭是否穩定。全家人一起搬家，孩子會得到與父母單獨相處的美好時光，他們會獲得關注、時間、愉悅與樂趣。這樣豐富的體驗顯然很難得。一家人齊心為某件事投注熱情可發揮巨大的影響力。」(1)

四年搬一次家是我們的「創意慣例」，使我們可以過著邊做邊學的生活。「創意慣例」是個矛盾的概念——從字面上看來，創意和慣例或許有點互斥，但這正是關鍵所在。我們為了自我發展與更新而養成的內建習慣，都適用於這個概念。這是一種防止停滯不前的機制，能幫助我們抵達（或把自己帶往）新的境界，變得比以前更好。用全新的資訊、不同的思維、全新的人生觀察與展望來豐富自己。搬到不同的城市或轉學不一定是複雜和巨大的轉變。只要內建習慣能使我們用不同的方式思考，或是以新的方式去體驗生活，就符合「創意慣例」的定義。

初來乍到的第一步：社區地圖

建立慣例是一種能力，擁有這種能力可帶來源源不絕的樂趣，使我們願意持之以恆。「四年搬一次家」是我們建立的慣例，為了確定這個慣例不會走樣，我們費盡了心思。例如我們會為剛剛落腳的社區做一張特殊地圖，其實就是把這個社區的衛星地圖放大，然後在地圖上列出六個類別：「我認識的人」、「我的日常活動」、「花園與小徑」、「閒暇與運動」、「本月大發現」、「24小時／7天」。每個類別都有專屬顏色的磁鐵，每個新發現都用磁鐵標記在地圖上做為紀錄。磁鐵也用來標記我們還沒去過的地方。空白地圖代表全新的開始：一家新咖啡館、一家新的小吃攤、新學校、新教室、新菜販、新的小路、新鄰居。這也是為了教導自己融入一個新地方，學著去愛上改變和熟悉環境。搬家為我們的生活注入新奇的氣氛，彷彿按下「刷新」鍵：神祕的新路、親切的新鄰居、討厭的新鄰居。

我會在搬家的第一週重設導航上的「回家」快速鍵。下班後坐進車裡，當導航問我「回家嗎？」的時候，我會突然意識到，新的四年又開始了。建立新的聯繫與熟悉新環境的重要性溢於言表。如果我們沒有親力親為，很難保證孩子能夠獲得這些技能。

何不扛起責任、回應挑戰，幫助孩子（和我們自己）培養處理挑戰的能力呢？

我承認，關於搬家和適應新環境，我也有尚未解決的問題。至少以前是這樣。單獨旅行、搭飛機或是在陌生的城市過夜，對我來說是一件困難的事，這種情況持續了很多年。我還記得那些時刻，和那種不安的孤獨感。經過多年的練習，現在的我不一樣了：我到世界各地演講或上課時，可以平靜度過獨處的時光。聽著身旁的人說外語，我覺得很好玩。不熟悉的情境（經常發生）不一定會使我坐立難安。經歷過無數次充滿壓力的旅程之後，我漸漸學會樂在其中。

好的創意慣例，通常來自於嘗試面對生活中的恐懼。我之所以定期搬家，是為了向孩子傳達一個重要的價值觀：世界很大、很有趣，你應該四處遊歷，從各種角度放大思考格局。

如同其他能力，先從練習開始慢慢精通，就像學語言一樣。在我們生活的世界裡，孩子需要這些能力，我們也需要。問題是如何規劃與執行。我們如何決定目的地？誰真正參與決策？你如何確定家裡每個人都認為這是最有趣、最值得期待的事？如何準備「軟著陸」？如何與過往的人脈維持良好聯繫？如何在新的地方建立新的人脈？這些都需要思考，但只要做對了，這將是令人興奮的經驗。身為父母，我們的角色已然轉變，不再是單向的教導和教育，而是跟孩子一起持續學習如何在新的環境「著陸」。

在搬家的最初兩個月，我們規定自己完成兩項任務。一、認識住在同一條街上的五個人，或至少向五個人打招呼。二、若附近有以人物命名的路，了解其中兩位人物。例如猶太復國主義思想家亞倫・戴維・高登（A. D. Gordon），或是前總理大衛・班—古里昂。我們每天穿越的亞尼夫公園（Yaniv Garden）是以誰命名，這也很重要。這個新社區有很多以殉職士兵命名的小公園，他們都是當地人。初步調查的結果是亞尼夫曾在憲兵隊服役，他曾經學過戲劇和武術。照片上的他很帥，很有魅力，我的孩子剛轉入的小學是他的母校。了解他的身分是我們最起碼能做的事。

下一步是去看電影《班—古里昂後記》（*Ben-Gurion, Epilogue*），這部電影講述以色列首任總理大衛・班—古里昂的故事，這個社區的主街以他命名。小小的電影院裡坐著幾位長者，他們看見伊塔瑪和艾隆娜抱著一大桶爆米花走進來都面露驚訝。製片人找到班—古里昂接受採訪的無聲影片與配音帶，它們原本被遺忘在不同的檔案庫裡。這支班—古里昂的訪談影片很精采，當時他已卸任，搬到以色列南部的斯代博克（Sde Boker）。他專注地凝望主持人，想到什麼就說什麼，眼底有光，說話既幽默又有深度。我很喜歡這支影片。

他在影片中說道：「向神求助，就是深度思考。」他顯然對哲學著作、宗教人物、聖經與聖經人物、歷史事件與世界文化都很熟悉。透過他使用的多種語言和他的豐富知識，看得出他的生活軌跡。我們看到珍貴的黑白影像紀錄、照片、人際互動，還有班—古里昂和別人對話的片段，例如愛因斯坦，或是他與小提琴家梅紐因（Yehudi Menuhin）比賽誰能用頭倒立比較久。摩謝・費登奎斯博士（Moshe Feldenkrais）發明了著名的費登奎斯方法，當他被問到為什麼要鼓勵班—古里昂用頭倒立時，他說班—古里昂一直仰賴大腦的力量，忽略身體的力量——體能向來不是他引以為傲的特質。正因如此，他教班—古里昂把能量引導到身體上。「他終於成功用頭倒立，」費登奎斯在影片中說，「那一刻他是全世界最快樂的人。」我轉頭查看孩子的情況，他們正興致勃勃地看著斯代博克基布茲*（Kibbutz Sde Boker）接上電話線的慶祝活動。伊塔瑪還在思考他對這部電影的感想，艾隆娜想去尿尿。看完電影之後，走在班—古里昂大道上對我們有了不一樣的意義。我們甚至發明了一個小遊戲（我忘了是誰提議的）：我們之中不管是誰穿過或是走在班—古里昂大道上，就要想像班—古里昂會對我們正在經歷的問題、困境或事件有怎樣的想法。小遊戲使我們對這個新城市有更親近的感受，也為我們腦中的聯想與思考創造更多空間。

再概述一次我們目前的情況：艾隆娜很想念以前的學校，那裡「沒這麼嚴格」。她也很想念「以前」的好朋友。但是她也在這裡交到一個好朋友，還遇到一個超棒的老師。「我覺得這次搬家，我處理得很好，我很自豪。」有天我聽到她這樣告訴朋友。她與前一個社區的幾個女孩保持聯繫，密切程度超越以往，這半年來他們全心投入一場馬戲團表演。新家的生活空間比之前好，伊塔瑪很喜歡，他也喜歡這種獨立的感覺。搬離特拉維夫可以租平房，而不是公寓，居住空間比較大。到目前為止，這個創意慣例最大的成就是第一年結束時，孩子們會問：下次我們要搬去哪兒？

即使一切都很順利，總有另一個地方、另一種有趣的可能性在等著我們，這種觀念使我們的生活充滿靈活思考。老實告訴你，我們已經開始思考各種可能性了。四年搬一次家是我們稍微改變固定生活的一種方式。有些家庭一整年都在世界各地旅行，有些家庭則是發展出屬於自己的日常習慣。無論你選擇哪一種方式，只要稍微花點心思，生活就會變得

＊ 譯註：kibbutz，以色列的集體農場。斯代博克基布茲位於以色列南部。

更有趣、更快樂。

哈佛大學心理學教授艾倫・蘭格（Ellen Langer）認為，搬到一個新地方居住會鼓勵我們進入所謂的「正念狀態」。感官在這種狀態下變得更加敏銳，而且你會對周遭環境感到好奇，宛如初次體驗。過去這一年，最令我難忘的一次會面是認識蘭納・萊布修茲（Lennart Lajboschitz），丹麥傳奇創業家，一元商店飛虎（Flying Tiger）的創辦人。飛虎在全球有將近一千家分店，以合理的價格提供各種優質商品，以配件和玩具為主，是訪歐遊客不會錯過的地方。

萊布修茲看待周遭環境的視角令我著迷。他走在街上會帶著好奇心觀察一切，感受每一個細節。根據蘭格的定義，萊布修茲認為眼前所有的資訊都是新資訊，使他耳目一新。他多次提到自己不是商人，而是人類學家。多數人都和他不一樣，我們對周遭環境視而不見。正念狀態的生活，就像是一幅色彩與層次都更豐富的繪畫。

以小博大：「帶孩子上班日」

還有一種方式能讓創意慣例自然融入日常生活，不需要像「四年搬一次家」那麼大張旗鼓、勞師動眾。

我稱這種方法為「以小博大」，意思是在最短的時間內、用最少的資源去創造最大的效果。我曾在想為困擾已久的問題尋找答案時，使用了這個方法。這個問題是：如何在我幾乎沒空的前提下，幫助孩子培養創造力？

這個挑戰一點兒也不簡單。父母有責任幫助孩子獲得學校裡學不到的能力，但我們真的沒有時間也沒有心思做這件事。問題來了：你該怎麼做？

思考解決方法時，把阻礙我們的限制放大有時反而有幫助。我演講的時候，偶爾會向聽眾提出這個困境：「如果每個月只能花八小時，怎麼做能提升孩子解決問題的能力？」有趣的是，不一樣的觀眾會想出相同的答案：幫他們報名課程，參加創業與領導力工作坊，買益智類的遊戲，挪出時間，為他們找個指導老師。這些建議都建立在一個相似的原則上：父母要付出更多錢、更多時間、更多努力，以及尋找更多外在資源——家教、課程、工作坊。在競爭激烈的生活步調中，這似乎很難實現。讓我們換個角度思考，在最短的時間內、用最少的資源達到最大的效果。也就是力氣雖然花得少，但是成果很豐富。想要做到這一點，我們必須先找一個既存的生活慣例，然後利用它（或「綁架」它）來解決問題。先定義問題：孩子需要學習解決問題，怎麼學最好？觀察別人可以學到更多，說教的學習效果比較差。等一下！我們（父母）一天到晚都在解決問題，何不乾脆讓他們觀察我們？唯一的缺點是，我們通常都是在上班的時候解決問題，孩子沒機會在旁邊觀察我們、從我們身上學習。

最明顯的解決方法是偶爾帶著孩子去上班。請仔細想想，我們什麼時候會帶孩子去上班：孩子生病了，我們別無選擇的時候。孩子早上起床時有點發燒，我們給他們服用比建議劑量稍微多一點的藥，然後拿出「也許你應該去上學」這一招，「萬不得已，如果你還是不舒服，就給我打電話。」如果這招不管用，孩子沒有退燒，阿嬤也沒空（她已經知道一大早不能接你的電話），我們只剩下一種做法：帶著一臉蒼白、正在發燒的孩子去上班，你一整天都努力逗他們開心，請公司的接待員幫忙注意孩子的情況，或是讓孩子在另一個房間裡玩。

其實帶孩子去上班還有另一種做法：事先做好計畫。我們家就是這樣。伊塔瑪與艾隆娜會（從幾個選項中）選一天跟著爸爸去上班，並且在日曆上標註這一天。他們一起討論那一天要做什麼，然後挑一個最適合他們的、有趣的日子，做為共度時光的一種體驗。這一天他們不上學，跟著爸爸（或媽媽一起去上班）。他們觀察我的行為，看我遇到問題時如何靈活思考，想出解決方案（有時成功，有時不太成功）。經常有人告訴我，只有既特別又有趣的工作才適合「帶孩子上班日」。我的經驗是，並非如此。只要父母在工作中展現毅力、勤奮、善用資源、解決問題或協作等特質，孩子都能從父母身上獲得啟發，這一點幾乎不分情況，也不分職業。我老婆凱倫（Keren）是法律顧問，她說她不認為她能參與這個「帶孩子上班日」活動，因為她的工作「一整天坐在電腦前面」，「對孩子來說不是很有意思」，而且「要處理很多細節與excel表格」。

凱倫為艾隆娜的「帶孩子上班日」安排了外出的參訪與會議。多年來，我一直想說服她不要花這麼多時間坐在電腦前面，艾隆娜只是跟著媽媽去上班，就完成我費了整整十年唇舌都做不到的事。

她突然想出管理工作日的其他方法，而且效果不減。光是有一個「旁觀者」就足以激發她改變日程安排，這件事對雙方都有益。

選擇特定的、合適的日子很重要；或是讓孩子事先做好準備，讓他們明白這場會議的背景與來龍去脈，或是今天工作裡的特定部分。如果你想不出適合的事——再想一想。有了適當的準備，「帶孩子上班日」會帶來很多好處，這樣的經驗不但具有教育意義，也能讓你與孩子更加親密。

我們家每個月都有八小時的「帶孩子上班日」，這已成一種儀式。老實說，這個新慣例改變了我們的生活。我們在許多方面都變得更加親密，孩子了解我的工作——我面對的挑戰，我如何克服（或無法克服）壓力，我的創意——這大大改變了我們的親子關係。他們仔細觀察我在各種情況下的行為與反應，過去他們沒有這樣的機會。

我只提出兩個要求：他們不能滑手機打發時間（今天不行），還有今天結束後，以書面或口頭的方式，用幾句話告訴我今天的感想（請小心——他們會給你打分數，還會提供鉅細靡遺的回應）。艾隆娜和伊塔瑪可以相當準確地描述我碰到哪些情況很精明銳利，哪些情況不那麼精明銳利。他們提供有建設性的意見，幽默地批評我，輕鬆地跟我聊同事的八卦，在我忘記之前與別人討論的細節時，他們還會提醒我。

我則是負責為他們準備別出心裁的午餐和有趣的一天。我承認，這種做法也會激發我想為孩子安排特別有精彩的一天，所以我每個月至少有兩天會過得非比尋常。他們觀察我，吸收我的行為與我無法直接傳達的訊息，也看到我面對的困難和我的考量。我在他們面前大聲說出想法或是與其他人磋商，他們看見一個非常不一樣的父親，不是那個下班後筋疲力盡的父親。在孩子面前，我們呈現的形象是片面的、不完整的，但他們很需要觀察父母解決問題、做為榜樣。在「以小博大」這個觀念的帶領下，我找到自己無論如何都會做的事——上班。為什麼？因為這是一個容易實現的解決機制，不需要特別準備，例如課後補習的接送、多方協調或額外花費。我們無論如何都要去上班，現在除了上班還能得到額外收穫：與孩子共度美好時光，他們也能觀察我們解決問題。

這是典型的「以小博大」思維，用或許唾手可得的簡單方法就能得到強大的效果，而不是出於習慣直接借助外部資源（家教、課程與工作坊）。其實孩子大部分的時間都不在我們身邊，這個做法也能拉近我們與孩子的距離。成功的解決方法總是簡單得難以置信，它與日常生活流程的「吻合」程度也令人驚訝。盡量避免往「驚為天人」的方向思考，這種答案是可以創造高峰，例如一次改變人生的旅行。但我們要做的是找到可以自然融入日常生活的方法。

■重點回顧

一、明確定義問題或挑戰。

二、找一個既定的行為或慣例做為思考解決方法的基礎。

三、簡單的好方法能自然融入日常生活。

四、切記，父母直接傳遞給孩子的訊息不一定能發揮效果，反而會被視為嘮叨和困擾。在不經意的情況下學習，是絕佳而有效的學習機制。

以下是我在演講和主持工作坊的時候，觀眾提出的創意慣例：

一、我每年會去異地旅行一次，獨自待一個星期，過著當地人的生活，包括飲食、習俗與傳統。這個地方以尋常的交通方式難以抵達（需多次轉機），周圍只有當地人。準備的過程非常興奮，邂逅如此不一樣的文化也激發許多思考與感受。

二、我每兩年造訪一座歐洲城市，參加當地的導遊課程。我用這種方法認識一座城市的大街小巷。

三、我每週看一部別人幫我選擇的電影。每週都是不一樣的人，交情與職業也都不一樣。條件是他們必須看過並真心推薦這部電影。藉由這種方式，我可以看到我原本不會看的電影。

四、我曾在東京居住六年。每個月我都會特意搭一次火車，車程至少一小時，隨便選一站下車，然後徒步探索那個地方。我因此去過好幾個如果不用這種方式，這輩子大概永遠不會去的地方。

打破日常：歡迎意外收穫

搬家到一個新的地方，也是父母「吸引好運、招財進寶」、認識新朋友的好方法。也就是我們常聽人說的「意外收穫」（serendipity）。

「意外收穫」做為一種能力或現象，指的是發現自己原本並未尋找的東西，巧遇新的體驗與新的人，有機會與視角和我們不一樣的人相處。在《好運連連》（*Get Lucky*）一書中，網路創業家索爾．穆勒（Thor Muller）與蘭恩．貝克（Lane Becker）指出，我們可以用有創意的方法提先做好準備，邀請好運走入我們的生活。他們為「意外收穫」下了一個有趣的定義：

意外收穫＝機會＋創意

這個定義的基礎，是我們相信自己能夠大幅增加生活中的意外收穫，也有能力影響這個公式裡的「機會」。目標是找到原本並未尋找的東西，因此我們必須提高偶遇新的、重要的事情的機會。

最有可能阻礙我們邁向這個目標的，是一成不變的日常模式——起床、吃早餐、上班、參加了無新意的會議、跟同樣的人交談，然後在幾乎相同的時間下班回家，日復一日。「人類擅長規劃，」穆勒與貝克說，「我們規劃生活、教育、事業、退休，以及各種大小事……規劃很正常，這是人類的天性。」[2] 簡單地說，我們也能藉由規劃去創造可以使我們發現意外可能性的情況、安排更多意外經驗出現的機會、接觸未知。

臉書CEO馬克・祖克伯（Mark Zuckerberg）給自己的社交網路下的定義是：為促成「即時的意外收穫」而設計的社交網路。

現在每一個商業組織都必須增加意外收穫的機會，有時要到了事後才知道所有的經驗如何點滴匯聚成一張清晰的商業拼圖。這個觀念同樣適用於育兒和孩子的教育。

我們通常是在偶然的情況下，聽到對孩子來說最重要、最特殊的機會。在本質上，這就是藉由精心規劃來滿足這個目標：邀請好運走入我們的生活。我喜歡字面上自相矛盾的定義。生活難免遇到各種矛盾，出現這樣的矛盾表示我們正在接近一種有趣的人類領域。你可以說我們家規劃好運的方式是經常搬家，讓感覺常保敏銳，以及建立新的人際關係。

問題：你常去的咖啡館裡，有多少你認識的人？在郵局排隊，或是在咖啡館等空位時，你曾和多少人自然而然、不帶任何目的地聊天？

沒有明顯社交目的、偶然交談的對象，說不定會是生命中最有趣的人際關係。他們不存在你的人脈和利益網絡裡。偶發的對話是「邀請機會」的一種方式。我們在相同的圈子裡生活，與相同的人交談，只有看電影或電視才能認識新「角色」。太可惜了。

穆勒與貝克提供許多技巧，每一種技巧都能用不同的方式為生活帶來好運。(3) 我們對「動」的需求是最基本的做法，用他們的話來說：移動位置，搬動物品，打破常規，找到經常認識新朋友與發現新觀點的方法。

創意思考是我的工作，所以我經常與能夠啟發人心、非比尋常的人來往。我大約每隔六個星期就會到不同的城市（主要是歐洲）與教育界或商界的傑出創新經理人會面。出發之前，我會先閱讀資料、尋找有趣的人，主動詢問能否見面，然後進行調查。有時早上離家，晚上就回來，有時會待好幾天。無論待多久，這些會面都是把我不知道的觀念、解決方案、生活方式與思維濃縮成精華。許多人沒有回覆我的email，但回覆的人夠多了，我也成功認識了其中幾位。

我為了研究教育飛往世界各地，其中一個目的地是芬蘭，那次我帶著伊塔瑪一起去。當時是旅遊淡季，很多人提醒我們溫度只有攝氏零下四度，但實際情況不太一樣，是攝氏零下十三．五度。我們看到計程車儀錶板上的溫度時忍不住問司機，這是攝氏還是華氏……因為實在難以置信。「是攝氏零下十三．五度。」他語氣輕快地說。旁觀的伊塔瑪覺得很有趣，他似乎對寒冷與冰雪感到興奮。

我認為這是練習意外收穫的絕佳機會。我們搬家後給自己的任務是認識五個新朋友，這一次——芬蘭之旅——我們給自己的任務也是認識五個新朋友，但必須是與預定的會面無關的人。伊塔瑪立刻問我：「『認識』是什麼意思？」隨即又說：「五個你應該做不到。」

我發現我們意外展開一場「值得一玩」的遊戲。我們認識的第一個新朋友是跟我們住同一家飯店的日本人，這家飯店有許多日本遊客。他叫尚志（Hisashi，音譯），是來自東京的記者兼設計師，我們在飯店餐廳吃早餐的時候，他和我們之間隔著兩張桌子。尚志在時尚業工作，來赫爾辛基觀察這裡的時尚圈。我們聊到日本、言論自由與芬蘭，最後交換了聯絡方式。當天我就寄了一封email給他（這不像我會做的事），到現在我們依然保持聯繫。昨天我看到一篇關於東京某間學校的有趣研究，有個問題我不太清楚，所以我問問我的日本友人。「你覺得這聽起來對嗎？」我寫信問他。他跑去問了東京的兩位頂尖教育家。「內部消息」無可取代。

我們在赫爾辛基最大的書店隔壁的可愛咖啡館裡，認識了第二位新朋友。「爸爸，你好像走進糖果店的小孩。」我們走向書店時，伊塔瑪笑著對我說。他知道接下來三十分鐘左右，我會在擺放英文書籍的書架旁流連忘返，忘記他的存在。說到透過一座城市的外語書店來了解這座城市，我可以滔滔不絕好幾個小時，不過現在不是時候。在走回寒冷的室外之前，我們坐下來喝了杯咖啡，隔壁桌有一位漂亮的年輕女子獨坐。她叫做安娜（Anna）。我們聊著天，伊塔瑪當個好奇的旁觀者。安娜在一家大公司擔任會計，她家就住在附近。她的丈夫為科技公司提供品牌管理服務，他們有兩個孩子。這是一個了解芬蘭教育全貌的絕佳機會。住在赫爾辛基的生活情況，他們對於成功、幸福和家庭有怎樣的想法。這場對話最令我難忘的是安娜描述了她與丈夫的平等關係：家務、生活開支和親職。順帶一提，這項研究已有明確結論：芬蘭是對女性和母親最友善的國家。育嬰假至少一年，嚴格維護女性的平等就業機會。與安娜的對話令我印象深刻。那天稍晚我們照預定計畫去參觀一所學校，看見廁所門上的標示是「男／女」，從小便開始避免性別劃分，我們一點也不驚訝。

第三個新朋友是一位計程車司機，他載著我們穿梭在嚴寒的赫爾辛基街道上。我一上車就注意到他有些不同，於是主動與他攀談。他和夥伴共同創辦了一家公司，管理七十二名行銷人員，而且他擔任這家公司的CEO。他叫做米羅（Miro），二十五歲。年輕創業家經營企業在這裡相對普遍。米羅的公司訓練員工為中型企業提供行銷服務。他為什麼跑來開計程車？這是一個承諾：在他父親即將退休之際，他每個週末都會代為開計程車。這個故事很溫馨，但是另有深意：任何專業和職業都受到尊重。米羅自豪地說：「我父親是計程車司機，他熱愛自己的工作，也做得很好，只是現在週末沒辦法繼續工作。」我問米羅他的教育程度，他說他是職校畢業生，他覺得自己學到有用的成功技能。計程車停下，我們前往下一場會面：參觀赫爾辛基的一所高中。這所學校有寬敞的木工、焊接與電工的工場，巨大的櫃子裡擺滿數百種工具，天花板極高。芬蘭有將近一半的學生在十六歲的時候選擇念職校，選修聲譽卓著的頂級課程——與以色列的「職業教育」創傷大相逕庭。帶領我們參觀的人說，芬蘭（以及許多歐洲國家）都相當重視職業教育，這為米羅的個人觀點增添一層意義。

我不知道第四位新朋友叫什麼名字。他坐在冰湖中央的椅子上，鑽了一個冰洞釣魚。我們驅車前往一場會面時看見他，回程發現他仍坐在原地。伊塔瑪態度堅定地說：「爸爸，我們去找他聊一聊，不聊不行。」我跟在他後面走，結冰的湖面使我走得小心翼翼，擔心我們隨時可能踩破湖面、栽進冰水裡。因為腎上腺素與緊張的關係，頭幾分鐘我們並不覺得冷。這位友善的釣魚客一邊閒適地講電話，一邊將一根小釣魚竿遞給我。我們就這樣站在赫爾辛基一個結冰的湖面上整整三分鐘。這情境令人難以置信，伊塔瑪覺得我驚呆的表情很好笑。然後，發生了一件事。我突然覺得寒氣入體，冷到嘴唇幾乎動不了。我想問這位新朋友叫什麼名字，我們冒著生命危險走到他身邊，但是我口不能言。我發現要是我沒在兩分鐘之內進入一個密閉的加溫環境，肯定會變成一根冰柱。我朝伊塔瑪揮揮手，然後頭也不回地逃命。我千辛萬苦穿過馬路，那裡有好幾間辦公室，我隨便衝進一間就往暖爐前一站。零下十五度的環境對伊塔瑪來說不成問題，他抱住我，想確定我是否還好好活著。「爸爸，第五個新朋友就算了吧。」他語氣平靜，卻也有些茫然，剛才發生的事有點嚇到他。於是，我們用不一樣的方式認識第五位新朋友。

伊塔瑪和我都同意「第五位新朋友」是我們「在路上」短暫攀談的每一個人：當地的服務人員、空服員、司機、飯店裡的一對夫婦、兩個觀光客。我們會閒聊兩、三分鐘，比一般閒聊稍久一些，這使我們得以知道關於這條街、這個社區、如何應付黑暗與寒冷、生活費用的有趣細節。想要了解一座外國城市，透過預先安排好的會面和隨機找當地人交談是兩種截然不同的體驗。我也想向伊塔瑪展示好奇心的力量，好奇心驅使我們主動與跟我們不一樣的人展開對話、交流想法，用屬於自己的方式去認識一個地方。初次來到一座外國城市，會覺得這裡彷彿覆蓋一層薄冰，你只看得見預先找好的旅遊景點。藉由這個小遊戲，我想我們稍微打破了這層薄冰，在零下的溫度完成這件事絕對是一項成就。有點像執行祕密任務的偵探來到一個陌生的地方。

有不少家庭告訴我，他們把全家人的度假變成某種「創意慣例」。他們找到自己專屬的旅遊理念。我認識一家人會到從未去過的國家自駕露營車旅行，暑假的第一天就上路，直到開學的第一天才結束旅程。這是一種讓親情更緊密的活動，也是難忘的體驗。任何海外旅遊都能成為一種創意慣例。我建議你打開一本旅遊指南，找出二十個「非去不可」的推薦景點，然後發誓絕對不去這些地方。接下來，你只能用屬於自己的方式去探索。

我們決定明年夏天要租一輛冰淇淋車環遊以色列（就像去以色列國家步道健行一樣，不過是空調版）。我們將在每個區域至少造訪一個從沒去過的地方——當然，還要發送冰淇淋。我們目前正在思考兩個關鍵問題：要不要自己開車，以及冰淇淋如何在旅途中補貨。祝假期愉快。

「創意教養」應該考慮的兩個問題：

- 你有沒有把「動」納入日常習慣裡？你上一次搬到「新環境」是什麼時候？適應改變很重要，決定如何以及何時改變也很重要。

• 你有沒有維持一個「創意慣例」，讓自己可以持續「邊做」邊理解、邊學邊體驗？

試一下「帶孩子上班日」的創意慣例。為了在家裡找到工作空間，我們可以輕鬆拆掉家裡的牆，卻對我們與孩子之間堅不可摧的屏障視而不見。我們應該盡量製造機會，讓孩子觀察我們如何應付挑戰。孩子需要這樣的機會，我們也需要。這也會強迫你每個月至少把一個上班日變得很有趣。

第九章　把好奇心變成一門課

我們身處的環境變化快速，孩子因此更需要新的能力與不一樣的思考方式，孩子必須學習和了解，而這就是身為父母所面臨的挑戰。

我夢想有一天，每個上高中的孩子都能修一門新的核心科目叫「我的好奇心」。他們將在這門課上研究自己有興趣、充滿期待的主題，並且應用所學。

我心目中的核心科目會分成幾個必修單元：如何認識新朋友，如何尋找和認識心靈導師，如何用不同的方式觀察環境，如何「偶然」認識新朋友，如何在網路上追蹤啟發人心的人物，如何建立人脈與合作關係。

我希望有一天，以評分、回饋與考試為主的教育制度能改變方向，鼓勵學生研究自己有興趣的事。就像其他科目一樣，這門課也有及格分數，每個學生都必須回答這個問題才能及格：我有沒有發揮創意、持續充實自己？

這門課的每個學生都要接受臨時測驗，例如和主考老師一起上街，證明自己確實知道如何觀察環境、注意細節、在細微處發現有興趣的事。

這門課的每個學生都能得到有同理心與專注的陪伴，他們的敏銳與情感聯繫會接受評估，遵循鈴木鎮一的精神：「人類並非天生無趣，而是後天被訓練成平庸之材。」[1]奇怪的是，學校依然堅持相同的運作方式，幾十年不變。他們的論點以責任為基礎：孩子不是實驗室裡的老鼠，做任何改變之前必須深入研究情況，然後逐步引入改變。結果是學校幾乎一成不變，但學校外面的世界改變飛快。

我認為堅持不肯快速改變絕非負責任的表現，反而相當不負責任。與世界脫節的保守教育，加上謹慎、保守和「負責任」的教養方式——未來將踏入新世界的孩子背負著大人施加的任務、規則與指示，而不是被培養成有好奇心、有創意和善用資源的創業家。父母必須採取行動，先從家裡做起，然後推動家庭以外的地方立即改變。

畢竟所有的父母都有相同的願望——幫助孩子找到生命中的熱愛。讓他們帶著足夠的自我價值感踏入世界，知道如何開創自己的路，不要過度謹慎或猶豫，在需要時鼓起勇氣——並保持快樂。

不要害怕與「正確」背道而馳

我們深知以目前的教育形態來說，學校沒有提供這些東西。OECD的報告指出，教育制度必須適應個人主義的興起。原因是有愈來愈多國家相信個人的獨特性與自主性很重要，而教育制度大多墨守成規，在內容與各種時程安排上毫無區別。[(2)] 國際學生能力評量計畫（PISA）是影響政府教育政策的國際衡量標準，觀察PISA如何比較來自七十二個國家的青少年在數學、科學與閱讀方面的表現，著實令人難以置信。所有的孩子接受一模一樣的測驗，不分國家。我們忙著抱怨班級人數、抱怨孩子擠得像沙丁魚，卻沒注意到成千上萬名孩子猶如坐在同一個教室裡上課，學習一模一樣的教材，使用一模一樣的教科書與習作簿。為了比較世界各國的學生程度就讓這麼多不同國籍的學生接受標準化測驗，這在人類史上前所未見。學校牆上的海報寫著「每個孩子都是獨一無二的」，但實際上每個孩子都是統計分布上的一個小點。以目前的結構來說，教育制度會扼殺孩子的好奇心，能夠振翅高飛的孩子少之又少。

我們送孩子去上學，等於把他們送進一個時間靜止的地方，但我們自己卻在不斷重新自我定義與自我更新的創意職場工作。兩者之間的差距感覺很奇怪，也確實很奇怪。在某些情況下，我們身為父母該做的事情沒有人做。我們正在流失寶貴的時間。父母當然不是全知全能的，這使我們感到不安，但是為了孩子我們必須採取行動。必須，而且也能夠。

有些東西從未改變，也大概永遠不會改變——例如渴望有人「真正」了解我們，渴望有一位對我們有信心的老師。以我個人來說，這位老師是教文學的瑟哈娃老師（Zehava）。她把我的文章影印之後，張貼在學校各處讓同學觀摩。第一次有人如此肯定我的才華，這份情誼影響了我的求學歲月。我們都需要明確的自信、穩定與自我價值感。不過，環境裡有很多元素變化快速，這樣的動態環境需要新的能力與不一樣的思考方式，我們的孩子必須學習和了解這些，如同學習新的語言一樣。

身為父母，我們的角色是幫助孩子提升思考的靈活度，對各種經驗敞開心胸，自在面對動態的環境，懂得如何結交朋友，勇敢跨入新的領域，從頭開始學習。我們自己也必須學習如何支持孩子，跟他們一起學習，而不是拿出以規則為基礎的教養方式，只知道把錯都怪在「學校」頭上。

不要害怕與「正確」的事背道而馳，因為在許多情況下，你才是正確的。不要在各種比較、數據、研究和建議中失去自己的判斷力。你的直覺一直都是，現在也依然是，孩子最寶貴的資產。

加州大學柏克萊分校的歷史教授寶拉．法斯（Paula Fass）向我描述了當代父母的恐慌，她的話令人頭皮發麻：「父母感到歉疚，也很害怕。他們極度渴望為孩子做正確的事。我們創造的世界裡，孩子不再只是跟周圍的孩子競爭，而是面對全球性的競爭。父母覺得自己若是沒有用盡全力，孩子就會落後，他們認為孩子將來成功與否是父母的責任。」(3)

我們身為父母所面臨的挑戰，是為自己與每一個孩子都「量身打造」一套最適合彼此的創意教養方式。

因為育兒經驗，我們成為更好的人

在《教養是一種可怕的發明》（*The Gardener and the Carpenter*）*一書中，艾利森．高普

* 譯註：繁體中文版由大寫出版社出版。

尼克教授（Alison Gopnik）鼓勵父母不要再當她口中的「木匠」，試圖把孩子打造成擁有既定特質的成年人。她認為父母的角色應該更像「園丁」，創造營養充足的空間幫助孩子成長茁壯，同時也要接受我們控制最終結果的能力相當有限；創造一個各式各樣的植物都能成長茁壯的空間。「大人不該把育兒當成一種需要掌握的活動或能力，好好當父母就可以了。」[(4)]我想做點補充，那就是育兒也可以為父母提供養分，在育兒教養的過程中，我們也能朝不同而有趣的方向成長茁壯。育兒使我們有機會直面童年沒有解決或僅是部分解決的重要挑戰，現在或許也依然無法解決，或僅能部分解決。例如獨立思考，不要太在意別人的想法，情感連結，真心熱愛自己做的事並樂在其中，給自己與身邊的人驚喜，勇敢，認識新事物與新朋友。

養兒育女對父母來說是一段奇妙的旅程，這是創意教養的重點之一，不要把自己當成已過了人生巔峰的成年旁觀者，我們是因為育兒經驗讓自己變得更好的成年人。畢竟，對人生最重要也最有影響力的事情是什麼呢？

這不是一個反問句，而是我與羅伯．沃丁格教授（Robert Waldinger）通電話時提出的問題。他是哈佛大學一項長達八十年（！）縱向研究的第四任計畫主持人，這項研究從一九三八年開始追蹤同一批哈佛大學二年級學生的健康狀況。有二十位受試者依然健在，現在都已九十幾歲。

「幸福與生活品質有三大先決條件，」沃丁格說，「那就是童年早期溫暖的人際關係、婚姻美滿與一輩子的好朋友。」這個結論需要研究七十五年？我開玩笑地說。他進一步說明：「就算到了八十幾歲仍會受到童年早期的影響。童年是否擁有溫暖的人際關係，幾乎可用來預示年過八十之後能否擁有安全感。另一方面，與任何成年人維持溫暖、穩定的關係，都能提升你的心理韌性。我們需要被相信。有些受試者提到自己與心靈導師的關係，尤其是年輕的時候，心靈導師改變了他們的人生。」除了溫暖的童年，「婚姻美滿是人生的關鍵因素」。怎樣的婚姻才算美滿？沃丁格提出有趣的定義：「可以跟對方盡情吵架，因為你知道這段感情很穩固，不會輕易瓦解。」我們稱之為「黃金關係」(golden relationship)，這樣的關係會使我們更快樂、更健康。

除了婚姻，友情也是影響人生與身心健康的關鍵因素。

溫暖、互動良好的關係是一層有效的防護罩。「我們想看看哪些人年紀大了之後會變得幸福和充滿活力，哪些人不會，結果發現預示老年生活品質的不是膽固醇濃度，而是與朋友和配偶之間的關係。對人際關係感到最滿意的五十歲受試者，到了八十歲也最健康。」他說。承認吧——這令人想要一探究竟。這項研究也顯示教育的影響力舉足輕重，以及教育和生死之間的關聯。有一群住在波士頓內城區的年輕受試者，預期壽命比其他受試者平均短了十年。不過值得注意的是，部分選擇繼續深造的受試者預期壽命較長。

「學習本身預示長壽，這與文憑無關。好好照顧自己有助於提升認知功能。受過高等教育的人活得比較長。」長達八十年的研究告訴我們，是什麼造就了更好、更幸福的生活？溫暖的童年、可包容爭吵的穩固婚姻，以及良好的教育。[5]父母的直覺再一次得到證實，而且是紮實的科學實證。從即將為人父母的那一刻開始，我們就扛起了一項終生任務：給孩子溫暖的童年，教導他們累積人際關係與結識一輩子的朋友，當然還有——讓他們接受良好的教育。以色列父母投入大量體力與心神來執行這項任務，而且往往為此犧牲了婚姻幸福，這實在很可惜。無論是做為一個家庭還是一對夫妻，我們都必須為自己、也為我們信奉與實踐的價值觀付出正確而適當的努力。

最後讓我們以心理學家兼小兒科醫生班傑明．斯波克（Benjamin Spock）的幾句話為本書作結，斯波克醫師是幾十年來美國與西方世界公認最偉大的育兒教養專家，他一九四六年的著作《全方位育兒教養聖經》（*The Common Sense Book of Baby and Child Care*）*銷售超過五千萬冊，翻譯成三十幾種語言。這本人類史上最成功的育兒教養指南強調父母扮演的重要角色。斯波克醫師鼓勵家長：

- 不要太在意鄰居說的話。
- 不要被專家的說法嚇到。
- 放輕鬆，相信自己的直覺。
- 大家都知道，父母給予孩子的自然關愛，要比知道如何把尿布包緊一點或何時給孩子吃固態食物重要一百倍。
- 態度自然輕鬆、相信自己的父母，就是最棒的父母。與其用力過度、苛求完美，不如放鬆心情、偶爾犯錯。(6)

我想再補充一點：育兒教養除了聆聽內在的聲音與本能直覺，也別忘了你的行為舉止

* 譯註：繁體中文版由木馬文化出版。

與回應方式要盡量發揮創意、因材施教。我們需要閱讀、了解最新情況、調查和探索、精進自我、學習與發展。最重要的是，在養兒育女的過程中，我們也必須展現自己的才能與真實本質。不要因為生活的忙亂與自己漸行漸遠，不要讓別人來翻譯、建議、詮釋你與孩子之間的溝通，也不要輕易被嚇唬。育兒教養這條路，每個人都必須自己找答案。我們選擇的這段旅程使人生充滿意義，這正是創意教養的價值所在。

第八章

1 私人交談，Dr. Christine McLeod, July 2018。

2 Muller, T., & Becker, L. (2012). *Get Lucky: How to Put Planned Serendipity to Work for You and Your Business.* John Wiley & Sons.

3 Ibid.

第九章

1 Suzuki, S., & Nagata, M. L. (2014). *Ability Development from Age Zero.* Alfred Music.

2 Paludan, J. P. (2006). Personalised Learning 2025. *Personalising Education, OECD/CERI.* https://www.oecd.org/site/schoolingfortomorrowknowledgebase/themes/demand/personalisedlea rning2025.htm

3 私人交談，Paula Fass, May 2018。

4 Reynolds, K. (2016). Abandon Parenting, and Just be a Parent. *The Atlantic* (23 September 2016). https://www.theatlantic.com/family/archive/2016/09/abandon-parenting-and-just-be-a- parent/501236/.
Gopnik, A. (2016). *The Gardener and the Carpenter: What the New Science of Child Development Tells Us about the Relationship between Parents and Children.* Macmillan.

5 私人交談，Prof. Robert Waldinger, May 2017。

6 Spock, B., & Rothenberg, M. (1945). *Dr. Spock's Baby and Child Care.* Pocket Books.

最近有兩項研究為這個主題提供了有趣的新視角：
加州大學的約翰·普洛茨科（John Protzko）調查了五十年來的「棉花糖實驗」結果（從一九六〇年代到最近十年），並驚訝地發現現代的孩子比前幾代更擅長延遲享樂。也就是說，孩子抵抗誘惑和延遲享樂的能力過去幾十年來有所增長。
Protzko, J. (2020). Kids These Days! Increasing Delay of Gratification Ability Over the Past 50 Years in Children. *Intelligence, 80*, 101451.
紐約大學的一項研究對最初的棉花糖實驗結果提出質疑，他們發現影響延遲享樂（等待棉花糖）最大的因素是孩子的社會經濟背景，而不是意志力。幫助孩子將來取得成功的終究是社經背景。
Watts, T. W., Duncan, G. J., & Quan, H. (2018). Revisiting the Marshmallow Test: A Conceptual Replication Investigating Links Between Early Delay of Gratification and Later Outcomes. *Psychological Science, 29*(7), 1159-1177.

25 例如羅伊·鮑邁斯特（Roy Baumeister）研究人類的意志力以及培養意志力的能力；安琪拉·達克沃斯（Angela Duckworth）提出和研究現今最受歡迎的人格特質：恆毅力，並且就如何鍛鍊恆毅力提供建議；當然，還有暢銷書作家麥爾坎·葛拉威爾（Malcolm Gladwell）的「一萬小時理論」，亦即成功之前需要花多少時間練習。
私人交談，Anders Ericsson, 23 May 2017。
Gladwell, M. (2008). *Outliers: The Story of Success*. Hachette UK.
Baumeister, R. F., & Tierney, J. (2012). *Willpower: Rediscovering the Greatest Human Strength*. Penguin.
Duckworth, A. (2016). *Grit: The Power of Passion and Perseverance*. New York, NY: Scribner. 166 Galinsky, E. (1999). *Ask the Children: What America's Children Really Think about Working Parents*. William Morrow.

26 Galinsky, E. (1999). Ask the Children: What America's Children Really Think about Working Parents. William Morrow

27 Dweck, C. S. (2006). *Mindset: The New Psychology of Success*. Random House.

28 Dacey, J. S. (1989). Discriminating Characteristics of the Families of Highly Creative Adolescents. *The Journal of Creative Behavior, 23*(4), 263-271.

29 私人交談，Prof. John Dacey, 12 May 2018。

第七章

1 Richards, R. (2011). Everyday Creativity. In M. A. Runco, & S. R. Pritzker (Eds.), *Encyclopedia of Creativity (Second Edition)* (pp. 468-475). Academic Press.

2 Flora, C. (2009). Everyday Creativity. *Psychology Today* (November 2009). https://www.psychologytoday.com/us/articles/200911/everyday-creativity.

3 Ibid.

人深省的《重設親子羅盤》（*Resetting the Parental Compass*）一書中對此有詳盡描述。這種育兒模式的誕生是為了回應自我犧牲的父母，扭轉觀念，將焦點轉移到父母身上。這種育兒模式可用燈塔比喻，洛威認為，「燈塔為了船而存在，船是燈塔的存在意義，燈塔本身沒有任何意義。但矛盾的是，燈塔照亮的是自己，而不是海浪。它之所以對船發揮益處，是因為它照亮自己、定義自己——而不是船。」

Lwow, E., & Elkayam, H. (2017). *Resetting the Parental Compass: The Ayeka Model for Raising Psychologically Healthy and Functioning Children.* Modan Publishing.

14 我強力推薦海姆・奧瑪教授的書至少要找一本來看看，他用簡單明瞭的方式說明自己最佳育兒方式的創見。可先看看這本： Omer, H. (2011). *The New Authority: Family, School, and Community*. Cambridge University Press.

15 Druckerman, P. (2014). *Bringing Up Bébé: One American Mother Discovers the Wisdom of French Parenting.* Penguin.

16 私人交談，Charlie Rose Gateway '17 Fireside Chat。https://www.youtube.com/watch?v=ohfA8Hcwvic&ab_channel=AlibabaGroup

17 查理・羅斯（Charlie Rose）訪談馬雲。https://www.youtube.com/watch?v=rUwmakdaye4

18 Zhao, Y. (2009). *Catching Up or Leading the Way: American Education in the Age of Globalization*. ASCD.

19 Ibid.

20 Freud, S. (1962). *Civilization and Its Discontents*. WW Norton.

21 他原本想要研究為什麼有些人可以延遲享樂，有些人卻做不到的心理機制。

Shoda, Y., Mischel, W., & Peake, P. K. (1990). Predicting Adolescent Cognitive and Self- Regulatory Competencies from Preschool Delay of Gratification: Identifying Diagnostic Conditions. *Developmental Psychology, 26*(6), 978-986.

Mischel, W., Shoda, Y., Peake, P. K. (1988). The Nature of Adolescent Competencies Predicted by Preschool Delay of Gratification. *Journal of Personality and Social Psychology, 54*(4), 687- 696.

Mischel, W., Shoda, Y., Rodriguez, M. L. (1989). Delay of Gratification in Children. *Science, 244*(4907), 933-938.

22 Lehrer, J. (2009). Don't! The Secret of Self-Control. *The New Yorker* (18 May 2009).

23 兒童延遲享樂的時間長度與 SAT 讀寫測驗分數之間的相關性是〇・四二，與數學測驗之間的相關性是〇・五七。請記住：這裡指的是十二歲受試者的成績差異。

24 米歇爾的研究信度也遭受質疑，例如受試者都是史丹福大學學者的孩子（樣本不具代表性），而且還有一件令人不舒服的小事：他們平均智商一九九，比平均水準高出一・二五個標準差（相當高）。儘管如此，這仍是令人印象深刻的研究，時間長達數年，證明情緒調節的重要性。

6 這種教養風格在亞洲很普遍（Pong, Hao, & Gardner, 2005）。在美國白人兒童中，它與焦慮有關，而在非洲裔美國兒童中，它與自信有關（Baumrind, 1972）。

Pong, S. L., Hao, L., & Gardner, E. (2005). The Roles of Parenting Styles and Social Capital in the School Performance of Immigrant Asian and Hispanic Adolescents. *Social Science Quarterly, 86*(4), 928-950

Baumrind, D. (1972). An Exploratory Study of Socialization Effects on Black Children: Some Black-White Comparisons. *Child Development*, 261-267.

7 Hill, N. E. (1995). The Relationship Between Family Environment and Parenting Style: A Preliminary Study of African American Families. *Journal of Black Psychology, 21*(4), 408-423. Deslandes, R. (2000). *Direction of Influence Between Parenting Style and Parental Involvement in Schooling Practices, and Students' Autonomy: A Short-Term Longitudinal Design*. Paper presented at the 10th Annual International Roundtable on School, Family, and Community Partnerships, New Orleans, Louisiana, 24-28 April 2000.

Williams, L. R., Degnan, K. A., Perez-Edgar, K. E., Henderson, H. A., Rubin, K. H., Pine, D. S., Steinberg, L., & Fox, N. A. (2009). Impact of Behavioral Inhibition and Parenting Style on Internalizing and Externalizing Problems from Early Childhood through Adolescence. *Journal of Abnormal Child Psychology, 37*(8), 1063-1075.

8 Maccoby, E. E. (1992). The Role of Parents in the Socialization of Children: An Historical Overview. *Developmental Psychology, 28*(6), 1006.

9 Lamborn, S. D., Mounts, N. S., Steinberg, L., & Dornbusch, S. M. (1991). Patterns of Competence and Adjustment Among Adolescents from Authoritative, Authoritarian, Indulgent, and Neglectful Families. *Child Development, 62*(5), 1049-1065.

Turner, E. A., Chandler, M., & Heffer, R. W. (2009). The Influence of Parenting Styles, Achievement Motivation, and Self-Efficacy on Academic Performance in College Students. *Journal of College Student Development, 50*(3), 337-346.

10 Hill, N. E. (1995). The Relationship Between Family Environment and Parenting Style.

11 這個詞是由心理學家福斯特・克林（Foster Cline）和教育顧問吉姆・費（Jim Fay）在一九九〇年的著作《培養小孩的責任感》（*Parenting with Love and Logic*）中發明的。這種父母的孩子很容易欠缺獨立自主、情感適應和應用資源的能力。。

Cline, F., & Fay, J. (2014). *Parenting with Love and Logic: Teaching Children Responsibility*. Tyndale House.

12 這個詞源自《你並不特別》（*You Are Not Special*），作者小大衛・麥卡洛（David McCullough Jr.）在書中鼓勵父母育兒不要用力過當。

McCullough, D. Jr.(2014). *You Are Not Special and Other Encouragements*. Ecco Press.

13 私人交談，恆恩・納迪博士（Chen Nardi〔20 March 2018〕）與莉弗卡・納迪博士（Rivka Nardi〔25 March 2018〕），兩人著有多本有趣的著作。建議先看這本：Nardi, R., & Nardi, C. (2006). *Being a Dolphin*. Modan Publishing.

還有一個值得了解的以色列育兒模式叫做「定位心靈育兒法」（Ayeka Soulful Parenting），伊坦・洛威（Etan Lwow）與西拉・艾卡宴（Hila Elkayam）的著作、發

Talbot）："A Quest For A Different Learning Model: Playing Games In School"，刊載於《哈芬登郵報》（*The Huffington Post* (January 2015)）；訪談 Institute of Play 的凱蒂・薩倫教授（Katie Salen）與蕾貝卡・魯弗－泰帕（Rebecca Rufo-Tepper），以及該校共同創辦人理查・艾朗教授。艾朗教授亦對該校的畢業生和幾位老師進行研究，包括凱特・立特曼（Kate Litman）、克里斯・史林（Chris Schilling）與亞爾・艾瑟（Yael Ezer）。

27 Mac, A. (2012). How To SuperBetter Your Life With Epic Wins The Way Jane McGonigal Does. *FastCompany*. 27.03.12. https://www.fastcompany.com/1826188/how-superbetter-your- life-epic-wins-way-jane-mcgonigal-does

Joiner, W. (2011). Super Girl. *Elle*. 22.06.2011. https://www.elle.com/culture/tech/a11688/jane- mcgonigal-game-designer/

Heller, N. (2015). High Score. *The New Yorker*. 14.09.2015. https://www.newyorker.com/magazine/2015/09/14/high-score

28 私人交談，Rebecca Rufo-Tepper, Co-Executive Director at Institute of Play (16 March 2018)。

29 Gentile et al. (2009). The Effects of Prosocial Video Games on Prosocial Behaviors.

第六章

1 Hoeve, M., Dubas, J. S., Eichelsheim, V. I., Van Der Laan, P. H., Smeenk, W., & Gerris, J. R. (2009). The Relationship Between Parenting and Delinquency: A Meta-Analysis. *Journal of Abnormal Child Psychology, 37*(6), 749-775.

Bahr, S. J., & Hoffmann, J. P. (2010). Parenting Style, Religiosity, Peers, and Adolescent Heavy Drinking. *Journal of Studies on Alcohol and Drugs, 71*(4), 539-543.

Lamborn, S. D., Mounts, N. S., Steinberg, L., & Dornbusch, S. M. (1991). Patterns of Competence and Adjustment Among Adolescents from Authoritative, Authoritarian, Indulgent, and Neglectful Families. *Child Development, 62*(5), 1049-1065.

Shedler, J., & Block, J. (1990). Adolescent Drug Use and Psychological Health: A Longitudinal Inquiry. *American Psychologist, 45*(5), 612.

2 Lim, S., & Smith, J. (2008). The Structural Relationships of Parenting Style, Creative Personality, and Loneliness. *Creativity Research Journal, 20*(4), 412-419.

3 Hoeve et al. (2009). The Relationship between Parenting and Delinquency.

4 Hunt, J. C. (2013). *Associations Between Different Parenting Styles and Child Behavior*. PsyD Dissertation, Philadelphia College of Osteopathic Medicine.

5 Dearing, E., McCartney, K., & Taylor, B. A. (2006). Within-Child Associations Between Family Income and Externalizing and Internalizing Problems. *Developmental Psychology, 42*(2), 237-252. http://dx.doi.org/10.1037/0012-1649.42.2.237

13 Prensky, M. (2006). *Don't Bother Me, Mom, I'm Learning!: How Computer and Video Games are Preparing Your Kids for 21st Century Success and How You Can Help!* St. Paul, MN: Paragon House.

14 Johnson, S. (2006). *Everything Bad is Good for You: How Today's Popular Culture is Actually Making Us Smarter*. Penguin.

15 根據要求，這項調查是隨機的，目的是調查受訪者是不是打電玩長大的，以及他們目前在商界的地位。二十一世紀初的遊戲種類很有限，只有雅達利（Atari）、街機或角色扮演遊戲，正因如此，研究人員才有難得的機會能研究玩家和非玩家之間的差異（現在大多數孩子都有玩某種形式的電玩）。

16 私人交談，John Beck, 28 February 2018。

17 Beck, J. C., & Wade, M. (2006). *The Kids are Alright: How the Gamer Generation is Changing the Workplace*. Harvard Business Press.

18 Johnson, S. (2006). *Everything Bad is Good for You*.

19 Juul, J. (2013). *The Art of Failure: An Essay on the Pain of Playing Video Games*. MIT Press.

20 Gee, J. P. (2014). *What Video Games Have to Teach Us about Learning and Literacy*. Macmillan.

21 這段描述類似一種忘我的審美體驗，或者像黛安・柯林森（Diane Collinson）所定義的，是一種獨特的、令人上癮的體驗，能擴展靈魂、帶來喜悅，雖然這並非它所宣稱的目的。

Collinson, D. (2008). Aesthetic Experience. In O. Hanfling (Ed.), *Philosophical Aesthetics: An Introduction*. Wiley-Blackwell.

22 Csíkszentmiháyli, M. (1975). *Beyond Boredom and Anxiety: Experiencing Flow in Work and Play*. San Francisco: Jossey-Bass Publishers.

23 Ibid.

24 Delisle, R. (1997). *How to Use Problem-Based Learning in the Classroom*. ASCD. http://www.ascd.org/publications/books/197166/chapters/What_Is_Problem- Based_Learning ¢ .aspx

25 紐約大學教育學和社會學教授理查・艾朗（Richard Arum）對探索學習高中（Quest to Learn）和其他以科技為基礎的教育方法進行縱向研究，目的是檢驗它們的效果。他打算以謹慎的態度說明學生們展現出協作能力、批判性思維以及擅長二十一世紀的技能，例如系統或設計思維。這些學校開發出未來大有可為的做法，學生對待學校的態度也使他們取得更好的教育成果，培養出穩定、毅力，在處理需要複雜思考和問題解決能力的任務時，也有更好的表現。這些學校確實採用了看起來非常有益於體驗和學習的元素。與此同時，艾朗教授強調，學校是一個複雜的地方，有一系列不同的做法和壓力，是很難拆解分析的情境（訪談艾朗博士，28.02.2018）。

26 參考《現實已破碎》（*Reality is Broken*），作者是簡・麥戈尼格爾（Jane McGonigal），下載於學校網站（https://www.q2l.org）；另一篇文章作者是瑪莉・塔伯特（Mary

6 Anderson, A. F., Bavelier, D., & Green, C. S. (2010). Speed-Accuracy Tradeoffs in Cognitive Tasks in Action Game Players. *Journal of Vision, 10*(7), 748-748.

Colzato, L. S., van den Wildenberg, W. P., & Hommel, B. (2014). Cognitive Control and the COMT Val 158 Met Polymorphism: Genetic Modulation of Videogame Training and Transfer to Task-Switching Efficiency. *Psychological Research, 78*(5), 670-678.

7 McKinley, R. A., McIntire, L. K., & Funke, M. A. (2011). Operator Selection for Unmanned Aerial Systems: Comparing Video Game Players and Pilots. *Aviation, Space, and Environmental Medicine, 82*(6), 635-642.

8 Rosser, J. C., Lynch, P. J., Cuddihy, L., Gentile, D. A., Klonsky, J., & Merrell, R. (2007). The Impact of Video Games on Training Surgeons in the 21st Century. *Archives of Surgery, 142*(2), 181-186.

9 Bejjanki, V. R., Zhang, R., Li, R., Pouget, A., Green, C. S., Lu, Z. L., & Bavelier, D. (2014). Action Video Game Play Facilitates the Development of Better Perceptual Templates. *Proceedings of the National Academy of Sciences, 111*(47), 16961-16966.

10 許多研究人員一致認為，遊戲玩家發展出非凡的合作能力。複雜的遊戲要求所有參與者互相協調、同步作業，以此建立特殊的合作關係，共同創造獨一無二的結果。二〇〇九年，由來自美國、日本、新加坡和馬來西亞八所大學的研究人員組成的研究小組發表了三項科學研究結果，主題是打電玩所需要的「協助行為」與玩家在日常生活中的助人意願之間的相關性。研究人員以三千多名年輕遊戲玩家為研究對象，三項研究都得到相同的結論：花更多時間打協作型電玩的年輕人，在真實生活中也很有可能對朋友、家人、鄰居，甚至陌生人伸出援手！

Gentile, D. A., Anderson, C. A., Yukawa, S., Ihori, N., Saleem, M., Ming, L. K., Shibuya, A., Liau, A. K., Khoo, A., Bushman, B. J., Huesmann, L. R., & Sakamoto, A. (2009). The Effects of Prosocial Video Games on Prosocial Behaviors: International Evidence from Correlational, Longitudinal, and Experimental Studies. *Personality and Social Psychology Bulletin, 35*(6), 752-763).

有趣的問題在於它對現實的影響。打電玩對於塑造行為的影響程度有多大。在蓋瑞特邁爾（Greitemeyer）與奧斯沃德（Osswald）的一項研究中，研究人員用一系列實驗來檢驗他們的假設：親社會的電玩可以增加「協助行為」。這項研究（再次）發現，二十幾歲打親社會電玩的受試者更有可能幫助他人。實驗人員「不小心」把裝滿鉛筆的筆筒掉到地板上，以及更戲劇化的情境：實驗人員的「前男友」走進來騷擾她的時候，他們都更有可能伸出援手。

Greitemeyer, T., & Osswald, S. (2010). Effects of Prosocial Video Games on Prosocial Behavior. *Journal of Personality and Social Psychology, 98*(2), 211.

11 Posso, A. (2016). Internet Usage and Educational Outcomes Among 15-Year-Old Australian Students. *International Journal of Communication, 10*, 26.

12 私人交談，Prof. Alberto Posso, March 2018.

29 Flavell, J., Flavell, E., Green, F., & Korfmacher, J. (1990). Do Young Children Think of Television Images as Pictures or Real Objects? *Journal of Broadcasting & Electronic Media, 34*(4), 399-419.

30 Morison, P., & Gardner, H. (1978). Dragons and Dinosaurs: The Child's Capacity to Differentiate Fantasy from Reality. *Child Development, 49*(3), 642-648. doi:10.2307/1128231.
區分真實和幻想的能力，對孩子如何感知與詮釋他們的日常經驗發揮重要影響。這項研究試圖檢視兒童的年齡與他們準確而自動地將「真實」與「幻想」分為兩類的能力之間的相關性。結果顯示隨著年齡的增長，兒童對於幻想分類和解釋的使用愈來愈好，不過在大部分的情況下，幼兒園的孩子也能夠區分「真實」和「幻想」的人物。幼兒園孩子平均錯誤分類六次，二年級二・六五次，四年級一・八五次，六年級〇・五五次。大多數錯誤是把「幻想」的人物分類為「真實」，而不是反過來；有三種「真實」的人物經常被歸類為「幻想」，那就是「騎士」、「印地安人」和「恐龍」。

31 同樣值得注意的是，孩子不一定擁有區分真實與幻想的具體知識：在許多情況下，這種知識奠基於他們從別人身上學習到的社會規範。年幼的孩子可能會自動假設每個人物都是真實的，而「非真實」類別是後來逐漸形成的。

32 Van Evra, J. (2004). *Television and Child Development, Third Edition*. Taylor & Francis.

33 特里普與霍吉（Tripp and Hodge (1986)）對媒體及其影響進行了全面的符號學研究。為了解釋為什麼兒童判斷電視節目的真實狀態如此重要，莫里森（Morrison）與加德納（Gardner）鞏固了之前的結論：「有些幻想人物非常恐怖，這或許能驅使兒童早一點掌握他們的真實狀態。」Morison, P., & Gardner, H. (1978). Dragons and Dinosaurs: The Child's Capacity to Differentiate Fantasy from Reality. *Child Development, 49*(3), 642-648. doi:10.2307/1128231

第五章

1 Eichenbaum, A. E., Bavelier, D., & Green, C. S. (2014). Video Games: Play that Can Do Serious Good. *American Journal of Play, 7*, 50-72.

2 Green, C. S., & Bavelier, D. (2012). Learning, Attentional Control, and Action Video Games. *Current Biology, 22*(6), R197-R206.

3 Trick, L. M., Jaspers-Fayer, F., & Sethi, N. (2005). Multiple-Object Tracking in Children: The "Catch the Spies" Task. *Cognitive Development, 20*(3), 373-387.

4 Franceschini, S., Gori, S., Ruffino, M., Viola, S., Molteni, M., & Facoetti, A. (2013). Action Video Games make Dyslexic Children Read Better. *Current Biology, 23*(6), 462-466.

5 Chiappe, D., Conger, M., Liao, J., Caldwell, J. L., & Vu, K.-P. L. (2013). Improving Multi- Tasking Ability through Action Videogames. *Applied Ergonomics, 44*, 278-284.

策略是逐漸地、無威脅地接觸令人恐懼的圖像（蠕蟲和蛇）；(2) 包含語言資訊的認知策略，目的在對恐怖的物體進行不同的解讀（告訴自己這不是真的）。年幼的孩子很難接受類似「這不是真的」的口頭說明。可以藉由視覺上的示範搭配口頭解釋來改善。

21 Cantor, J., Wilson, B. J., & Hoffner, C. (1986). Emotional Responses to a Televised Nuclear Holocaust Film. *Communication Research, 13*, 257-277.

22 Valkenburg, P. (2004). Children's Responses to the Screen, A Media Psychological Approach. Routledge.
Cantor, J. (2002). Fright Reactions to Mass Media. In J. Bryant, & D. Zillmann (Eds.), *Media Effects: Advances in Theory and Research* (pp. 287-306). Lawrence Erlbaum.
喬安・坎托（Joanne Cantor）也列舉了相同的恐懼，不過她的年齡分類組別比較少：她把零歲到六～八歲歸為一組，六～八歲到十一歲歸為一組，最後是十二歲以上（私人交談，Joanne Cantor, July 2018）。

23 Hodge, B., & Tripp, D. (1986). *Children and Television: A Semiotic Approach*. Polity Press.

24 布魯諾・貝特罕（Bruno Bettelheim）是支持藝術暴力的知名支持者之一，他認為邪惡童話對兒童具有獨特的情感意義。這些故事包括被拋棄、死亡和受傷等問題，使孩子們能夠藉由比喻和保持距離來處理自己的恐懼。貝特罕認為這有助於心智成長，也能幫助孩子為將來做好準備。
那麼，小紅帽如何幫助孩子得到解脫與自信呢？貝特罕提供了有趣的心理學分析。請想想對小孩子來說，哪種情況更可怕——是大野狼吃掉了外婆，然後取代外婆的位置，還是當他們尿褲子的時候，慈祥的外婆嘲笑他們，進而傷害他們與他們的自我價值？慈祥的外婆祖母偶爾會突然「針對」孩子，變成一種「吃人的怪物」；她突然從給予愛和禮物的人變成了羞辱孩子的怪物。孩子將外婆視為兩個獨立的實體，一個充滿關愛，另一個充滿威脅——也就是說：既是外婆，也是大野狼。童話裡外婆變成狼的故事讓孩子得到暫時的解脫，使他們能夠接受現實生活中時而慈祥、時而嚴厲的外婆。沒關係——大野狼隨時都會消失，慈祥的外婆隨時會回來。

25 Rich, M. (2007). Is Television Healthy? The Medical Perspective. In N. Pecora, J. P. Murray, & E. A. Wartella (Eds.), *Children and Television: Fifty Years of Research* (pp.109-147). Lawrence Erlbaum.

26 Fisch, S. M. (2004). *Children's Learning from Educational Television: Sesame Street and Beyond*. Routledge.

27 Buckingham, D. (2000). *After the Death of Childhood: Growing Up in the Age of Electronic Media*. Polity Press.

28 艾博曼指出，資優兒童看的電視通常超越同齡兒童。四、五歲的資優兒童平均每天看電視的時間為三・五到四個小時，每週比非資優兒童多看二至三個小時。在人生的這個階段，資優兒童看電視的時間超越有行為或注意力問題的同齡兒童。在小學到高中期間，資優兒童看電視的時間顯著減少——資優生看電視的時間比沒同齡的非資優生大約少兩個小時。

13 Johnson, S. (2006). *Everything Bad is Good for You: How Today's Popular Culture is Actually Making Us Smarter*. Penguin

14 Postman, N. (1992) *Technopoly: The Surrender of Culture to Technology*. Knopf.

15 Rosengren, K. E., & Windahl, S. (1989). *Media Matter: TV Use in Childhood and Adolescence (Communication and Information Science)*. Ablex Publishing.

16 Cummings, J. N., & McCain, T. A. (1982). Television Games Preschool Children Play: Patterns, Themes and Uses. *Journal of Broadcasting, 26*(4), 783-800.

17 Greenfield, P. (2009). Technology and Informal Education: What is Taught, What is Learned. *Science, 323*, 69-71.

18 Abelman, R. (1993). *Some Children Under Some Conditions: TV and the High Potential Kid*. Diane Publishing Co.

Abelman, R. (1987). Child Giftedness and Its Role in The Parental Mediation of Television Viewing. *Roeper Review, 9*(4), 217-246.

Abelman, R. (2001). Parents' Use of Content-Based TV Advisories. *Parenting, Science and Practice, 1*(3), 237-265.

艾博曼研究了四年級的三百六十四名資優兒童與三百八十六名非資優兒童。如前所述，許多研究都強調看電視和使用媒體對孩子的創造力有潛在的積極影響。

Bromley, H. (2004). Localizing Pokemon through Narrative Play. In J. Tobin, (Ed.), *Pikachu's Global Adventure* (pp. 211-225). Duke University Press.

Anderson, D. R., Huston, A. C., Schmitt, K. L., Linebarger D. L., & Wright. C. (2001). Early Childhood Television Viewing and Adolescent Behavior: The Recontact Study. *Monographs of the Society for Research in Child Development, 66*(1).

Rubenstein, D. J. (2000). Stimulating Children's Creativity and Curiosity: Does Content and Medium Matter? *The Journal of Creative Behavior, 34*, 1-17. doi:10.1002/j.2162- 6057.2000.tb01199.x

Davies, M. M. (1989). *Television is Good for Your Kids*. Hilary Shipman Ltd.

Bryant, J., & Williams, M. (1987). *Impact of "Allegra's Window" and "Gullah Gullah Island" on Children's Flexible Thinking*. Paper presented at the biennial meeting of the Society for Research in Child Development. Washington, DC.

Cummings, J. N., & McCain, T. A. (1982). Television Games Preschool Children Play: Patterns, Themes and Uses. *Journal of Broadcasting, 26*, 783-800.

19 Cantor, J., Sparks, G. G., & Hoffner, C. (1988). Calming Children's Television Fears: Mr. Rogers vs. The Incredible Hulk. *Journal of Broadcasting & Electronic Media, 32*(3), 271-288.

20 Wilson, B. J., Hoffner, C., & Cantor, J. (1987). Children's Perceptions of the Effectiveness of Techniques to Reduce Fear from Mass Media. *Journal of Applied Developmental Psychology, 8*(1), 39-52; 威爾森等人（Wilson et al.）將應對恐懼分為兩類策略：(1) 不包含語言資訊的非認知策略。可能是具體的行為（抓著玩具或毯子，拿東西吃或喝）。有一個已被證明有效的

童看電視與七歲的 ADHD 症狀之間沒有統計相關性。

Foster, M., & Watkins, S. (2010). The Value of Reanalysis: TV Viewing and Attention Problems. *Child Development, 81*(1), 368-75.

Stevens, T., Barnard-Brak, L., & To, Y. (2009). Television Viewing and Symptoms of Inattention and Hyperactivity Across Time: The Importance of Research Questions. *Journal of Early Intervention, 31*(3), 215-226. 史蒂文斯等人（Tara Stevens et al.）觀察了將近三千名四歲到十歲的兒童，發現漸次增加看電視的時間與 ADHD 症狀的加劇之間沒有相關性。他們使用的統計模型很難理解。我合作的統計學家本身就有 ADHD，要完全理解這個模型並不容易。其實背後的原理相當簡單：研究人員算出看電視與 ADHD 症狀發展之間的關係模型，然後分析它們之間的相關性。一方面，觀看電視的時間在童年早期急速上升，然後從四歲到十歲和緩上升。另一方面，ADHD 的症狀會在六到八歲之間達到頂峰，然後變得愈來愈輕微。兩相對照之下，看電視和 ADHD 之間沒有顯著的相關性。增加看電視時間不會導致 ADHD 症狀的連動上升。

克利斯塔吉斯等人認為，實際的情況比較像是這樣：在前一段時期，減少看電視的時間之後，ADHD 的症狀會減少。不過整體觀看時間並未減少。

Obel, C., Henriksen, T. B., Dalsgaard, S., Linnet, K. M., Skajaa, E., Thomsen, P. H., & Olsen, J. (2004). Does Children's Watching of Television Cause Attention Problems? Retesting the Hypothesis in a Danish Cohort. *Pediatrics, 114*(5), 1372-1373. 這項丹麥研究發現，每天看兩小時電視和 ADHD 症狀之間沒有相關性。樣本中的兒童三歲半的時候看電視超過一．五小時，他們表現出更多與 ADHD 相關的行為症狀。

這項研究告訴我們，無論哪個年齡層，確診 ADHD 的兒童花更多的時間（根據他們父母的陳述）看電視。值得注意是，ADHD 兒童的房間裡原本就多出一．五台電視。

Acevedo-Polakovich, I. D., Lorch, E. P., & Milich, R. (2005). TV or Not TV: Questions and Answers Regarding Television and ADHD. *The ADHD Report: Special Issue-Focus on Assessment, 13*(6), 6-11.

9 Banerjee, T. D., Middleton, F., & Faraone, S. V. (2007). Environmental Risk Factors for Attention Deficit Hyperactivity Disorder. *Acta Paediatrica, 96*(9), 1269-1274.

10 AVG Digital Diaries (2011). *AVG Study Shows Young Kids Learn Tech Skills Before Life Skills*. http://prwire.com.au/print/avg-study-shows-young-kids-learn-tech-skills-before-life-skills

11 Gardner, H. (1982). *Art, Mind and Brain: A Cognitive Approach to Creativity*. Basic Books. Gardner, H. (1983). *Frames of Mind: The Theory of Multiple Intelligences*. Basic Books.

12 Kleinfeld, J. S. (1973). Intellectual Strengths in Culturally Different Groups: An Eskimo Illustration. *Review of Educational Research 43*(3), 341-359.

Taylor, L., & Skanes, G. (1976). Cognitive Abilities in Inuit and White Children from Similar Environments. *Canadian Journal of Behavioural Science/Revue Canadienne des Sciences du Comportement, 8*(1), 1-8.

第四章

1 Palmer, P. (1986). *The Lively Audience: A Study of Children Around the TV Set.* Allen & Unwin.

2 Christakis, D. A., Zimmerman, F. J., DiGiuseppe, D. L., & McCarty, C. A. (2004). Early Television Exposure and Subsequent Attentional Problems in Children. *Pediatrics,113*(4).

3 一歲兒童每天看電視平均二・二小時，三歲平均三・六小時。樣本數裡有十%的兒童七歲時有注意力方面的問題。研究發現，在控制其他測試變因的前提下，看電視的時間與注意力障礙之間存在著相關性（變因包括人口統計與社經變因，以及與情感支持和認知刺激相關的變因——見 p.712 表格）。一歲兒童看電視的時間每增加一個標準差（每天二百九十一小時），七歲時出現注意力障礙的機率會上升二八%。這樣的相關性穩定存在，不分年齡（三歲兒童身上也看見類似的結果）。兩項度量數據奠基於母親提供的報告。

4 Comstock, G., & Scharrer, E. (2007). *Media and the American Child.* Burlington, MA: Elsevier.
康姆斯塔克（Comstock）與沙瑞（Scharrer）發現，這意味著每看電視一小時，出現注意力障礙的機率就會上升大約九%。不過他們指的是每天看電視超過二・二小時的情況，請務必記住平均看電視的時間不超過一小時。

5 娜塔莉・韋德醫師（Natalie Weder）是兒童與青少年精神科醫生，服務於兒童心智研究所（Child Mind Institute）。她表示「沒有證據顯示電視或電玩會導致 ADHD」。https://childmind.org/article/do-video-games-cause-adhd/

6 私人交談，Dr. Iris Manor, October 2010。

7 Collingwood, J. (2010). The Genetics of ADHD. *PsychCentral.* Retrieved on 7 January 2014 from: http://psychcentral.com/lib/the-genetics-of-adhd/0003789.
據估計，關於基因在 ADHD 裡扮演的角色已有一千八百多篇論文發表。綜合分析基因對ADHD影響的幾十個研究結果之後發現，基因的影響在六〇%至九〇%之間。

Gizer, I. R., Ficks, C., & Waldman, I. D. (2009). Candidate Gene Studies of ADHD: A Meta- Analytic Review. *Human Genetics, 126*(1), 51-90.

另一項綜合分析則在七六%的案例身上發現基因的影響。

Faraone, S. V., Perlis, R. H., Doyle, A. E., Smoller, J. W., Goralnick, J. J., Holmgren, M. A., & Sklar, P. (2005). Molecular Genetics of Attention-Deficit/Hyperactivity Disorder. *Biological Psychiatry, 57*(11), 1313-1323.

8 Miller, C. J., Marks, D. J., Miller, S. R., Berwid, O. G., Kera, E. C., Santra, A., & Halperin, J.
M. (2006). Brief Report: Television Viewing and Risk for Attention Problems in Preschool Children. *Journal of Pediatric Psychology, 32*(4), 448-452.「我們相信，」米勒等人（Miller et al.）寫道，「看電視不可能在 ADHD 的出現中扮演有力的角色。」
另一項研究發現，母親的學術成就或家庭收入發揮的影響超越看電視。一歲兒

9 私人交談，Prof. Eliezer Yariv, September 2017。

10 私人交談，Dr. Heidi Maier, December 2017。

11 私人交談，Dr. Guy Roth, February 2018。

12 Gottfried, A. E., Fleming, J. S., & Gottfried, A. W. (1998). Role of Cognitively Stimulating Home Environment in Children's Academic Intrinsic Motivation: A Longitudinal Study. *Child Development, 69*(5), 1448-1460.

13 Gottfried, A. E., Marcoulides, G. A., Gottfried, A. W., & Oliver, P. H. (2009). A Latent Curve Model of Parental Motivational Practices and Developmental Decline in Math and Science Academic Intrinsic Motivation. *Journal of Educational Psychology, 101*(3), 729.

14 Gottfried, A. W., Schlackman, J., Gottfried, A. E., & Boutin-Martinez, A. S. (2015). Parental Provision of Early Literacy Environment as Related to Reading and Educational Outcomes across the Academic Lifespan. *Parenting, 15*(1), 24-38.

15 Gottfried, A. E., Johnson Preston, K. S., Gottfried, A. W., Oliver, P. H., Delany, D. E., & Ibrahim, S. M. (2016). Pathways from Parental Stimulation of Children's Curiosity to High School Science Course Accomplishments and Science Career Interest and Skill. *International Journal of Science Education, 38*(12), 1972-1995. doi:10.1080/09500693.2016.1220690

16 Gottfried, A. E. (1983). Intrinsic Motivation in Young Children. *Young Children, 39*(1) 64-73.

17 Gottfried, A. E., Fleming, J. S., & Gottfried, A. W. (1994). Role of Parental Motivational Practices in Children's Academic Intrinsic Motivation and Achievement. *Journal of Educational Psychology, 86*(1), 104.

18 Cooper, H. (2006). *The Battle over Homework.*

19 私人交談，Etta Kralovec, September 2017。

20 Patall, E. A., Cooper, H., & Robinson, J. C. (2008). The Effects of Choice on Intrinsic Motivation and Related Outcomes: A Meta-Analysis of Research Findings. *Psychological Bulletin, 134*(2), 270

21 Cerasoli, C. P., Nicklin, J. M., & Ford, M. T. (2014). Intrinsic Motivation and Extrinsic Incentives Jointly Predict Performance: A 40-Year Meta-Analysis. *Psychological Bulletin, 140*(4), 980-1008. http://dx.doi.org/10.1037/a0035661

Hall, S. (2017). What Motivates Us and Why. *Psychology Today.* https://www.psychologytoday.com/blog/evidence-based-living/201704/what-motivates-us-and- why

22 Deci, E. L., Vallerand, R. J., Pelletier, L. G., & Ryan, R. M. (1991). Motivation and Education: The Self-Determination Perspective. *Educational Psychologist, 26*(3-4), 325-346.

23 Assor, A. (2005). Promoting Intrinsic Motivation for Learning in Schools. *Eureka, 20.*

24 私人交談，Prof. Avi Assor, January 2018。

研究發現，罪惡感比較強烈的父母，他們因工作減少陪伴孩子的情況反而比較輕微。是「好父母」的文化要求導致的罪惡感，驅使父母保留時間與體力陪伴孩子。

Cho, E., & Allen, T. D. (2012). Relationship between Work Interference with Family and Parent- Child Interactive Behavior: Can Guilt Help? *Journal of Vocational Behavior, 80*(2), 276-287.

35 Michalko, M. (2010). *Thinkertoys: A Handbook of Creative Thinking Techniques*. Ten Speed Press.

36 Kenrick, D. T., Griskevicius, V., Neuberg, S. L., & Schaller, M. (2010). Renovating the Pyramid of Needs: Contemporary Extensions Built Upon Ancient Foundations. *Perspectives on Psychological Science, 5*(3), 292-314.

37 Kainy, J. (2009). Phenomenon: Satisfied With One Child. *NRG*. http://www.nrg.co.il/online/55/ART1/850/139.html

38 *The World Factbook 2016*. Washington, DC: Central Intelligence Agency.

第三章

1 Kralovec, E., & Buell, J. (2001). *The End of Homework: How Homework Disrupts Families, Overburdens Children, and Limits Learning*. Beacon Press.

2 Baker, D., & LeTendre, G. K. (2005). *National Differences, Global Similarities: World Culture and the Future of Schooling*. Stanford University Press.

3 二〇〇七年，美國公共教育中心（Center for Public Education）的一項研究發現，小學作業對學習有害，初中與高中作業或許可帶來非常微小的進度。家庭作業的影響會加深社會差距：不是每個孩子的家庭環境都能支持與協助課業。

Kralovec, E. (2007). New Thinking about Homework. *ENCOUNTER. Education for Meaning and Social Justice, 20*(4), 3-7.

4 Cooper, H., Robinson, J. C., & Patall, E. A. (2006). Does Homework Improve Academic Achievement? A Synthesis of Research, 1987-2003. *Review of Educational Research, 76*(1), 1- 62.

Cooper, H. (2006). *The Battle over Homework: Common Ground for Administrators, Teachers, and Parents*. Corwin Press.

5 Kohn, A. (2007). *The Homework Myth: Why Our Kids Get Too Much of a Bad Thing*. Da Capo Lifelong Books.

6 電郵通訊，Alfie Kohn, January 2018.

7 Hattie, J. (2008). *Visible Learning: A Synthesis of Over 800 Meta-Analyses Relating to Achievement* (1st Ed). Routledge.

8 在《無形學習》（*Visible Learning*）一書中，約翰·哈蒂提及陶特韋恩等人（Trautwein, U., Köller, O., Schmitz, B., & Baumert, J. (2002).）所做的研究：Do Homework Assignments Enhance Achievement? A Multilevel Analysis in 7th-Grade Mathematics. *Contemporary Educational Psychology, 27*(1), 26- 50.

23 Twenge, J. M., & Park, H. (2017). The Decline in Adult Activities Among US Adolescents, 1976-2016. *Child Development, 90*(2), 638-654.

24 *Monitoring the Future Survey: High School and Youth Trends*. National Institute on Drug Abuse, 2017. https://www.drugabuse.gov/publications/drugfacts/monitoring-future-survey-high- school-youth-trends

25 Child Trends Databank. (2015). *Teen Homicide, Suicide and Firearm Deaths*. https://www.childtrends.org/?indicators=teen-homicide-suicide-and-firearm-deaths

26 Ibid.

27 私人交談，Dr. Suzy Ben Baruch, June 2018。「二〇〇四年的刑案數量是四萬四千件，前一年是兩萬三千件。過去十四年來顯著下降。」

28 Child Trends Databank. (2015). *Volunteering*. https://www.childtrends.org/?indicators=volunteering/
Dahaf Institute and JDF (2010). *Volunteering Patterns among Adolescents*. 二〇一〇年達哈夫研究所與 JDC 調查了一千五百名青少年，發現參與志工活動的受試者達四七％，比二〇〇五年高出一三％。女孩當志工的比例高於男孩，分別是五二％與四一％。

29 Kohn, A. (2014). *The Myth of the Spoiled Child: Challenging the Conventional Wisdom about Children and Parenting*. DaCapo Lifelong Books.

30 Shapiro, E. (2013). What's the Matter With Kids Today? *Huffington Post*. https://www.huffingtonpost.com/evan-shapiro/whats-the-matter-with-kid_1_b_2157862.html

31 Harris, J. R. (1995). Where is the Child's Environment? A Group Socialization Theory of Development. *Psychological Review, 102*(3), 458.

32 Meldrum, R., Kavish, N., & Boutwell, B. (2018). *On the Longitudinal Association between Peer and Adolescent Intelligence: Can Our Friends Make Us Smarter?* http://doi.org/10.17605/OSF.IO/TVJ9Z

33 私人交談，哈妮・曼恩－沙維博士（Dr. Hanni Man-Shalvi）是精神分析師，專長是治療個人、伴侶與家庭。

34 使用這種有趣的分析方式，我們可以深入探索並理解家庭在本質上會使受害者／加害者的感受浮現。我們的孩子漸漸成長為強大獨立的個體，這意味著我們逐漸變得衰老。我們會因為孩子逼我們退出青春美麗的賽場而感到嫉妒或生氣，但我們不應該有這樣的情緒。於是我們再次面臨選擇：要當受害者，還是加害者。我們選擇犧牲、讚美、表揚、使用儲蓄。曼恩一沙維認為真相是：親子雙方都既是受害者，也是加害者。在《從超音波到戰場》（*From Ultrasound to Army: The Unconscious Trajectories of Masculinity in Israel*）一書中，她描述了以色列社會受到無意識的罪惡感影響，這股罪惡感總是蠢蠢欲動：我們養兒育女的目的是為國家提供軍人。
Man-Shalvi, H. (2016). *From Ultrasound to Army: The Unconscious Trajectories of Masculinity in Israel*. Karnac Books.
育兒與罪惡感之間的關聯，在各種研究與背景裡反覆出現。例如，一項有趣的更容易面臨有危害的後果。蓋洛普做過一項全面性的普查，訪談了六萬名年齡在十八歲到六十四歲之間的美國女性，發現全職媽媽比有工作的媽媽更加憂鬱、悲傷和憤怒。

Mendes, E., Saad, L., & McGeeney, K. (2012). Stay-At-Home Moms Report More Depression, Sadness, Anger. *The Gallup Poll.* http://news.gallup.com/poll/154685/Stay-Home-Moms-Report- Depression-Sadness-Anger.aspx.

現在確實有愈來愈多母親在產前一個月就停止工作，產後三個月才回去上班。

Maternity Leave and Employment Patterns of First-Time Mothers: 1961-2008. Household Economic Studies, US Department of Commerce, Economics and Statistics Administration, US Census Bureau.

Han, W. J., Ruhm, C. J., Waldfogel, J., & Washbrook, E. (2008). The Timing of Mothers' Employment after Childbirth. *Monthly Labor Review, 131*(6), 15.

Fertility of American Women: 2010, http://www.census.gov/hhes/fertility/data/cps/2010.html

America's Families and Living Arrangements, Table SHP1. http://www.census.gov/population/www/socdemo/hh-fam.html.

若非出於真正自主的選擇，不建議母親留在家裡不出去工作。這種情況愈來愈複雜：有研究顯示女性教育程度愈高，就愈認同自我實現須將育兒與事業均包括在內。

19 NICHD Early Child Care Research Network. (2006). Child Care Effect Sizes for the NICHD Study of Early Child Care and Youth Development. *American Psychologist, 61*(2), 99-116. 多年來，國家兒童健康與人類發展研究所（NICHD）的研究人員觀察了不同生活環境中的兒童，檢查了他們的語言能力、行為和認知能力等發展，同時分析兒童生活中的照顧人物，例如父母和老師，並根據他們與兒童互動的品質進行了評估。

20 研究人員檢視了參與研究的母親所寫的一千本日記，發現平日全職母親陪伴孩子的時間比有工作的母親多一小時，但是後者週末陪伴孩子的時間幾乎可完全彌補平日的差距。

21 Meers, S., & Strober, J. (2013). *Getting to 50/50: How Working Parents Can Have It All.*

另一項研究檢視了父母陪伴三到十一歲孩子的時間與孩子學業表現、行為和身心健康之間的相關性，證明與陪伴的品質和共同活動比起來，父母陪伴孩子的時間幾乎沒有影響。若父母感到有壓力、愧疚和焦慮，親子時間可能會有負面影響，尤其是在工作和育兒之間心力交瘁的母親。

私人交談，Prof. Melissa Milkie, June 2018。

Milkie, M. A., Nomaguchi, K. M., & Denny, K. E. (2015). Does the Amount of Time Mothers Spend with Children or Adolescents Matter? *Journal of Marriage and Family, 77*(2), 355-372.

22 Hart, B., & Risley, T. (1995). *Meaningful Differences in the Everyday Experience of Young American Children.* Paul H Brookes Publishing.

算出去工作的母親心生畏懼，阻止她們追求事業。有人覺得華納在宣揚一種陰謀論。雖然我不認同這是刻意的陰謀，但她提出的觀點確實令人不安。

順帶一提，約翰・鮑比不是特例。許多心理學家投入相關討論，使得關於嬰兒被母親遺棄所造成的危害更加引人注意。著名的奧地利裔美國精神分析學家瑞尼斯皮茨（René Spitz）主要活躍在一九四〇與五〇年代，他為理解兒童在住院期間不能與父母分開做出了重大貢獻（在二十世紀中葉之前，父母不會陪孩子住院，有些親子因此一次分離長達數週）。在得出這個重要結論的過程中，斯皮茨進行了一項令人毛骨悚然的研究，以孤兒做為調查對象——他們的生理需求都得到了照顧，例如飲食和持續的查看，但是他們欠缺一個固定給予照顧的人物，這帶來可怕的結果：孩子變得憂鬱和體弱多病，而且動作發展遲緩。久而久之，他們的情況越來越糟，最後停止活動，也不再對周圍環境表現出任何興趣，有些孩子甚至走向死亡。活到三歲的孤兒大多在行走、說話、甚至坐和站都有困難。只有在育幼院待了幾個月之後就與母親團聚的孩子才真正活了過來，獲得拯救。育幼院的例子突顯出母親的經常陪伴確實攸關生死。

Shor, J. (1985). Review of René A. Spitz: Dialogues from Infancy – Selected Papers [Review of the book *René A. Spitz: Dialogues from Infancy – Selected Papers*, by R. N. Emde, Ed.]. *Psychoanalytic Psychology, 2*(2), 181-187.

13 馬利歐・米庫林瑟認為，雖然鮑比看似過分強調嬰兒出生頭幾年的重要性，其實他沒有大家詮釋的那般言之鑿鑿：「鮑比把我們與生俱來、驅使我們採取行動的基模（schema）稱為『運作模式』，顧名思義，這些模式是『運作的』，不是靜止的。我們心中有期待，也有工作模式，它們是可以改變的。」

14 Winnicott, D. W. (1962). Ego Integration and Child Development. In D. W. Winnicott, (Ed.), *The Maturational Processes and the Facilitating Environment: Studies in the Theory of Emotional Development* (pp. 56-63). Karnac Books.

15 私人交談，Yeela Wertheim, May 2018。

16 McKenna, J. (2018). *Here's Why Sweden is the Best Country to be a Parent.* World Economic Forum. https://www.weforum.org/agenda/2018/01/this-is-why-sweden-is-one-of-the-best- countries-in-the-world-to-be-a-parent/

17 Himmelstrand, J. (2015). Made in Finland: Childcare Help for All Families. *eReview*. https://www.imfcanada.org/archive/1115/made-finland-childcare-help-all-families

18 不僅是男性，許多女性心理學家也增強了年輕媽媽必須待在家裡陪孩子的壓力。其中最著名的是美國治療師珍・萊德羅芙（Jean Liedloff），她創造了「續動概念」（continuum concept），在以色列廣受歡迎。遵循這種方法照顧嬰兒的目的是確保他們出生後在身、心與情感方面都能好好發展，直到他們能夠自主離開母親。這種方法直接承襲自古以來的自然育兒方式。換句話說：職業婦女不要和歷史爭論，乖乖待在洞穴裡，讓男人們出去打獵。但是有研究指出，全職母親語言特別容易。

感官特殊期（Special Epoch for Sensation）：對孩子來說，透過親手觸摸、具體的感受來學習，會比觀看或聆聽更加簡單而有效。

字母、形狀與聲音（Letter Shapes and Sounds）：兩歲半至五歲的孩子變得高度敏感，並開始對字母的形狀與聲音感到有興趣，也會被相關的活動吸引。

音樂（Music）：三歲左右的孩子會開始對節奏、音高和旋律非常敏感。

書寫與閱讀（Writing and Reading）：早期的讀寫能力培養是在為孩子的心智發展做準備。孩子會在適當的時間出現接受相應資訊的能力。如果孩子接收到適合的材料和教案（蒙特梭利教育法是讓孩子根據自己的興趣和準備程度選擇適當的材料），就能夠自然而然地學會閱讀。

16 私人交談，Etta Kralovec (14 September 2017)。

第二章

1 私人交談，Lenore Skenazy (May 2018)。

Skenazy, L. (2009). *Free-Range Kids, Giving Our Children the Freedom We Had Without Going Nuts with Worry.* John Wiley & Sons; Skenazy, L. (2008). Why I Let My 9-Year-Old Ride the Subway Alone. *New York Sun.*

2 Bort, J., Pflock, A., & Renner, D. (2005). *Mommy Guilt: Learn to Worry Less, Focus on What Matters Most, and Raise Happier Kids.* AMACOM Division of American Management Association.

3 *Netmums Survey 2015.* https://www.bbc.com/news/education-12192050

4 Warner, J. (2006). *Perfect Madness: Motherhood in the Age of Anxiety.* Penguin.

5 Parker, K., & Wang, W. (2013). *Modern Parenthood: Roles of Moms and Dads Converge as They Balance Work and Family.* Pew Research Center.

6 Meers, S., & Strober, J. (2013). *Getting to 50/50: How Working Parents Can Have It All.* Cleis Press, p. 43.

7 Gravois, J. (2007). You're Not Fooling Anyone. *The Chronicle of Higher Education, 54*(11), A1. https://www.chronicle.com/article/Youre-Not-Fooling-Anyone/28069

8 Lafayette, L. (1995). *Why Don't You Have Kids? Living a Full Life Without Parenthood.* Kensington Publishing Corp.

9 Donath, O. (2010). Pro-Natalism and its 'Cracks': Narratives of Reproduction and Childfree Lifestyles in Israel. *Israeli Sociology, 11*(2), 417-439.

10 Galinsky, E. (1999). *Ask the Children: What America's Children Really Think About Working Parents.* William Morrow and Co.

11 Warner, J. (2006). *Perfect Madness.*

12 華納指出，鮑比頗具影響力的著作的出版年分（一九六九至一九八〇年），幾乎與美國投入職場的母親人數達到高峰的年分完全重合。她認為依附理論使打

創意整理材料的人永遠不用心失業，剛投入專業工作的畢業生在職場上的地位搖搖欲墜。法學院正在努力不被時代淘汰。

5 Kaplan, J. (2015). *Humans Need Not Apply: A Guide to Wealth and Work in the Age of Artificial Intelligence*. New Haven, CT: Yale University Press.

6 Levin, H. (2000). The National Library, in *What Does The Bird Care: Songs, Sketches, and Satires*. Tel Aviv: Siman Kriah, Hakibbutz Hameuchad.

7 Microsoft and the Future Laboratory (2016). *Future-Proof Yourself: Tomorrow's Jobs Report*. https://enterprise.blob.core.windows.net/whitepapers/futureproof_tomorrows_jobs.pdf

8 Friedman, T. L. (2012). Average Is Over. *The New York Times*. 24 Jan 2012. https://www.nytimes.com/2012/01/25/opinion/friedman-average-is-over.html

9 私人交談，YouTuberShachar Soikis (14 August 2018)。

10 於英國伯明罕 Insomnia Gaming Festival 訪談 Dan TDM，全球最成功的 YouTuber 之一；其他訪談者包括以色列 YouTuberShachar Soikis、Moran Tarasov、Raz Sapani，以及以色列主要 YouTuber 經紀公司的 CEO，Yaniv Waizman。

11 私人交談，YouTuber，Moran Tarasov (19 August 2018)。

12 Arnold, K. D. (1995). *Lives of Promise: What Becomes of High School Valedictorians: A Fourteen-Year Study of Achievement and Life Choices*. San Francisco, CA: Jossey-Bass.

13 私人交談，Karen Arnold (10 January 2018).

14 Lillard, A. S. (2016). *Montessori: The Science Behind the Genius*. New York, NY: Oxford University Press. http://ageofmontessori.org/the-ten-secrets-of-montessori-4-sensitive-periods/

15 蒙特梭利認為從出生到七歲有七個敏感期：

運動（Movement）：孩子剛出生時對運動的控制有限，但大肌肉動作和精細動作的控制都發展得很快。孩子學習使用身體的同時，也在發展認知能力。一歲左右會專注學習走路。

數學排列（Math Patterns）：寶寶天生擁有學習數學的能力。

情緒控制（Emotional Control）：寶寶從出生那一刻就開始學習人際關係、溝通與情緒控制。

秩序（Need for Order）：幼童（六個月至三歲）對秩序有與生俱來的心理需求。他們會特別注意到物品沒有放在適當的位置上，並堅持事情必須以特定的方式進行。很多時候孩子發脾氣，是因為秩序感遭到破壞。

對小東西感興趣（Interest in Small Objects）：一歲至四歲的孩子對小東西極度敏感。這種興趣有助於發展精細動作控制以及用拇指與食指抓取物品的能力——這是寫字與其他重要技能的基礎能力。他們不再被鮮豔的顏色吸引，而是喜歡小東西。現在吸引他們的似乎是無形的東西，或是接近意識的東西。

詞彙（Vocabulary）：學習語言是與生俱來的能力。基於這種天性，六歲以前學習

參考資料

第一章

1 Levy, F., & Murnane, R. J. (2004). *The New Division of Labor: How Computers Are Creating the Next Job Market.* Princeton, NJ: Princeton University Press. 這項研究題目奠基於截至二〇〇四年的科技進展；電腦被認為不可能處理駕駛模式與數據，因為駕駛能力結合了交通號誌的視覺資訊，兒童、狗與其他車輛行進軌跡的視覺與聽覺資訊，以及視野以外的車輛（包括警笛）的聽覺資訊。

2 Frey, C. B., & Osborne, M. A. (2017). The Future of Employment: How Susceptible are Jobs to Computerisation? *Technological Forecasting and Social Change, 114,* 254-280.

Frey, C. B., Osborne, M. A., & Holmes, C. (2016). *Technology at Work v2.0: The Future Is Not What It Used to Be.* Oxford Martin School and Citi GPS. Oxford: University of Oxford. http://www.oxfordmartin.ox.ac.uk/publications/view/2092.

以色列主要研究機構對勞動力市場的劇烈變化提出警告。以色列陶伯社會政策研究中心（Taub Center for Social Policy Studies）估計，未來十到二十年，以色列三九％的工作將面臨電腦化的風險。國家經濟委員會的報告指出，目前以色列有三分之一勞工的工作面臨高等或中等風險。需要人際接觸和溝通以及高度創意思考能力的職業要安全得多。

Madhala-Brik, S. (2015). Occupations at Risk: Computerization Trends in the Israeli Labor Market. *State of the Nation Report.* Taub Center for Social Policy Studies in Israel.

私人交談，Madhala-Brik，陶伯社會政策研究中心研究員兼前述報告作者（31 August 2016）。

私人交談，Yuval Admon 和 Nir Brill，總理辦公室國家經濟委員會（13 September 2016）。

3 Ford, M. (2015). *Rise of the Robots: Technology and the Threat of a Jobless Future.* New York: Basic Books.

4 以 Verifi 為例，這個電腦程式可在短短幾小時內搜索和處理幾千位銀行客戶的檔案。受過訓練的初級律師搜尋一個客戶檔案平均需要十二分鐘。懂得如何利用

AI世代的創意教養：以色列教育專家全新未來人才培育提案
Reinventing Parenting: Can we raise our kids to be creative?

作者	埃亞爾・多倫 博士 Dr. Eyal Doron
譯者	駱香潔
副社長	陳瀅如
總編輯	戴偉傑
主編	李佩璇
特約編輯	林芳如
行銷企劃	陳雅雯、張詠晶
封面設計	萬勝安
排版	宸遠彩藝
出版	木馬文化事業股份有限公司
發行	遠足文化事業股份有限公司（讀書共和國出版集團）
地址	231 新北市新店區民權路 108-4 號 8 樓
電話	（02）2218-1417
傳真	（02）2218-0727
Email	service@bookrep.com.tw
郵撥帳號	19588272 木馬文化事業股份有限公司
客服專線	0800-221-019
法律顧問	華洋法律事務所　蘇文生律師
印刷	呈靖彩藝有限公司
初版	2023 年 7 月
初版5刷	2024 年 8 月
定價	新台幣 420 元
ISBN	9786263144620（紙本）
	9786263144804（EPUB）
	9786263144798（PDF）

歡迎團體訂購，另有優惠，洽：業務部 (02)2218-1417 分機 1124

特別聲明：有關本書中的言論內容，不代表本公司 / 出版集團之立場與意見，
文責由作者自行承擔

國家圖書館出版品預行編目（CIP）資料

AI 世代的創意教養：以色列教育專家全新未來人才培育提案 / 埃亞爾 . 多倫 (Eyal Doron) 著；駱香潔譯 . -- 初版 . -- 新北市：木馬文化事業股份有限公司出版：遠足文化事業股份有限公司發行，2023.07
336 面；14.8X21 公分
譯自：Reinventing parenting : can we raise our kids to be creative?
ISBN 978-626-314-462-0（平裝）

1. 親職教育　2. 子女教育　3. 創造力

528.2　　112008326